李亦园与中国人类学

田敏 徐杰舜 ◎ 主编

上海文艺出版社
上海故事会文化传媒有限公司

《李亦园与中国人类学》
编辑委员会

顾问：乔　健
主任：徐杰舜　田　敏
委员：王明珂　李子宁　周大鸣　彭兆荣　范　可　庄英章　陈中民
徐新建　赵旭东　张小军　朱炳祥　简美玲　孙九霞　孙振玉　哈正利
张先清　赵树冈　李　菲　林敏霞　韦小鹏　龚　乔
主编：田　敏　徐杰舜

李亦园先生（摄影 徐杰舜）

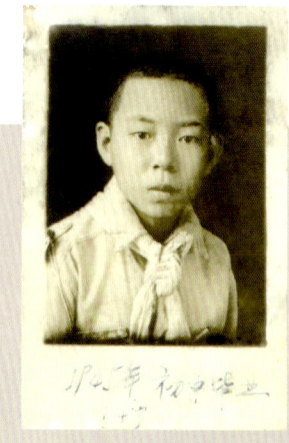
1945年李亦园14岁初中毕业着童军服照

1948年初入台湾大学的李亦园

1952年阿美人太巴塑社

1955年民族学研究所第一次田野调查于屏东来义乡，左边第一位为李亦园，右起第三位为凌纯声

1954年台湾大学考古人类学系毕业班合照

1952年李亦园（右三）在花莲舞鹤巨石文化遗址

1962年南澳泰雅人田野调查：陈中民（左一）、李亦园（左二）、徐人仁（左三）、陈春钦（右三）和许嘉明（右二）、吴燕和（右一）

1975年李亦园带领台湾大学学生在山地实习时所摄

1960年春李亦园留学哈佛时与李济夫妇合照

1994年李亦园与费孝通（中）、乔健（右一）、中根千枝（右二）摄于五台山

1995年李亦园与张光直（左三）、张光直之子张伯赓（右三）、胡家瑜（左二）、崔依阑（左一）合影于台湾大学人类学系前

1996年李亦园夫妇在江苏吴江参加费孝通调查江村60周年研讨会与费先生（中）及庄英章夫妇（右一、二）合影

1958年9月12日李亦园赴哈佛就读前与父亲李根香于马尼拉合影

1967年李亦园一家摄于阿里山宾馆

李亦园常用印章

2007年李亦园于自宅"春蔬书屋"中与著作合影

2004年银川中国人类学高级论坛与会学者合影

2004年中国人类学高级论坛

2004年李亦园与乔健摄于山西西阴村遗址

2018年5月5日武汉李亦园先生学术思想与中国人类学发展研讨会（1）

2018年5月5日武汉李亦园先生学术思想与中国人类学发展研讨会（2）

2018年5月5日武汉李亦园先生学术思想与中国人类学发展研讨会合影

目录

第一篇　人类学家李亦园先生

李亦园先生行状 ………………………………………………… 22

李亦园先生著作目录 …………………………………………… 26

第二篇　缅怀李亦园先生

我的人类学家父亲
　　——李亦园院士的田野工作与论著/李子宁 ……………… 56

追念亦园师
　　——几则琐事回想/庄英章 ………………………………… 62

春雨润物细无声/翁玲玲 ………………………………………… 66

我的老师李亦园院士
　　——一位辛勤的文化人类学界的园丁/陈中民 …………… 68

李亦园院士及其对中国社会文化的关怀/赵树冈 ……………… 76

闪耀在海峡两岸的巨星：悼念人类学家李亦园先生/徐杰舜 … 82

斯人已去，风范长存
　　——纪念李亦园先生/范可 ………………………………… 86

亦园，亦缘/彭兆荣 ……………………………………………… 90

梦得寂寞
　　——怀念李亦园先生/邓启耀 ·············· 95
良师益友
　　——李亦园先生追思/滕星 ·············· 99

第三篇　李亦园先生学术思想与中国人类学

李亦园与中国家庭研究：一个长期的对话/庄英章 ·············· 102

学跨科际、思贯古今的李亦园先生/王明珂 ·············· 110

"泉州学"的桑梓情与学术关怀
　　——李亦园先生晚年所作口述史补充访谈/李菲 ·············· 115

中国研究的人类学"台湾学派"
　　——李亦园先生学术追忆/张小军 李海文 ·············· 127

李亦园人类学思想的主体性特征/朱炳祥 ·············· 142

个人学术生命史与人类学学科发展
　　——以李亦园先生为对象/李陶红 韦小鹏 ·············· 151

从华人社会看中国与从中国看汉人社会
　　——李亦园先生汉人社会研究述论/徐杰舜 ·············· 164

"致中和"与体性民族志的关系
　　——李亦园先生的中国文化之"致中和"观/彭兆荣 吴芳梅 ······ 180

目 录

"致中和"的文化生态论
　　——纪念李亦园先生逝世一周年／林敏霞 …………… 190
注重活态与过程的文学
　　——李亦园先生对文学人类学的开拓贡献／谭佳 徐新建 ……… 202
对话的人类学：以费孝通先生与李亦园先生交往为例／赵旭东 李育珍
　　………………………………………………………… 217
跨越海峡的人类学之情
　　——纪念李亦园先生／周大鸣 …………………………… 233
未竟对话："文化中国"的新时代思考／孙振玉 ……………… 239
人类学中国化与中国特色人类学／田敏 ……………………… 247
李亦园学术思想与旅游可持续发展／孙九霞 ………………… 253
文本、族群、叙事：作为一种民族志的《平闽十八洞》／张先清 …… 261
人、均衡与边界：李亦园宗教思想探微／张超 ………………… 273
贵州东部Hmub人的生命史叙事与城乡移动经验初探／简美玲 …… 291
李亦园与《广西民族大学学报》／韦小鹏 廖智宏 …………… 306

后记 ………………………………………………………… 317

第一篇

人类学家李亦园先生

李亦园先生行状

【编者按】李亦园先生行状来自台湾"中央研究院"网站,收入时稍有删减。

李亦园先生是台湾最具影响力的人类学家,无论在学术制度的建立或学术议题的开展上,都扮演着创设或奠基的角色。三所从事人类学研究和培育台湾人类学人才的重要机构——台湾"中央研究院"民族学研究所、台湾大学人类学系和台湾清华大学人类学研究所,都因他长期的关注与呵护而获得长足的发展。

李亦园先生是推动台湾人文社会科学科际整合的第一人,以行为科学的框架,将人类学与社会学、心理学、政治学和农业经济学等学科结合,对台湾人文社会科学界的发展影响甚巨。他的学术关怀跨越两岸,是联结成长于1949年前的中国民族学及考古学者及战后受英美社会科学影响的人类学者的关键性人物。

李亦园先生1931年出生于福建泉州,1948年就读台湾大学,1953年毕业于台湾大学考古人类学系,为该系第一届毕业生。大学期间受业于李济、董作宾、高去寻、凌纯声、芮逸夫、卫惠林、陈绍馨等考古学、民族学名师,不仅承继了强调田野调查的实证学风,终身行事更深受这些师长身教的影响。

1955年,李先生随业师凌纯声先生任职台湾"中央研究院"民族学研究所(筹备处),1998年退休,除1958年至1960年间赴哈佛大学深造获人类学硕士学位外,于民族学研究所历任助理员、助理研究员、副研究员、研究员;出任民族学研究所副所长、所长;亦担任台湾"中央研究院"总干事、评议员、咨询总会常务委员等职务。李先生对学术研究贡献卓著,1984年当选台湾"中央研究院"院士。

李先生的研究主题包括物质文化、家族组织、文化理论、比较宗教、仪式象征、神话传说等,研究对象涵盖台湾南岛民族、海外华人及台湾汉人社会文化,著作等身。计有《一个移殖的市镇:马来亚华人市镇生活的调查研究》《信仰与文化》《文化的图像》《人类的视野》《宗教与神话论集》及《田野图像——我的人类学研究生涯》等自著专书15种;合著专书《马太安阿美人的物质文化》《南澳的泰雅人:民族学田野调查与研究》等5种;编著专书《中国人的性格:科际综合性的讨论》《社会及行为科学研究法》《现代化与中国化论集》等12种;学术论文175篇,一般性论文251篇。其中《田野图像——我的人类学研究生涯》一书获台湾《联合报》"读书人"1999年度非文学类最佳书奖,以及台湾"《中央日报》"出版与阅读中文创作类十大好书榜。《中国人的性格:科际综合性的讨论》一书于2009年获选"东亚人文100"书目经典书籍。

除了台湾"中央研究院"的研究工作与院务工作之外,李先生长期以合聘方式任教于台湾多所大学,育才无数。1968年至1983年间,任教于台湾大学人类学系,开讲数门脍炙人口的热门课,如原始宗教、东南亚民族志、应用人类学等,这些课至今仍为老"台大人"所津津乐道。李先生更积极教育后学,培育新生代人类学家,许多至今活跃于台港地区和美国的人类学者,如庄英章、徐正光、黄应贵、黄树民、陈中民、吴燕和、许木柱、臧振华、胡台丽等均受教于李亦园先生。

1984年,李先生筹备并创立台湾清华大学人文社会学院,担任院长,为这所传统的理工科大学注入了人文社会科学的素养,为今日台湾清华大学人文社会学院的自由的学风奠定了基础。

学术研究与行政教学工作之余，李先生也是一位强调"入世"的人类学者。20世纪60至80年代，先生经常在报纸、杂志上为文评析社会文化现象，他善用异文化进行对比，一贯以理性、晓畅的文字，展现知识分子的社会责任，提升了人类学家与人类学学科的社会知名度。作为人类学家，李亦园先生的社会声望，台湾至今少有人能望其项背。

2002年，李先生和费孝通先生等学界前辈鼎力支持内地和港澳台学界创建"人类学高级论坛"，并担任顾问，后又莅临论坛学术年会，为论坛的发展壮大、海峡两岸学界的互动交流做出了巨大贡献。

学术任职

台湾"中央研究院"民族学研究所助理员、助理研究员、副研究员、研究员（1955—1998）、副所长（1968—1971）、所长（1971—1977）、通信研究员（1998—2017）

台湾"中央研究院"代理总干事（1968—1970）

台湾大学合聘副教授（1968—1977）、教授（1977—1983）、校聘讲座教授（1999）

台湾清华大学合聘教授（1984—1999）、人文社会学院院长（1984—1990）、荣誉讲座教授（2001）

美国匹茨堡大学人类学系访问教授（1980—1981）

学术荣誉

台湾"中央研究院"第十五届院士（1984）

捷克查尔斯大学贡献奖章（1994）

德国海德堡大学大学奖章（1996）

人类学高级论坛——新世纪人类学终身成就奖（2000）

法国巴黎索邦大学（巴黎大学的前身）荣誉博士（2001）

台湾清华大学荣誉文学博士（2004）

香港中文大学荣誉社会科学博士（2005）

台湾大学名誉文学博士（2008）

台湾地区科技事务主管部门所颁杰出研究奖(第一届,1985—1986;第二届,1987—1988)

台湾地区行政主管部门文化奖(1998)

……

荣誉职务

香港中文大学中国文化研究所咨议委员

香港科技大学人文社会科学学院咨询委员

新加坡南洋理工大学中国语文研究中心顾问

日本福冈亚洲文化奖提名委员

中国人类学会荣誉会长

中国社会科学院海外华人研究中心学术顾问

北京大学中国社会与发展中心学术顾问

中央民族大学、山西大学、四川大学等高校名誉教授

福建师范大学闽台区域研究中心学术委员

人类学高级论坛顾问

……

李亦园先生著作目录

【编者按】李亦园先生著作目录来自台湾"中央研究院"网站,有删节。

一、专书、论文集

2012 《李亦园与泉州学》,泉州泉台民间交流协会、泉州学研究所编,北京:九州出版社。

2007 《鹳雀楼上穷千里:李亦园散文与演讲选集》,李子宁编,台北:立绪文化事业有限公司。

2003 《说文化,谈宗教——人类学的观点》,台北:台湾大学。

2002 《李亦园自选集》,上海:上海教育出版社。

1999 《田野图像——我的人类学研究生涯》,台北:立绪文化事业有限公司,繁体版;《田野图像——我的人类学研究生涯》,济南:山东画报出版社,简体版。

1998 《宗教与神话论集》,台北:立绪文化事业有限公司。

1996b 《人类的视野》,上海:上海文艺出版社。

1996a 《文化与修养》,台北:幼狮文化事业股份有限公司,繁体版;《文化与修养》,北京:九州出版社,简体版。

1992b 《文化的图像——宗教与族群的文化观察》(下册),台北:允晨文化出版公司。

1992a 《文化的图像——文化发展的人类学探讨》(上册),台北:允晨文化出版公司。

1989 《人文学概论》(上、下册),台北:空中大学。

1984 《人类学与现代社会》,台北:水牛出版社。

1983 《师徒、神话及其他》,台北:正中书局。

1978 《信仰与文化》,台北:巨流图书公司。

1970 《一个移殖的市镇:马来亚华人市镇生活的调查研究》,《台湾"中央研究院"民族学所专刊乙种第1号》,台北:台湾"中央研究院"民族学研究所。

1966 《文化与行为》,台北:台湾商务印书馆。

二、主编之专书(论文集)

1987 《中国家庭之研究论著目录》,与庄英章合编,台北:汉学研究中心。

1985d 《海外华人社会研究丛刊》,与郭振羽合编,台北:正中书局。

1985c 《民间宗教仪式之检讨研讨会论文集》,与庄英章合编,台北:中国民族学会编印。

1985b 《现代化与中国化论集》,与文崇一、杨国枢合编,台北:桂冠图书股份有限公司。

1985a 《东南亚华人社会的研究》(上、下册),与吴燕和等合著,台北:正中书局。

1984 《民间现行历书的使用及其影响之研究》,与庄英章合作主持,台北:台湾"中央研究院"民族学研究所。

1982 《社会变迁中的犯罪问题及其对策研讨会论文集》,与文崇一、杨国枢合编,台北:中国社会学社。

1981　《中国的民族、社会与文化：芮逸夫教授八秩寿庆论文集》，与乔健合编，台北：食货出版社。

1978b　《社会变迁中的青少年问题论文集》，与文崇一、杨国枢合编，《台湾"中央研究院"民族学研究所专刊之二十四》，台北：台湾"中央研究院"民族学研究所。

1978a　《社会及行为科学研究法》（上、下册），与杨国枢、文崇一、吴聪贤合编，台北：台湾东华书局股份有限公司。

1974　《文化人类学选读》，台北：食货出版社。

1972　《中国人的性格：科际综合性的讨论》，与杨国枢合编，《台湾"中央研究院"民族学研究所专刊乙种第4号》，台北：台湾"中央研究院"民族学研究所。

三、期刊论文

2005　《中华民族文化多元一体的现代意义——考古人类学的再阐释》，《民族学评论》（第二辑），昆明：云南大学出版社，第1—7页。

2003b　《环境、族群与文化——依山依水族群文化与社会发展研讨会主题演讲》，《广西民族学院学报（哲学社会科学版）》25（2）：2—6。

2003a　《关于海外华人研究若干问题的思考——在2002年海外华人研究国际研讨会的小结》，《广西民族学院学报（哲学社会科学版）》25（1）：10—12。

2002b　《中国社会科学院海外华人研究中心成立并举办"海外华人研究研讨会"祝贺词——兼谈海外华人研究的若干理论范式》，《海外华人研究论集》，郝时远主编，北京：中国社会科学出版社，第13—22页。

2002a　《人类学要关心人类的未来——人类学学者访谈录之十五》，《广西民族学院学报（哲学社会科学版）》24（2）：2—8。

2001c　《友谊长存》，澳洲格里菲斯大学（Griffith University）致赠荣誉博士学位典礼致辞。

2001b　《再论中国文明的民间文化基础》，《中国文化的检讨与前瞻：新亚书院五十周年金禧纪念学术论文集》，刘述先主编，香港：八方文化企业公司，第281—296页。

2001a 《林惠祥的人类学贡献——纪念乡前辈林教授逝世四十周年》，《东南学术》1998年第5期；《纪念林惠祥文集》，汪毅夫、郭志超主编，厦门：厦门大学出版社，2001年，第113—124页。

2000f 《新世纪的人文关怀》，《展望二十一世纪论文集》，台中：逢甲大学廖英鸣文教基金会，第67—88页；《广西民族学院学报(哲学社会科学版)》24(1)：44—51，2002年。

2000e 《二十一世纪中国人类学的关怀与祝愿》，《贵州民族学院学报(哲学社会科学版)》(4)：4—8。

2000d 《评论进出于历史学与人类学之间》，《学术史与方法学的省思——台湾"中央研究院"历史语言研究所七十周年研讨会论文集》，台北：台湾"中央研究院"历史语言研究所，第425—432页。

2000c 《和谐与超越的身体实践——中国传统气与内在修炼文化的个人观察》，《气的文化研究：文化、气与传统医学学术研讨会论文集》，台北：台湾"中央研究院"民族学研究所，第1—27页。

2000b 《和谐与超越：中国传统仪式戏剧的双重展演意涵》，《民俗曲艺》128：15—89；《李亦园自选集》，上海：上海教育出版社，2002年，第261—293页。

2000a 《中国文明的民间文化基础》，《中国文化与二十一世纪研讨会论文集》(上册)，上海：上海社会科学出版社，第64—75页。

1999e 《"泉州学"的新视野》，《福州民族》(10)：25，32；《泉州师专学报》18(1)：5—17，2000年。

1999d 《台湾宗教信仰中的知识分子角色》，《知识分子十二讲》，台北：立绪文化事业有限公司，第65—76页。

1999c *The Folk Cultural Foundation of Chinese Civilization*, A Special Lecture Presented at the Chiang Ching-Kuo Foundation Sinological Center, Charles University, Prague, Republic of Czech.

1999b 《这时代台湾文化发展的观察》,《媒体、社会和历史文化研讨会论文集》,桃园:台湾"中央大学"。

1999a 《人类学的通识教育意义》,《中山通识教育讲座经典演说系列》,高雄:台湾中山大学,第79—98页。

1998i 《台湾汉民族研究的回顾与前瞻》,《广西大学学报(哲学社会科学版)》第6期;《汉族地域文化研究》(汉民族研究·第四辑),袁少芬主编,南宁:广西人民出版社,1999年,第7—17页。

1998h 《宗教、仪式与象征》,《田野工作与文化自觉》(上册),马戎、周星主编,北京:群言出版社,第277—294页。

1998g 《文学人类学的形成》,《中外文化与文论》(第五辑),成都:四川大学出版社,第91—93页。

1998f 《凌纯声先生的民族学》,《台湾"中央研究院"历史语言研究所七十周年纪念刊》,台北。

1998e 《民间文学的人类学研究》,台湾《清华大学民间文学研讨会论文集》,新竹:台湾清华大学,第1—12页。

1998d 《传统汉族宇宙观与心理健康》,东海大学吴德耀人文讲座(二),台中:东海大学。

1998c 《宗教复振运动与新兴宗教》,东海大学吴德耀人文讲座(一),台中:东海大学。

1998b 《传统价值观与健康行为》,《广西民族学院学报(哲学社会科学版)》第1期。

1998a 《新兴宗教与传统仪式——一个人类学的考察》,《思想战线》第3期;《人类学与西南民族》,王筑生主编,昆明:云南大学出版社,第217—227页。

1997f 《香港回归与族群关系范式》,《二十一世纪》(双月刊)6月号,香港:香港中文大学中国文化研究所,第4—7页。

1997e 《关于人类学的方法论》,《社会文化人类学讲演集》(上册),周星、王铭铭主编,天津:天津人民出版社,第191—211页。

1997d 《我的人类学观:说文化》,《社会文化人类学讲演集》(上册),周星、王铭铭主编,天津：天津人民出版社，第51—72页。

1997c The Studies of Anthropology in Taiwan: A Personal View,《人类学在台湾的发展学术研讨会论文集》（上册），台北：台湾"中央研究院"民族学研究所，第1—22页。

1997b《台大考古人类学系与中国人类学的发展》，《台湾大学考古人类学刊》51：1—5。

1997a《汉化、土著化或社会演化：从婚姻、居住与妇女看汉族与少数民族之关系》，《从周边看汉人的社会与文化——王崧兴先生纪念论文集》，黄应贵、叶春荣主编，台北：台湾"中央研究院"民族学研究所，第35—62页。

1996h《民间寺庙的转型与蜕变——台湾新竹市民间信仰的田野调查研究》，《中国社会科学季刊》第14期。

1996g《台湾大学考古人类学系与中国人类学的发展》，《台湾大学考古人类学刊》51：1—5。

1996f《宗教的社会责任》，《二十一世纪的宗教展望研讨会论文集》，台北。

1996e《传统宇宙观与现代社会生活》，海峡两岸弘扬中华传统文化学术研讨会，山东曲阜。

1996d Globalization and Future Chinese Food and Cuisine, Keynote Speech for the Conference on Changing Diet and Foodways in Chinese Culture, Hong Kong。

1996c《四十年来的民族学研究所：一个全程参与者的回顾与反思》，《台湾"中央研究院"民族学研究所集刊》80：3—13。

1996b《人类学的理念与方法》，《通识教育季刊》3（1）：15—30。

1996a《端午与屈原：传说与仪式的结构关系再探》（与李少园合著），《中国神话与传说学术研讨会论文集》，台北：汉学研究中心，第319—335页。

1995c《中国文化中小传统的再认识》，《现代与传统》8：16—24。

1995b《传统中国价值观与华人健康行为特性》，《华人心理与治疗》（第二章），曾文星编，台北：桂冠图书股份有限公司，第29—52页。

1995a Notions of Time, Space and Harmony in Chinese Popular Culture, Time and Space in Chinese Culture, Chun-chieh Huang and Erik Zürcher, eds., Leiden: E.J.Brill, Pp.383—402.

1994e *On the Taiwan Aborigines*, Lecture for the Institute of Oriental Studies, Oxford University.

1994d *The Revival of Chinese Studies in East Europe*, Invited Speech for the 35th Biannual Meeting of European Association for Chinese Studies, Prague.

1994c 《台湾四十年民族学研究现状及走向》,《苗岭风谣》,贵州民族学院民研所14：1—8。

1994b 《传统中国宇宙观与现代企业行为》,《汉学研究》12(1)：1—26,台北。

1994a 《〈平闽十八洞〉的民族学研究》,《台湾"中央研究院"民族学研究所集刊》76：1—20;《李亦园自选集》,上海：上海教育出版社,2002年,第383—404页。

1993c 《民族志学与社会人类学：台湾人类学研究与发展的若干趋势》,台湾《清华学报》23(4)：341—360。

1993b 《从民间文化看文化中国》,《台湾大学考古人类学刊》49：7—17。

1993a 《台湾地区文化调查报告检讨——信仰性与伦理性部分之探讨》,《1992年度文化发展之评估与展望》,二十一世纪基金会编,台北：文化建设委员会,第131—152页。

1992c 《二十一世纪科技发展与东方文化》,《亚太地域性发展与科学技术研讨会论文集》,台北,第43—50页。

1992b *In Search of Equilibrium & Harmony: On the Basic Value Orientations of Traditional Chinese Peasants, Home Bound Studies in East Asian Societ*, Nakane and Chiao, eds., Tokyo, Pp.127—147.

1992a 《两岸惠东人的比较研究：理论架构与探讨方向》,《惠东人研究》,乔健、陈国强等编,福州：福建教育出版社;《文化的图像》(下册),台北：允晨出版公司,第5—15页。

1991b 《台湾民间宗教的现代趋势——对彼得·伯格教授东亚发展文化因素论的响应》,《考古与历史文化：庆祝高去寻先生八十大寿论文集》(下册),宋文熏等编,台北：正中书局,第23—35页。

1991a 《文化素养指标的再检讨》,《文化的图像——文化发展的人类学探讨》(上册),台北：允晨文化出版公司，第97—124页。

1990《高山族与少数族群教育政策定向》，台北：教研会研究论文，第1—36页。

1989f《科技文明对兰屿雅美文化冲击之文化生态学研究》，与王俊秀、余光弘、郑先佑、关华山等人合著，《原子能委员会放射性物料管理处研究报告汇编》。

1989e《中国饮食文化的理论基础与研究课题》，《中国饮食文化研讨会》，台北：饮食文化图书馆出版，第1—11页。

1989d *Four Hundred Years of Ethnic Relations in Taiwan, Ethnicity and Ethnic Groups in China,* Hong Kong: New Asia Academic Bulletin, Vol.8. Chiao and Tapp, eds., Pp.103—115.

1989c《传说与课本——吴凤传说及其相关问题的人类学探讨》，《编译馆馆刊》18（1）：1—22。

1989b *Paradise in Change: The Dilemma of Taiwan Aborigines in Modernization* (with Mutsu Hsu), *Anthropological Studies of the Taiwan Area: Accomplishments and Prospects,* Chang, Li, Wolf & Yin, eds., Taipei: Department of Anthropology, Taiwan University, Pp.193—206.

1989a《若干文化指标的评估与检讨》，《1988年度文化发展之评估与展望》，台北：文化建设委员会，第33—73页。

1988d *In Search of Harmony and Equilibrium: Notes on Basic Principles of Chinese Religious Belief and Practice,* Paper Presented at the Conference on Anthropological Study of Rural Taiwan and Its Implications to China Studies, Racine, Wisconsin, Sept, Pp.7—10.

1988c《台湾光复以来文化发展的经验与评估》，《现代华人地区发展经验与中国前途》，邢国强主编，台北：政治大学国际关系研究中心，第1—34页。

1988b《个人宗教性：台湾地区宗教信仰的另一种观察》，与宋文里合著，台湾《清华学报》18（1）：113—139。

1988a《和谐与均衡——民间信仰中的宇宙诠释与心灵慰藉模型》，《现代人心灵的真空及其补偿》（马礼逊入华宣教一百八十年纪念学术研讨会论文集之一），林治平主编，台北：宇宙光出版社, 第5—24页。

1986b 《中国家族与其仪式: 若干观念的检讨》,《台湾"中央研究院"民族学研究所集刊》59: 47—61。

1986a Ancestor Worship and the Psychological Stability of Family Members in Taiwan, *Asian Family Mental Health*, K.Yoshimatsu & W.S.Tseng, eds., Psychiatric Research Institute of Tokyo, Pp.26—33.

1985f 《民间宗教仪式之检讨: 讨论的架构与重点》,《民间宗教仪式之检讨研讨会论文集》, 李亦园、庄英章主编, 台北: 中国民族学会, 第1—7页。

1985e On Conflicting Interpretation of Chinese Family Rituals, *The Chinese Family and Its Ritual Behavior*, Institute of Ethnology, "Academia Sinica", Monograph Series B, No.15., Hsieh and Chuang, eds., Taipei: Institute of Ethnology, "Academia Sinica", Pp.265—283.

1985d 《台湾汉人家族的传统与现代适应》,《中国家庭及其变迁》, 乔健编, 香港: 香港中文大学, 第53—66页。

1985c 《中国人的民族性》,《社会发展史》(第一册), 台北: 近代中国出版社, 第207—240页。

1985b Social Change, Religious Movements, and Personality Adjustment: An Anthropological View, *Chinese Culture and Mental Health*, Chapter 5, Tseng and Wu, eds., New York: Academic Press, Pp.57—65.

1985a 《现代化过程中的传统仪式》,《现代化与中国化论集》, 李亦园等编, 台北: 桂冠图书股份有限公司, 第73—91页;《现代化与中国文化研讨会论文集》, 香港: 香港中文大学社会科学院及社会研究所, 第197—206页。

1984e 《文化变迁与现代生活》,《人类学与现代社会》, 台北: 水牛出版社, 第241—252页。

1984d 《社会变迁与宗教皈依——一个象征人类学理论模型的建立》,《台湾"中央研究院"民族学研究所集刊》56: 1—28。

1984c 《近代中国家庭的变迁——一个人类学的探讨》,《台湾"中央研究院"民族学研究所集刊》54: 7—23;《人类学与现代社会》, 台北: 水牛出版社, 第127—157页。

1984b 《山地社会问题》,《台湾的社会问题》(修订版)前引,杨国枢、叶启政编,台北:巨流图书公司,第249—297页。

1984a 《宗教问题的再剖析》,《台湾的社会问题》(修订版),杨国枢、叶启政编,台北:巨流图书公司,第385—412页。

1983b 《以"人"为中心的文化发展》,"人——发展的中心"研讨会论文,台湾大学社会学系;《人类学与现代社会》,台北:水牛出版社,1984年,第79—86页。

1983a 《科学发展的文化因素探讨》,《人类学与现代社会》,台北:水牛出版社,1984年,第105—135页。

1982d 《宗教人类学的实用性》,《中国民族学通讯》17:3—6;《人类学与现代社会》,台北:水牛出版社,1984年,第57—65页。

1982c 《台湾民俗信仰发展的趋势》,《民间信仰研讨会论文集》,台中:东海大学。

1982b 《传统民间信仰与现代生活》,《民俗曲艺》19:15—28;《中国人的心理》,杨国枢主编,台北:桂冠图书股份有限公司,1988年,第447—464页。

1982a 《从中秋节论"天圆地方说"》《中国的民族、社会与文化——芮逸夫先生八十荣庆论文集》,李亦园、乔健编,台北:食货出版社,第15—20页。

1981d 《中国的民族、社会与文化——芮逸夫教授的学术成就与贡献》,《食货月刊》11(7):295—324。

1981c 《一个中国古代神话与仪式的结构学研究》,《台湾"中央研究院"国际汉学会议论文集》,台北:台湾"中央研究院",第47—57页。

1981b 《从民族文化史看台湾与大陆的关系》,《师徒、神话及其他》,台北:正中书局,第263—274页。

1981a *Decision and Divination: A Cross-Cultural Study in the Arrangement of Marriage* (with John Roberts), Paper Presented to The International Association for Cross-Cultural Psychology Conference, Taipei, August, Pp.10—12.

1980e 《析论当前宗教问题》,《挑战的时代——对当前问题的一些看法》,文化中国论坛社编辑委员会编,台北:文化中国论坛社,第65—87页。

1980d《社会文化变迁中的台湾高山族青少年问题:五个村落的初步比较研究》,《台湾"中央研究院"民族学研究所集刊》48:1—29。

1980c《东南亚的民族与文化》,《艺术家杂志》11(2):43—48。

1980b《论小区文化中心的设立》,《社区发展季刊》9:11—12。

1980a《文化建设与文化中心》,《研考通讯》4(4):12—17。

1979d《人类学》,《社会科学概论》,沈君山主编,台北:东华书局,第295—358页。

1979c《传统工作态度及其变迁之研究》,与吕玉瑕合著,《台湾人力资源会议论文集》,第543—622页。

1979b *The Myth of the Four Auspicius Animals*, Paper Presented to the 4th Asian Folklore Congress, Seoul, Korea.

1979a《宗教与迷信问题》,《当前台湾社会问题》,杨国枢、叶启政编,台北:巨流出版社,第135—152页。

1978e《自然观察研究》,《社会及行为科学研究法》(第五章),杨国枢、文崇一、吴聪贤、李亦园编,台北:东华书局,第131—158页。

1978d *Some Aspects of Social Values among Filipinos and the Chinese: A Comparative Study*, Paper Presented in Seminar on Economic, Social and Cultural Programs between the Chinese and Philippines, Taipei, August.

1978c《社会文化变迁与高山族青少年问题:以环山泰雅人为例的初步研究》,与许木柱合著,《社会变迁中的青少年问题研究论文专集》,《台湾"中央研究院"民族学研究所专刊之二十四》,文崇一、李亦园、杨国枢等编,台北:台湾"中央研究院"民族学研究所,第281—297页。

1978b《都市中高山族的现代化适应》,《台湾"中央研究院"成立五十周年论文集》,台北:台湾"中央研究院",第717—739页。

1978a《文化与信仰》,《思与言》15(6):23—31。

1977b《现代人类学发展的趋势》,《新时代》17(4): 8—11。

1977a Socio-cultural Change and a Perspective on Youth, Paper Presented to the First International Conference on Youth Development, Taipei.

1976e《高山族研究回顾与前瞻座谈会: 综合讨论纪录》,《台湾"中央研究院"民族学研究所集刊》40: 107—117。

1976d《高山族研究回顾与前瞻座谈会》(导言),《台湾"中央研究院"民族学研究所集刊》40: 1—3。

1976c Chinese Geomancy and Ancestor Worship: A Further Discussion, Ancestors, Newell, ed., The Hague: Mouton.

1976b Shamanism in Taiwan : An Anthropological Inquiry, Culture Bound Syndrome, Ethnopsychiatry, and Alternate Therapies, W. Lebra, ed., Honolulu: University Hawaii Press.

1976a《文化比较研究法探究》,《思与言》13(5): 1—13。

1975g《传统文化因素对男嗣偏好及生育行为的影响》,《中山学术文化集刊》16: 21—24。

1975f Cultural Determinants of Family Size and Boy Preference in Taiwan, Paper Presented to the 13th Pacific Science Congress, Vanconver.

1975e《从文化看文学》,《中外文学》4(1): 162—167。

1975d《人口的文化人类学研究》,《人口问题研究》,台北: 台湾大学人口研究中心编。

1975c《人类学性质的检讨》,《政治大学民族社会学报》13: 1—4。

1975b《与学文学的人谈文化》,《中外文学》3(10): 34—43;《人类学与现代社会》,台北: 水牛出版社,1984年,第271—286页。

1975a《现代化问题的人类学检讨》,《幼狮月刊》41(3): 2—8。

1974c《人类学与史学》,《食货月刊》4(9): 381—385;《思与言》12(4): 178—183;《人类学与现代社会》,台北: 水牛出版社,1984年,第189—200页。

1974b《人类学与人口问题》,《综合月刊》63: 30-35;《人类学与现代社会》,台北: 水牛出版社,1984年,第159—197页。

1974a《从麽些的情死谷说起》,《人类与文化》3: 6—7;《人类学与现代社会》,台北: 水牛出版社, 1984年, 第263—269页。

1973《人类学与价值研究》,《人与社会月刊》1(4): 75—76期;《人类学与现代社会》,台北: 水牛出版社, 1984, 第229—233页。

1972《从若干仪式行为看中国国民性一面》,《中国人的性格》,《台湾"中央研究院"民族学研究所丛刊乙种第4号》,李亦园、杨国枢编,台北: 台湾"中央研究院"民族学研究所,第175—199页。

1971c《区域研究与科际合作》,《美国研究》2(3): 231—290。

1971b《少数民族与精神健康》,《美国研究》2(2): 180—183;《人类学与现代社会》,台北: 水牛出版社, 1984年, 第187—292页。

1971a《十六年来的民族学研究所》,《台湾"中央研究院"民族学研究所集刊》31: 1—15。

1970b《文化变迁与现代生活》,《现代生活与心理卫生》,台湾心理卫生协会编,台北: 水牛出版社,第71—82页。

1970a《凌纯声先生对中国民族学之贡献》,《台湾"中央研究院"民族学研究所集刊》29: 1—10。

1969《人类学在行为科学中之地位》,《社会学专刊》3: 5—6。

1968b《马来亚华人的遭遇与处境》,台湾《大陆杂志》37(5): 127—142。

1968a《马来亚华人社会领袖之研究》,《中国东亚学术研究计划委员会年报》7: 1—47。

1967c《我怎样做华侨社会的实地研究》,《东方杂志》复刊1(1) 59—67。

1967b《台湾的民族学田野工作》,《台湾研究研讨会记录》(台湾大学考古人类学专刊第4种),台北: 台湾大学考古人类学系,第48—50页。

1967a *Attitudes Toward Marriage and Family among the Overseas Chinese Students in Taiwan*,《台湾"中央研究院"民族学研究所集刊》24: 27—34。

1966d《文化与行为——心理人类学的形成与发展》,《出版月刊》16: 17—25。

1966c *Ghost Marriage, Shamanism and Kinship Behavior in a Rural Village in Taiwan*,

Proceeding, 11th Pacific Science Congress, Tokyo.

1966b《东南亚华侨的本土运动》,《思与言》3(6): 34—38。

1966a Comparative Evaluations of Chinese Culture by Overseas Chinese Students in Taiwan,《台湾"中央研究院"民族学研究所集刊》21: 215—231。

1965e《文化传统与地域观念纲要》,《台湾之社会经济概况》,葛利亚编,台北:台湾基督教福利会,第111—117页。

1965d《东南亚诸国现代化的若干问题》,《思与言》3(4): 3—11。

1965c《社会结构、价值系统与人格构成——中国人性格的社会人类学探讨》,《思与言》2(5): 22—27。

1965b The Dynamics of Dialect Groups among the Chinese in Sarawak,《庆祝李济先生七十岁论文集》,台北:台湾清华学报社,第211—217页。

1965a《马来亚华人社会的社团组织与领袖结构》,《台湾"中央研究院"民族学研究所集刊》20: 1—45。

1964d《东南亚研究的回顾与前瞻》,台湾《大陆杂志》29(9): 7—12。

1964c《文化变迁、经济成长与模式行为》,《思与言》2(1): 3—10。

1964b《边疆民族概述》,《边疆论文集》1: 145—463。

1964a《东亚华侨研究参考书目》,《台湾"中央研究院"民族学研究所集刊》18: 153—235。

1963b《记河南偃师县的一则丧事——兼论近代中国社会文化变迁的特有模式》,《中国民族学报》3: 59—65。

1963a《南澳泰雅人的神话传说》,《台湾"中央研究院"民族学研究所集刊》15: 97—135。

1962c《马太安的阿美人:试论阿美文化的结构与适应》,《马太安阿美人的物质文化》(《台湾"中央研究院"民族学研究所专刊之二》),李亦园等著,台北:台湾"中央研究院"民族学研究所,第5—14页。

1962b《台湾土著族的两种社会宗教结构系统》,《亚洲史学会议第二届会议论文集》,第

241—252页。

1962a 《祖灵的庇荫——南澳泰雅人超自然信仰研究》,《台湾"中央研究院"民族学研究所集刊》14: 1—46。

1960b 《Anito的社会功能——雅美人灵魂信仰的社会心理学研究》,《台湾"中央研究院"民族学研究所集刊》10: 41—55。

1960a *The Structure of the Ifugao Religion*,《台湾"中央研究院"民族学研究所集刊》9: 399—409。

1957c 《邵人的经济生活》,《台湾大学考古人类学刊》9/10: 52—94。

1957b 《南势阿美人的部落组织》,《台湾"中央研究院"民族学研究所集刊》4: 135—169。

1957a 《台湾南部平埔人平台屋的比较研究》,《台湾"中央研究院"民族学研究所集刊》3: 117—144。

1956b 《来义乡白鹭等村排湾人的家族构成》,《台湾"中央研究院"民族学研究所集刊》2: 109—128。

1956a 《来义乡排湾人中箕模人的探究》,《台湾"中央研究院"民族学研究所集刊》1: 55—83。

1955d *Preliminary Report of Ethnological Investigation in the Thao of Jih Yueh Tan Taiwan*,《台湾大学考古人类学刊》6: 120—128。

1955c 《日月潭邵人民族学调查初步报告》,与陈奇禄等合著,《台湾大学考古人类学刊》6: 26—33。

1955b 《从文献资料看台湾平埔人》,台湾《大陆杂志》10(9): 19—29。

1955a 《台湾平埔人的祖灵祭》,《中国民族学报》1: 125—137。

1954b 《本系所藏平埔人衣饰标本》,《台湾大学考古人类学刊》4: 41—46。

1954a 《记本系所藏平埔人器用标本》,《台湾大学考古人类学刊》3: 51—57。

四、其他

2004 《族群关系脉络的反思——序王明珂〈羌在汉藏之间〉》,《广西民族学院学报(哲学社会科学版)》第1期。

2003d 《怀念李慎之先生》,《明报月刊》2003年8月。

2003c 《陈奇禄院士的学术贡献与书画艺术》,《台湾风土书画文集》,陈奇禄著, 沤汪人薪传文化基金会印行。

2003b 《幸园笔耕录》序, 陈泗东著, 厦门: 鹭江出版社。

2003a 《关于海外华人研究若干问题的思考——在2002年海外华人研究国际研讨会的小结》,《广西民族学院学报(哲学社会科学版)》第1期。

2002g 《评宫哲兵〈千家峒运动与瑶族发祥地〉》,《零陵师范高等专科学校学报》第2期。

2002f 《东南民族研究》序, 蒋炳钊著, 厦门: 厦门大学出版社。

2002e 《铜鼓的故事》,《联合报》副刊, 2002年8月15日。

2002d 《汉唐乐府二十年有成》,《联合报》副刊, 2002年7月12日。

2002c 《来自碧落与黄泉》,《联合报》副刊, 2002年7月2日。

2002b 《齐家之道》序。

2002a 《经济学的视野》序, 朱敬一、林全著, 台北: 联经出版事业股份有限公司。

2001 《大学通识教育的理念与实践》序, 黄俊杰著, 武汉: 华中师范大学出版社, 2001年。

2000 《田野·家书》序, 王维兰著, 台北: 唐山出版社。

1999c 《中国文化与新世纪的社会学人类学》,《新华文摘》第3期。

1999b 《道卡斯新港社古文书》序,《台湾大学人类学系藏品资料汇编之三》, 胡家瑜编。

1999a 《第一个十年的祝福》,《中国饮食文化基金会十周年纪念特刊》。

1998e 《人类学本土化之我见》,《广西民族学院学报(哲学社会科学版)》第3期。

1998d 《徘徊史语所门外》,《新学术之路——历史语言研究所七十周年论文集》, 台北。

1998c 《凌纯声先生的民族学》,《新学术之路——历史语言研究所七十周年论文集》, 台北。

1998b 《农业贸易谈判别忘了饮食文化的价值》,《联合报》,1998年2月13日。

1998a 《人类学本土化在中国》序,荣仕星、徐杰舜主编,南宁:广西民族学院出版社。

1997b 《评论罗白华著〈星辰山里的共鸣〉》,《联合报·读书人》,1997年8月4日。

1997a 《布拉格的第二春》,《联合报》副刊,1997年11月7日。

1996d 《神话的智慧:时空变迁中的神话》序,坎伯著,李子宁译,台北:立绪文化事业有限公司。

1996c 《我们期待平等的学术交流》,《联合报》,1996年12月4日。

1996b 《华侨与国民革命研究的新观点》,《侨协杂志》54:3—5。

1996a 《与医学院学生谈文化》,《阳明大学二十周年纪念特刊》,台北:阳明大学。

1995e 《过温州街十八巷》,《联合报》,1995年9月1日。

1995d 《自助邮局》,《讲义》1995年4月号。

1995c 《母亲的骄傲》,《讲义》1995年3月号。

1995b 《感情的机缘》,《联合报》,1995年2月8日。

1995a 《另一种纪念之道》,《中国时报》,1995年1月13日。

1994e 《本南人文化的变迁》序,砂劳越,美里笔会出版。

1994d 《傀儡、除煞与象征》序,宋锦秀著,台北:稻乡出版社。

1994c 《乔家大院的大红灯笼》,《联合报》,1994年9月6日;《世界日报》,1994年10月2日;菲律宾《联合日报》,1995年2月6日;《读书》月刊1995年第5期。

1994b 《永远年轻的林衡道教授》,台湾"《中央日报》",1994年5月2日;《林衡道教授八秩华诞特刊》,文化资产维护学会,第4—5页。

1994a 《田野工作纵横谈》,《联合报》,1994年3月10日。

1993e 《新闻评议会的社会意义》,《新闻评议会二十周年纪念刊》。

1993d 《泉州梨园戏曲发展史》序,《民俗曲艺丛书》,吴捷秋著,台北:财团法人施合郑民俗文化基金会。

1993c 《做月子——台湾妇女生育行为与禁忌研究》序,翁玲玲著,台北:稻乡出版社。

1993b 《小琉球的妇女生活研究》序,吴福莲著,台北:台湾省立博物馆。

1993a 《文物的伦理》,《联合报》,1993年1月1日。

1992d 《宗教与人类社会——从文化人类学的观点看人类对宗教的寻求及宗教的意义与功能》,《宇宙光》19(220)。

1992c 《揭开神秘的面纱"民俗专辑序言"》,《文化的图像》,台北:允晨出版公司。

1992b 《德阳石刻》,台湾"《中央日报》",1992年7月11日。

1992a 《摆龙村的盛宴》,《联合报》,1992年6月16日;《世界日报》,1992年6月24日。

1991d 《富而好礼,迈向二十一世纪话中国——华视电视演讲会》,华视文化公司印行。

1991c 《民间戏曲的文化观察》,《布袋戏笔记》序,吕理政著,台北:台湾风物杂志社,1991年;《联合报》,1991年2月4日;《文化的图像》(上册),台北:允晨出版公司,1992年,第374—380页;《李亦园自选集》,上海:上海教育出版社,2002年。

1991b 《人的态度是后期经济发展的关键》,《自立晚报》,1991年1月11日。

1991a 《当西方遇见东方:国际汉学与汉学家》序,王家凤、李光真著,台北:光华画报杂志社,第10—13页。

1990g 《文化先锋再出发》,《中国时报》,1990年10月2日。

1990f 《缺乏礼貌的一代》,《自立晚报》,1990年8月13日。

1990e 《寂寞的人类学生涯》,《飘泊中的永恒——人类学田野调查笔记》序,乔健著,台北:巨流图书公司,第1—10页;《中国时报》,1990年7月1日—2日;《文化的图像》,台北:允晨出版公司,1992年,第340—346页。

1990d 《黄帝子孙的形象》,《台湾光华杂志》15(4):24—29。

1990c 《中国人的"注册商标"》(口述,谷璘秀整理),《台湾光华杂志》15(4):10—23。

1990b 《人文学的教育意义》,《中国语文》66(3):2—8。

1990a 《掀开台湾社会虚华的经济外衣》,《中时晚报》,1990年1月23日。

1989n 《近代中华基督教发展史》序,陈健夫著,台北:海天出版社。

1989m 《文化学》,《人文学概论》,台北:空中大学出版社。

1989l 《人文学导言》，《人文学概论》，台北：空中大学出版社。

1989k 《台湾新兴社会运动》序，徐正光、宋文里主编，台北：巨流图书公司，第1—3页。

1989j 《是宗教也是生活——李亦园谈中国传统信仰》，李光真整理，《台湾光华杂志》14（12）：16—23。

1989i 《祖先牌位的深层意义——现代家变系列之十》，《中国时报》，1989年11月26日。

1989h 《中国人开始研究"中国家族"——现代家变系列序言篇》，江静芳记录整理，《中国时报》，1989年11月15日。

1989g 《祝福李约瑟博士》，《自立晚报》，1989年11月2日；《文化的图像》（上册），台北：允晨出版公司，1992年，第400—401页。

1989f 《应用人类学》序，谢剑著，台北：桂冠图书股份有限公司，第1—3页。

1989e 《听话与守法》，《自立晚报》，1989年7月31日；《文化的图像》（上册），台北：允晨出版公司，1992年，第398—399页。

1989d 《日本基金会的启示》，《自立晚报》，1989年5月15日；《文化的图像》（上册），台北：允晨出版公司，1992年，第402—403页。

1989c 《饮食男女——吃的文化内在逻辑探索》，《文化的图像》（上册），台北：允晨出版公司，1992年，第160—166页。

1989b 《田野大地走出一生的理想》，吴月蕙整理，台湾"《中央日报》"，1989年3月7日。

1989a 《说污染》，《中国时报》，1989年1月26日；《文化的图像》（下册），台北：允晨出版公司，1992年，第206—212页。

1988g 《再创文明的高峰：二十一世纪中国文化发展的方向》，台湾"《中央日报》"，1988年8月22日；《文化的图像》（上册），台北：允晨出版公司，1992年，第125—131页。

1988f 《何不把兰屿"买"下来——我对兰屿国家公园的看法》，《自立晚报》，1988年6月19日；《文化的图像》（下册），台北：允晨出版公司，1992年，第322—325页。

1988e 《从现在看"五四"》，《中国时报》，1988年5月4日。

1988d 《两岸文化交流正其时矣》，《联合晚报》，1988年3月2日。

1988c 《从文化指标看文化活动》,《联合报》,1988年1月8日。

1988b 《文化与创新》,《联合报》,1988年1月6日。

1988a 《为学术专栏催生》,仙芝整理,台湾"《中央日报》",1988年1月1日。

1987s 《处理山地问题不宜有文化本位偏见》,台湾"《中央月刊》"20(5):27—28。

1987r 《观念史大辞典》,李亦园总审订,台北: 幼狮文化事业股份有限公司。

1987q 《宇宙观与宗教文化》,《社会变迁中的幼儿教育》,泰丰文化基金会,第24—30页;《文化的图像》(下册),台北: 允晨出版公司,1992年,第193—201页。

1987p 《清华文史丛刊》序,台北: 联经出版事业公司。

1987o 《运可改,命不可改》,《张老师月刊》20(5):72—74。

1987n 《色情文化的根源》,《自立晚报》,1987年11月12日;《文化的图像》(上册),台北: 允晨出版公司,1992年,第171—175页。

1987m 《马雅文明的启示》,《马雅文明》,台湾历史博物馆编;《文化的图像》(上册),台北: 允晨出版公司,1992年,第176—181页。

1987l 《刘和穆的"父子"夫妻》,《自立晚报》,1987年8月26日;《文化的图像》(上册),台北: 允晨出版公司,1992年,第167—170页。

1987k 《自由精神发展的四个方向》,《联合报》,1987年7月7日。

1987j 《哭志明》,《中国时报》,1987年6月16日。

1987i 《饱了口腹,保不了生态》,《文化的图像》(上册),台北: 允晨出版公司,1992年,第392—397页。

1987h 《他们本是愉快的民族》,《中国时报》,1987年5月2日;《文化的图像》(下册),台北: 允晨出版公司,1992年,第315—321页。

1987g 《苦心孤诣的立场》,《绘画独白》序,何怀硕著,台北: 圆神出版社;《文化的图像》(上册),台北: 允晨出版公司,1992年,第155—159页。

1987f 《文化批判的人类学趋向——"辨思与择取"》,《辨思与择取:一九八六台湾文化批判》序,李亦园编,高雄: 敦理出版社,第5—8页;《联合报》,1987年3月18日;《文化的图像》

（上册），台北：允晨出版公司，1992年，第132—136页。

1987e 《辨思与择取：一九八六台湾文化批判》，高雄：敦理出版社。

1987d 《现实、功利、理想的冲突》，《文化的图像》（上册），台北：允晨出版公司，1992年，第291—298年。

1987c 《从"头"说起》（口述），王家凤整理，《台湾光华杂志》第21期。

1987b 《再说神圣》，《中国时报》，1987年2月20日。

1987a 《神圣与神秘》，《中国时报》，1987年2月9日；《文化的图像》（下册），台北：允晨出版公司，1992年，第202—203页。

1986l 《谈人文社会学院的成立与发展》，台湾《清华校友通讯》新97。

1986k 《黄檗缘》，《联合报》，1986年10月28日；《文化的图像》（上册），台北：允晨出版公司，1992年，第381—388页。

1986j 《权威来自个人，领袖源于天生——比较东西方权威与领袖型态》，《天下杂志》65：158—160。

1986i 《师门传承》，台湾"《中央日报》"（海外版），1986年9月28日。

1986h 《剧变与调适：一九八五台湾文化批判》序，李亦园编，第5—6页；《联合报》，1986年9月13日，改题目为《调适与剧变》。

1986g 《人类学家与他的博物馆》（上、下），李子宁整理，《联合报》，1986年7月30日—31日；《中国民族学通讯》1986年第25期；《文化的图像》（上册），台北：允晨出版公司，1992年，第137—143页。

1986f 《一位女人类学者心声》，《性与死》序，胡台丽著，台北：时报文化出版公司；《中国时报》，1986年7月24日；《文化的图像》（上册），台北：允晨出版公司，1992年，第149—154页。

1986e 《贺台湾"中央"图书馆乔迁》，《民生报》，1986年7月15日。

1986d 《期待文化的清流》，《中国时报》，1986年5月26日；《当代》2：180—181，1986，改题目为《净化文化环境的尖兵——我看当代的出刊》；《辨思与择取：一九八六台湾文化批判》，李亦园编，高雄：敦理出版社，1987年，第26—30页。

1986c　《现代师生》，《中国论坛》251：1；李亦园编：《辨思与择取：一九八六台湾文化批判》，李亦园编，高雄：敦理出版社，1987年，第251—253页。

1986b　《"清华园"偶感》，台湾《中央日报》（海外版），1986年3月6日。

1986a　《自由化与国际化的挑战》，《现代管理月刊》109：5—6。

1985f　《通识教育在台湾清华》，台湾《清华双周刊》，1985年12月4日。

1985e　《回味、体验、前瞻——李亦园谈阅读型态》，《民生报》，1985年5月15日。

1985d　《再论婚姻的"价值"》，《民生报》，1985年5月9日；《文化的图像》（上册），台北：允晨出版公司，1992年，第301—302页。

1985c　《婚姻的价值》，《民生报》，1985年5月8日；台湾《中央日报》（海外版），1985年11月29日；《文化的图像》（上册），台北：允晨出版公司，1992年，第299—300页。

1985b　《建一个公卖局公园》，《民生报》，1985年3月2日。

1985a　《对当前文化建设工作的一些看法》，《联合报》，1985年1月8日；《大学杂志》35（1）：12；《剧变与调适：一九八五台湾文化批判》，李亦园编，1986年，第3—9页。

1984i　《从人类学的观点谈健全人格与健康生活》，《健全人格与健康生活》，台北：明德基金会，第49—68页。

1984h　《中国海洋发展史论文集》序，台湾"中央研究院"三民主义研究所编，台北：台湾"中央研究院"三民主义研究所。

1984g　《户籍登记实务》序，章正大著，台北。

1984f　《人类学的领域》，《人类学与现代社会》，台北：水牛出版社，第1—8页。

1984e　《伦理文化的再沉思》，利翠珊整理，《张老师月刊》14（1）：66—67。

1984d　《学术水平与审查制度》，《中国论坛》18（5）：1。

1984c　《去伪崇实才能使社会和谐》，《民生报》，1984年6月5日。

1984b　《当前青年次文化的观察》，《中国论坛》18（1）：9—15；《人类学与现代社会》，台北：水牛出版社，第7—104页。

1984a　《与青年谈文化——整理旧包袱，迈上新旅程》，李子宁整理，《中国论坛》17（12）：

18—24。

1983h 《为大学的功能与运作会诊:四种本末倒置的现象》,《中国论坛》17(3):28—29。

1983g 《政治与学术的歧异和协调——行为规范和价值标准上的分际》,《中国论坛》17(1):5—7。

1983f 《文化建设与文化发展》,《台湾日报》,1983年10月10日。

1983e 《从人类学观点看经济发展与生态环境》,经济发展与生态环境座谈会,1983年10月5日;《思与言》21卷5期,1984年;《人类学与现代社会》,台北:水牛出版社,第67—68页,1984年。

1983d 《科学发展的文化因素探讨:传统文化中的功利主义》,《中国论坛》16(11):14—20。

1983c 《贪污问题的文化背景》,《中国论坛》16(7):11—12。

1983b 《薪尽火传》,《自立晚报》,1983年6月22日。

1983a 《为现代生活寻根》,《中国时报》,1983年3月24日。

1982e 《人类学系列序言》,《当代学术巨擘大系》,台北:允晨文化实业公司。

1982d 《人不能没有家》,《握紧自己的方向盘》,李亦园等撰,台北:正中书局。

1982c 《庄严的世界》序,阮昌锐著。

1982b 《走出一条文化的坦途》,《中国时报》,1982年1月3日;《师徒、神话及其他》,台北:正中书局,1983年,第275—284页。

1982a 《年俗行业巡礼》,《中国论坛》13(8):11—21。

1981e 《性与文化》,《生之欲——性,爱与健康》(第一章),王溢嘉等编,台北:健康文化事业公司。

1981d 《媳妇入门》序,胡台丽著,台北:时报出版公司;《师徒、神话及其他》,台北:正中书局,1983年,第107—114页。

1981c 《又见"抛绣球"》,《中国论坛》13卷5期;《师徒、神话及其他》,台北:正中书局,1983年,第335—337页。

1981b 《"传宗接代"与人口计划》,《卫生教育半月刊》。

1981a 《中国的婚俗》序,马之骕著,台北:经世书局;《师徒、神话及其他》,台北:正中书局,1983年,第100—106页。

1980h 《神话与交响乐——代序〈神话的意义〉》,《神话的意义》,王维兰译;《师徒、神话及其他》,台北:正中书局,1983年,第89—100页。

1980g 《当代文化人类学》序,张恭启等译,台北:巨流图书公司;《师徒、神话及其他》,台北:正中书局,1983年,第85—88页。

1980f 《文化是生活质量其他层面的基础》,《联合报》,1980年8月14日;《师徒、神话及其他》,台北:正中书局,1983年,第249—257页。

1980e 《生活素质研究的新里程》,《中国论坛》10(10):2—3;《师徒、神话及其他》,台北:正中书局,1983年,第257—262页。

1980d 《民俗文化的保存与发扬》,《巨桥杂志》(2);《师徒、神话及其他》,台北:正中书局,1983年,第223—232页。

1980c 《对当前宗教问题的一些分析》,台湾"《中央月刊》"12(6):35—39。

1980b 《黄帝子孙的形象》,《汉声杂志》7:25—32。

1980a 《文化与行为》,《爱书人旬刊》134;《青涩岁月》,陈铭磻编,台北:尔雅出版社,第85—87页。

1979m 《极目田野》序,丘延亮著,台北:牧童出版社;《师徒、神话及其他》,1983年,台北:正中书局,第71—74页。

1979l 《千古传承话绝艺——序邱坤良先生〈民间戏曲散记〉》,《民间戏曲散记》,邱坤良著;《师徒、神话及其他》,台北:正中书局,1983年,第75—84页。

1979k 《文化整合》,《中国时报》,1979年12月16日。

1979j 《没落中的民间戏曲艺术》,《时报书引》(2)。

1979i 《高丽行脚》,《中国论坛》8(12):42—46;《师徒、神话及其他》,台北:正中书局,1983年,第317—334页。

1979h 《悼念李济之先生》,《中国时报》,1979年8月2日;《人类与文化》13:8—10;《师徒、神话及其他》，台北：正中书局，1983年，第9—14页。

1979g 《满汉全席与难民救济》，《台湾时报》，1979年7月31日。

1979f 《天国未必尽是乐园——对"爱的家庭"等宗教异端者的分析》，《时报周刊》68；《师徒、神话及其他》，台北：正中书局，1983年，第141—146页。

1979e 《请重视文化建设》，《台湾时报》，1979年6月29日。

1979d 《建设现代文化大城的构想》，《台湾时报》，1979年6月22日；《师徒、神话及其他》，台北：正中书局，1983年，第215—222页。

1979c 《写在"民俗与民艺"专栏刊出之前》，《台湾时报》，1979年4月13日；《师徒、神话及其他》，台北：正中书局，1983年，第315—316页。

1979b 《人类宗教行为种种》，《宗教学术讲座专辑》，宗教哲学研究社，1979年4月1日；《宗教哲学》(8)，1979年5月10日；《道教文化》2(6)：17—19；《师徒、神话及其他》，台北：正中书局，1983年，第147—156页。

1979a 《自杀神话》，《中国时报》，1979年3月19日；《师徒、神话及其他》，台北：正中书局，1983年，第133—140页。

1978p 《永怀师恩》，《台湾时报》，1978年11月7日；《师徒、神话及其他》，台北：正中书局，1983年，第3—8页。

1978o 《"冰心食人"神话》，《中国时报》，1978年11月3日；《师徒、神话及其他》，台北：正中书局，1983年，第127—132页。

1978n 《文化中心与文化建设》，《中国论坛》6(11)：11—14。

1978m 《神话交响乐》，《中国时报》，1978年8月9日。

1978l 《十大建设的文化影响》，《中国论坛》6(8)：7—9。

1978k 《山胞在城里》，《综合月刊》116：136—144。

1978j 《不可忽视山地青少年问题》，《中国论坛》6(7)：32—34。

1978i 《取诸社会、用诸社会》，《时报周刊》第22期；《师徒、神话及其他》，台北：正中书局，1983年，第307—314页。

1978h 《从社会人类学看试管婴儿》,《联合报》,1978年7月27日;《师徒、神话及其他》,台北:正中书局,1983年,第301—306页。

1978g 《宗教慰藉与社会文明——写在〈信仰与文化〉出版前》,《中国时报》,1978年7月22日。

1978f 《伦理与认知困境的解脱——几则山地神话的解释与欣赏》,《中国时报》,1978年6月19日;《师徒、神话及其他》,台北:正中书局,1983年,第121—126页。

1978e 《文化差异与人际沟通》,《行政学报》10:75—77。

1978d 《神话的意境》,《中国时报》,1978年5月15日;《信仰与文化》,台北:巨流图书公司,第163—168页;《师徒、神话及其他》,台北:正中书局,1983年,第115—120页。

1978c 《中国家庭与中国文化》,《台湾日报》,1978年3月6日;《信仰与文化》,台北:巨流图书公司,第235—244页。

1978b 《人类学丛书》序,《人类与文化》10:15—17;《人类学与现代社会》,台北:水牛出版社,1984年,第213—228页。

1978a 《从新建调车场说起》,《联合报》,1978年1月24日。

1977w 《祭品与信仰》,《综合月刊》108:114—117;《信仰与文化》,台北:巨流图书公司,1978年,第125—132页。

1977v 《让民族文化的根开出现代的花朵》,《联合报》,1977年10月31日;《师徒、神话及其他》,台北:正中书局,1983年,第205—214页。

1977u 《寻根究底》,《中国时报》,1977年10月20日;《信仰与文化》,台北:巨流图书公司,1978年,第245—252页。

1977t 《宗教与迷信》,《联合报》,1977年10月;《信仰与文化》,台北:巨流图书公司,1978年,第37—68页。

1977s 《斩鸡头》,《联合报》,1977年10月13日;《师徒、神话及其他》,台北:正中书局,1983年,第297—300页。

1977r 《美国的"中国通"——人类学者的中国研究》,《时报周刊》,1977年10月2日。

1977q 《当前社会文化发展的方向》,《中国论坛》5(1):20—22;《信仰与文化》,台北:巨流图书公司, 1978年, 第187—196页。

1977p 《两代间的争执》,《中国论坛》4(12): 15—16。

1977o 《理想之城》,《中国论坛》4(11): 15—19;《信仰与文化》, 台北: 巨流图书公司, 1978年, 第279—288页。

1977n 《中国人性格的几个基本特点》,《健康世界》21: 51—52。

1977m 《怀念俞大纲先生》,《仙人掌杂志》1(5): 215—220;《师徒、神话及其他》, 台北: 正中书局, 1983年, 第15—24页。

1977l 《普遍与选择》,《中国论坛》4(7): 15—19;《信仰与文化》, 台北: 巨流图书公司, 1978年, 第297—300页。

1977k 《现代青年的文化责任》,《幼狮月刊》46(1): 8—9;《中国时报》, 1977年7月27日;《信仰与文化》, 台北: 巨流图书公司, 1978年, 第197—204页。

1977j 《知识分子的历史使命》,《中国论坛》4(6): 46—47;《信仰与文化》, 台北: 巨流图书公司, 1978年, 第205—208页。

1977i 《再论"公事私办"》,《中国论坛》4(4): 14—15;《信仰与文化》, 台北: 巨流图书公司, 1978年, 第301—304页, 改题目为《也谈"公事私办"》。

1977h 《"林安泰古厝"的拆迁》,《联合报》, 1977年5月1日。

1977g 《"孝"在现代社会推行之道》,《联合报》, 1977年4月5日;《信仰与文化》, 台北: 巨流图书公司, 1978年, 第253—262页。

1977f 《观光旅游的瓶颈》,《联合报》, 1977年4月5日。

1977e 《是真是假话童乩》,《中国论坛》3(12): 25-29;《信仰与文化》, 台北: 巨流图书公司, 1978年, 第101—166页。

1977d 《英文著作》,《联合报》, 1977年3月11日。

1977c 《谈中国人的名号》,《中国时报》(海外版), 1977年3月9日;《信仰与文化》, 台北: 巨流图书公司, 1978年, 第263—268页。

1977b 《新春新景象》,《中国论坛》3(10): 15;《师徒、神话及其他》, 台北: 正中书局,

1983年，第293—296页。

1977a 《中国神话》序，段芝编著，台北：地球出版社有限公司；《师徒、神话及其他》，台北：正中书局，1983年，第67—70页。

1976l 《米德自传》序，张恭启译，台北：巨流图书公司。

1976k 《管理与爱心》，《中国论坛》3(6)：4—5；《师徒、神话及其他》，台北：正中书局，1983年，第289—292页。

1976j 《韩国民俗村的启示》，《中国论坛》3(4)：4—5；《信仰与文化》，台北：巨流图书公司，1978年，第289—292页。

1976i 《韩国"官车"》，《联合报》，1976年11月17日。

1976h 《新罗文化祭》，《中国论坛》3(2)：15—16；《信仰与文化》，台北：巨流图书公司，1978年，第293—296页。

1976g 《金曲歌谣》，《联合报》，1976年10月16日。

1976f 《文化歧见的消除》，《中国论坛》2(11)：2—3；《信仰与文化》，台北：巨流图书公司，1978年，第275—278页。

1976e 《新拷贝与旧版书》，《联合报》，1976年9月11日；《师徒、神话及其他》，台北：正中书局，1983年，第285—288页。

1976d 《"唐璜的门徒"之外——对神灵怪异作品的剖析》，《中国论坛》2(9)；《信仰与文化》，台北：巨流图书公司，1978年，第133—140页。

1976c 《人类学的现代使命》，《台湾新生报》，1976年7月19日。

1976b 《促进人类社会的互谅互爱》，《中国论坛》2(5)：2—3；《信仰与文化》，台北：巨流图书公司，1978年，第269—274页。

1976a 《平心论拜拜》，《中国论坛》1(8)：20—21；《信仰与文化》，台北：巨流图书公司，1978年，第117—124页。

1975d 《青少年问题的症结与探讨》，《中国论坛》1(6)：5。

1975c 《新留学政策管见》，《中国论坛》1(4)：5。

1975b 《浅说宗教人类学》,台湾"《中央月刊》"7(10):144—150;《信仰与文化》,台北:巨流图书公司,1978年,第169—186页,改题目为《宗教人类学理论的发展》。

1975a 《与山地青年谈山地文化》,暑期青年自强活动大专学生山地建设座谈会总报告,第7—10页。

1974b 《人类学与历史研究》,《史学会刊》12:5—6。

1974a 《菊花与剑》序,黄道琳译,台北:桂冠图书股份有限公司;《师徒、神话及其他》,台北:正中书局,1983年,第63—66页;《人类学与现代社会》,台北:水牛出版社,1984年,第293—296页。

1973 《中国家庭与文化》,《台湾日报》,1973年3月6日;《师徒、神话及其他》,台北:正中书局,1983年,第191—204页。

1967b 《"东南亚华侨之将来"评介》,《思与言》5(3):48—49。

1967a 《科学研究与种族偏见》,《思与言》5(2):1—2;《人类与文化(创刊号)》,1972年,第4—6页;《人类学与现代社会》,台北:水牛出版社,1984年,第253—262页。

1958 《闽南》,与吴春熙同撰,《地方小志之十二》,台北:海外文库出版社印行。

1957 《读〈台湾风土志〉》,《政论周刊》139:23—24。

1954b 《唐宋市舶遗事》,与吴春熙同撰,《华侨海外开发展史之一》,台北:海外文库出版社印行。

1954a 《泉州》,与吴春熙同撰,《地方小志之二》,台北:海外文库出版社印行。

第二篇

缅怀李亦园先生

我的人类学家父亲
——李亦园院士的田野工作与论著

李子宁 台湾博物馆典藏管理组组长

一、我的人类学家父亲

1998年12月20日，我的二姐李康龄在父亲获颁"行政院文化奖"当日，应《联合报》副刊之邀，发表《我的人类学家爸爸》一文以为祝贺。"我的爸爸是人类学家，"二姐在文中说，"从小到大，对别人谈到父亲的职业时，对方总是投以异样、疑惑的眼光。"

作为一个人类学家的子女究竟有何特殊之处，会饱受别人"异样"的眼光？是人类学太冷门，还是人类学家太异类？这个问题从小就一直盘踞在我们的头脑中。对许多人来说，父亲的职业与父亲的角色似乎没有那么大的关系。但对我们而言，人类学家不只定义了父亲的学术地位，也塑造了我们的家庭生活与人际关系。父亲是一位人类学家，在我们的眼中，他既是"作为人类学家的父亲"（the father as anthropologist），同时也是"作为父亲的人类学家"（the anthropologist as father）。

作为一位人类学家父亲，从小他给我们最深刻的印象就是一年中总会"失踪"几个月（有时还不只几个月）——不是出去"外遇"而是出去"做田野"。许多年来，我们早已习惯作为一个人类学家"家人"的角色，他的田野、他的学术与他的写作基本上都是"寂寞"的工作；而家人，即使是一个与其同行的儿子，都必须学会体谅他"必要的缺席"。只有最近这两年来，父亲因为年纪渐长，视力快速衰退，才逐渐放弃"失踪"去做田野的特权，让我们家中意外地赚回一个"作为父亲的人类学家"。

待在家中，专心做"爸爸"的父亲，当然也没有放弃人类学家的角色。作为一位父亲，他在家中有着身为人父的严肃，但在严父的角色之下却带着人类学家的开明。在家里，作为人类学家的父亲带给我们的是一种潜移默化的"人类学家的气质"：对不同文化、不同价值观的尊重态度，以及看待事物的宽阔视野。他研究宗教，却不曾给我们信仰上的压力。他认同儒家的"大传统"，却不吝鼓励并引领我们领略民间"小传统"之美善。他对我们姊弟有着作为父亲的期待，但总能以一种出于不同文化的人类学式"宽容"，来体谅我们姊弟从小到大或多或少的"出轨"。

作为一位人类学家，许多人从父亲的书里去了解他的人类学。我们则是从他的身教去体会一位人类学家是如何以一以贯之的精神经营他的田野、他的学问与他的家庭。

二、父亲的田野工作

1962年2月，我出生后未满月，在家刚过完农历新年的父亲即动身前往宜兰县南澳乡金洋村进行田野调查。当时金洋村对外交通困难，他到达当地后第一封家书却阴错阳差地给寄丢了。一个月后，心急如焚的母亲与当时民族所凌纯声所长商议组队上山搜救，第二封家书适时地寄抵才将大家的担心化解为虚惊。后来，父亲以他在南澳的田野数据为基础，写成《南澳的泰雅人：民族学田野调查与研究》一书。对于许多研究泰雅人的人类学家而言，《南澳的泰雅人：民族学田野调查与研究》至今仍是必读的经典民族志之一。但对我们而言，多年来在口中经常传颂的却不是那本著名的书，而是那段有惊无险的田野经验。

父亲在他50多年的人类学研究生涯中，大半的时间都徘徊在"田野与书斋"之间。许多人类学者从他的书中了解他的田野，我们则从成长的生命史里去体验：马太安的田野是二姐出生那一年，母亲生下我坐月子时父亲去南澳做田野，彰化县伸港乡有着我们姊弟居住闽南式宅院的"初体验"，麻坡的田野则使得从小家中饭桌上多了来自马来西亚表哥们的"异国经验"。一直到许多年后，我才从书中读到那些在我们生命中占有一席地位的田野在父亲的笔下是如何转化成冷静的科学语言，也才能以另一种心情体会作为人类学家的父亲当年是如何辗转于"田野与书斋"之间，同时扮演着田野工作者、人类学论述者与父亲的角色。

人类学者为什么要花这么长时间做田野工作呢？仿佛是要回答我们姊弟从小心中的疑问，父亲后来在一篇文章中这样写道："这是因为他们相信要了解别人的文化并不是一件容易的事，我们若花一个礼拜的时间在一个村落里参观，我们也许以为了解了不少它们的生活状况，但是要真正深入地了解当地人怎么思考与判断等，则不是一个星期或一个月能办到的。民族学者（人类学者）要了解的不是旅游者的了解程度，而是要学术性地深入了解到民族，所以他长期地做田野工作，并且称他的工作方法为'参与观察'（participant observation），也就是参与到当地的社会里面去，并以当地人的立场与看法来说明问题。"

作为一位人类学家，父亲就是这么一位长期田野工作的信仰者与实践者。多年来，他专业性的田野调查前后共计12次，短期的田野实习及考察则有20次左右。曾经长期调查的族群与地点包括日月潭的邵人、屏东来义的排湾人、花莲马太安的阿美人、宜兰南澳的泰雅人、砂劳越与马来西亚麻坡的华侨社会、彰化伸港乡泉州厝与新竹一带的汉人小区等。广泛的异文化田野经验，使得父亲在看问题时有着宽广的视野。作为一个田野工作者，父亲更是少数能够充分掌握田野艺术的精髓且能够真正"参与到当地的社会并以当地人的立场与看法来说明问题"的人类学者。

一个例子可以说明父亲做田野工作的投入与细致。1964—1965年间，父亲与现任职于台湾清华大学的陈中民教授在彰化伸港乡做田野。当时他们住在当地一位颇有名望的老太太家中。最初的三个月，彼此之间虽相敬如宾，却总有一层隔阂。直到某一晚，老太太的丫头因挨骂而离家出走，父亲与陈中民教授自告奋勇拿着手电筒在雨夜里遍寻全村，最后终于在小土地庙里找到蜷曲地睡在神案下的女孩。自此，他们"外来者"的身份有了戏剧性的改变，老太太将父亲视为自己人看待，全村的人也因为老太太的转变，才真正接受父亲。就这个意义来说，田野工作是在进入田野四个月后才真正展开。

父亲的彰化田野说明了他不但努力做到人类学家所强调的"参与观察"，同时也达到了真正融入当地社会的境界。那位房东老太太以及她的家人，后来成为我家的世交。我们从小惯称她为"彰化阿婆"。每逢年节，两家互访，就像久别的亲戚一样。她那栋父亲田野时寄居的闽南式大宅院，也埋藏着我们姊弟童年的回忆。父亲把田野带进我家，我们也因此分享参与了他田野的人际情谊。

这大概是为什么父亲甘于田野工作的原因之一吧。在他的《田野图像——我的人类学研究生涯》一书前言中有这样一段话："对于一个人类学的研究者来说，田野工作是他们的活水源头，一切数据与灵感都来自田野，所以'出田野'一直是他们心中的最爱。田野工作有时免不了会有一些冒险，而长期的田野工作经常是单调而寂寞的，但是人类学者却一直乐此而不疲，我想其中原因在于田野工作固然有其困难甚至痛苦的一面，但是其职业性的乐趣却是外人所难以想到的，或者可以说，正因为乐趣与艰苦并存，而能够胜过艰苦的乐趣，其乐就无穷了。"

三、论著与著作

作为一位人类学家，父亲曾强调人类学的学问既要见树，也要见林；既要能对单一文化做深入的研究调查，也要有人类整体文化的视野。这不只是父亲对人类学这门学问的期许，同时他也在身体力行地实践着这个理想。

父亲的著作包括专书32种，学术论文175篇，一般论著251篇。其中著作专书包括三大类：自著专书15种，合著专书5种，编著专书12种。从他出版的具有特殊"里程碑"意义的专著，我们可以梳理出其为学的轨迹。如1966年的《文化与行为》（台湾商务印书馆）为其第一本以通俗文字写成的人类学著作。1970年的《一个移殖的市镇：马来亚华人市镇生活的调查研究》（台湾"中央研究院"民族学研究所），是父亲早期进行海外华侨与台湾南岛民族研究最重要的著作。同时，1972年与杨国枢合编的《中国人的性格》（台湾"中央研究院"民族学研究所）一书可说是开启了台湾社会及行为科学整合研究之风气，被认为是台湾社会及行为科学研究的典范书籍（2006年中国大陆出版简体字版）。1978年的《信仰与文化》（巨流图书公司）是父亲第一部关于宗教人类学研究的专书，而1984年的《人类学与现代社会》（台北：水牛出版社）则为他第一部在应用人类学方面的著作。

20世纪90年代以后，父亲的著作逐渐由专论转向通论。1996年的《文化与修养》（幼狮文化事业股份有限公司），以深入浅出的形式阐释了文化与生活修养的关系，本书为台湾清华大学人文社会学院编辑之社会科学丛书之一，为供台湾中学生阅读的书籍，前后再版10次，2005年大陆出版简体字版。1998年的《宗教与神话论集》（立绪文化事业有限公司）则为父亲后期宗教与神话研究成果之合集。1999年的《田野图像——我的人类学研究生涯》（山东画报出版社简体版、立绪文化事业有限公司繁体版）是第一本受大陆出版公司邀约出版之田野工作系列作品，同系列书籍中作者有费孝通、中根千枝等著名人类学者，并为《联合报》、台湾《中央日报》选评为"1999年十大好书"之一。

总体来看，父亲曾在不同场合说他一生的研究历程，是从具体而抽象、从异文化到己文化，再从单一文化至全人类文化。用人类学的术语来说，就是从"可观察的文化"到"不可观察的文化"，从"他者的文化"到"我群的文化"，从"微观的文化"到"宏观的文化"。这种由具体至抽象、由远而近、从微见巨的模式可说是传统人类学家养成的理想境界。也是这样的训练，使他的著作得以游刃有余地进出于不同层次的文化现象里，出入不同文化的异同间，从而由细节微观里演绎宏观的理论架构。

这一点可以从父亲晚年的理论重心"致中和"三层面和谐均衡宇宙观看出。关于这个概念，父亲最初在1986年的一篇论文中提出其架构雏形，后在研究中逐渐扩充为一个描述中国人及中国文化内在理念的宏观理论模型。"致中和"三层面和谐均衡宇宙观看似抽象，实际上却奠基于父亲多年在汉人民间宗教、仪式行为与中国人"气"的研究等实证研究成果之上。这个理论模型的提出，另一方面也可说是建立在人类学一个重要的研究传统——比较文化的观点之上。诚如父亲在文章所提到的，"致中和"这个强调"和谐"与"均衡"的中国人的基本文化理念，和西方文明强调"竞争"与"征服"的理念有着根本的差异，这个差异早在数千年前两大文明起源初期就已经表现出来。透过比较研究发现，中国"致中和"的理念不只反映在各层次的社会文化现象上，同时也可以作为人类追求"永续发展"的另一种选择。

四、晚年著作

从小到大,从家庭、田野到学问,父亲都以一贯执著而认真的心态来面对。2000年到2001年间,父亲数次因为心血管疾病而住院,经历几次大小手术,病后他开始逐渐淡出田野工作,也因此婉拒了大部分文章邀约。因病家居,少了田野灵感的父亲,并没有因此困住他的人类学家的"本色"。他依然对文化追寻与探索有着深切的关注,并在2007年发表了《全球化、人类学与中国文化》一文。2007年,父亲历年发表的散文及演讲文稿结集出版,名为《鹳雀楼上穷千里:李亦园散文与演讲选集》。

《鹳雀楼上穷千里:李亦园散文与演讲选集》一书并不是父亲专业的研究报告,而是他通俗的文章选集。书名以第一单元首篇文章的题名"鹳雀楼上穷千里"为名。之所以以该题名为书名,一方面是因为他2004年去山西南部考察,回来后写成两篇游记,尤其是鹳雀楼篇他自觉特别满意;另一方面,该题名隐含着"更上一层楼"的喻义,也与父亲近年来思考的方向——"从单一文化为研究对象,提升至对全人类文化的总体关怀"——有着语意上的关联。

2007年之后,父亲健康状况日益恶化,写作甚为耗神,因此决定歇笔,并在当年将过去的文稿结集整理,捐赠给台湾清华大学图书馆。台湾清华大学图书馆于10月举办了"李亦园院士捐赠专著暨手稿展"。该文稿和父亲的《鹳雀楼上穷千里:李亦园散文与演讲选集》竟成为其繁体著作的绝响。至于简体书,则另有2012年由九州出版社出版的《李亦园与泉州学》一书,集中了父亲过去所发表的关于故乡泉州与闽南文化相关的论著。父亲晚年虽没有发表回忆录或自传,但2005年出版的由台湾"中央研究院"近代史研究所黄克武教授访问的口述历史《李亦园先生访问纪录》,内容完整,几乎涵括父亲全部的学术生涯,堪称父亲一生学术生涯的最好记录。

注:本文曾发表在《广西民族大学学报(哲学社会科学版)》2018年第2期。

追念亦园师
——几则琐事回想

庄英章 台湾"中央研究院"特聘研究员，
曾任台湾"中央研究院"民族学研究所所长、台湾交通大学客家文化学院教授、院长

  2017年4月19日清晨，亦园师长公子子宁来电告知父亲仙逝的消息，听到这个噩耗，我一时之间百感交集，除了难过不舍，另一方面又觉得亦园师近年受了病痛折磨，如今也算是一种解脱。

  2013年我从台湾交通大学退休，返回台湾"中央研究院"民族学研究所，协助院方主持客家文化研究计划，住在院内的访问学人宿舍，这两三年间较有时间探望亦园师，但也觉得他的身体状况日渐转差，听力不好、讲话也含糊，往往需要师母转译。2016年8月我客座讲座期满，返回高雄之后，也就无法时常探望他。2017年4月14日上午，我趁赴台湾大学参加人口学会年会之便，先到北医探望亦园师，当时他已昏睡无法言语，我没唤醒他，这也是我们最后一次见面，想起此情此景，不胜哀恸。

  亦园师的学术成就与贡献，早有共识，受到高度赞誉。台湾"中央研究院"近代史研究所有一系列院士口述历史丛书，2005年出版《李亦园先生访问纪录》，由黄克武所长访问，翔实地记录其生平、个人成长、学术成就与丰富经历，对人类学的知识推广与学科发展等贡献有精辟评论，在此不须多再赘述。

  亦园师除了在学术研究上获得崇高赞誉，他的为人处世、对待同辈友人与后进的态度都十分令人敬仰，特别是对学生的照顾更是无微不至。他早期的学生不论公私事，有疑难之处都会请教他的意见，希望他指点一二，我个人也是接受亦园师诸多关怀的学生之一，他长年

不间断的提携照护,让我感念不已。

我与亦园师有较密切频繁的往来,始于当年就读台湾大学考古人类学研究所期间。我大学时就读于台湾大学社会学系,上过卫惠林教授的文化人类学,陈绍馨教授的中国社会结构、社会调查等与人类学有关的课。吸引我从社会学转到人类学的主因,是社会学系邀请李亦园老师来演讲他在彰化伸港农村研究的田野报告,他以台湾农村家族变迁为主轴,从功能论的角度分析"轮伙头"制度,也生动地描述冥婚、乩童等现象,让我觉得人类学田野研究十分有趣,故大四毕业那年就报考了台湾大学考古人类学研究所,服一年预官役后,正式成为亦园师的研究生,修过应用人类学、原始宗教等课程。当时亦园师为台湾"中央研究院"民族学研究所的副所长,兼任两年代理总干事,行政业务繁忙,每礼拜四个下午到台湾大学上课,我们经常一起吃饭聊天,谈论学术或生活诸事。

当年民族学研究所多做台湾高山族研究,20世纪60年代中期凌纯声所长认为应该开辟新的研究战场,便展开了汉人社会研究,支持亦园师到彰化伸港做农村研究,王崧兴到龟山岛做汉人渔村研究。在此基础上,亦园师于1968年9月设立汉人社会调查小组,主要目的是积极培养年轻一代从事汉人社会研究,有机会与国外年轻人类学者或博士生交流,当时东西方处于冷战时期,西方学者大多只能来台湾或香港做汉人社会研究,因此促成了台湾汉人社会研究的扎根与发展。

汉人社会调查小组成立了几年,先后有民族学研究所的许嘉明、陈中民,台湾大学的研究生徐正光、黄树民和我,以及台湾大学考古人类学系的陈祥水、陈茂泰等多位大三、大四学生参与小组。小组鼓励研究生自选一个地点做田野调查,本科生在民族学研究所整理与汉人社会研究相关的书目、研究数据、卡片记录等。1969—1971年间,亦园师几次带队到我们做田野的地点参观考察,除了实际考察田野工作,通常会选读与田野议题相关的书或文章让小组成员共同讨论,小组共到过高雄茄萣乡崎漏渔村、云林斗六与麦寮农村、屏东县内埔乡东片村,通过教学研究、田野实习培养我们汉人社会研究的基础。那段参与汉人社会调查小组的时光,让身为研究生的我受益颇多。

1971年7月,我受聘台湾"中央研究院"民族学研究所任助理研究员,从选田野点到学术生涯发展,受到亦园师诸多照顾提携。当年我申请到哈佛大学燕京学社东亚学会之补助，在刘枝万先生的引荐下到南投考察并选择田野点，亦园师与王崧兴师陪我一起去竹山考察，亲自给予评估与建议，最后选中竹山社寮作为田野点，我便在此展开家族与宗族、社会经济发展的研究。1972年，张光直院士自美返台，提出"浊大流域人地研究计划"，民族学这一块由亦园师主导，我成为计划成员，继续以竹山社寮为田野点，做社会经济及地方历史的研究。

社寮有一座供奉开漳圣王的神坛，亦园师建议我连续一个月参与观察搜集乩童问事的过程，当时还是本科生的何传坤甚至拍摄有半个小时长的问事纪录片，之后被当成教学题材，亦园师也以此田野素材撰写了 *Chinese Geomancy and Ancestor Worship: A Further Discussion* 一文谈中国的风水与祖先崇拜，收录在 William E.Newell 主编的专书 *Ancestor* (1976) 中，使用乩童问事的材料与 Maurice Freedman 的祖先崇拜理论。我也从中学习获益不少。1985年，我到新竹县竹北做闽客小区调查，较多时间在六家客家小区，亦园师也常到竹北猫儿锭崇义村关注当地乩童问事的情况，我在田野研究中获得很多启发。1989年，我与斯坦福大学 Arthur Wolf 教授申请鲁斯基金会之资助，提出闽台小区研究计划，亦园师也申请台湾"中央研究院"主题计划来协作配合，对闽台计划帮助很大。可以说，我的研究大多在亦园师的照护及支持下发展成形。

即使离开田野、办公室，我与亦园师生活的相处往来也十分亲密。1972年初我在高雄订婚，亦园师与王崧兴师代表男方家长到女方家提亲。中午吃饭后，三人一起到美浓拜访 Myron Cohan（孔迈隆）与 Burton Pasternak（巴博敦）两位教授，那趟美浓之行也是我第一次接触日治时期户口调查簿资料。有了这个经验，1985年，我与来民族所客座访问的 Arthur Wolf 合作在新竹地区展开闽、客方言群婚姻研究时，便使用户籍数据做分析，试图与 Burton Pasternak 在屏东平原的研究做对话，也藉此机会建立起日治时期户口调查数据库，延续到现在成为院内人社中心支持的"历史人口计划"。

亦园师长年研究汉人文化，强调"致中和"，相当重视汉人民间习俗、仪式的传统。我儿子结婚在台北西华饭店宴客，我事先交代婚礼执事人员，新人进场时不要撒花到新娘婚纱头上，亦园师担任证婚人上台致辞，很高兴地说："人类学家就是不一样，人类学家儿子的婚礼就不走嬉闹路线，很符合传统的仪式行为。"他认为婚礼是神圣的，仪式需要隆重，撒花祝福是在宴会后、仪式结束离场时才给予的祝福方式，不能让新人难堪，甚至坚持坐在台上亲自为新人的结婚证书盖章证婚，充分表达了他对仪式的重视。

亦园师也与我的田野朋友有很好的交情。他结识了我竹山田野的好友张先生，几乎每一两年就会去张先生家作客品茶，亦园师家中有很多张先生致赠的乌龙茶。2017年1月，张先生、余光弘还与我一起探望亦园师，交谊深厚。有一次张先生招待亦园师与师母、余光弘全家人和我们一家住在鹿谷小溪旁的私人民宿，那里非常幽静，主人还养鳟鱼，光弘的儿子还赞誉此处是全世界最美丽的地方，可惜后来被台风毁坏了。

40余年来，亦园师给我长期的提携爱护，一路上无私地帮助我，后来我有能力时也不忘效法亦园师提携后辈的态度，尽全力提携后进、培育人才，不论是担任民族学研究所的行政职位，或是后来到院本部学咨总会担任执行秘书、总办事处处长，或在台湾清华大学人类学研究所，以及台湾交通大学客家文化学院等，很多事情都向他请教，以做出最妥善的处置。

亦园师对我的影响超越可见的点线面，给了我一生立志追寻的目标，我永远怀念他。

注：本文曾发表在《广西民族大学学报（哲学社会科学版）》2018年第2期。

春雨润物细无声

翁玲玲 台湾佛光大学文化创意与科技学院院长

> 好雨知时节,当春乃发生。
> 随风潜入夜,润物细无声。
> 野径云俱黑,江船火独明。
> 晓看红湿处,花重锦官城。
> ——唐·杜甫《春夜喜雨》

这首诗传唱千古,其中"润物细无声"一句更常与春雨连结,随情境指涉各种事物。于我,在思念李先生时,它是恩泽。乍听起来,"细无声"与李先生的大嗓门毫不搭调,然而在我心中,李先生总以另一种温柔无声润物。记得刚考进台湾清华大学社会人类学研究所时,一日,李先生召集新生在民族学研究所聚会,除了鼓励之外,要我们说明研究兴趣,并为我们亲点导师。在同学中,我年龄最大,资质最差,基础最浅,还有点不识时务的死脑筋,想要做的不是国家民族的大议题。没想到老师没嫌弃,点我为徒。当时有些同学误以为我私自下了多少工夫才博得老师的青睐,只有我心中明白,因为我的不足,老师担心我为其他老师乃至为社会人类学研究所带来困扰,默默把我这样的学生放在自己的肩上。这样的承担,无声而强大,我铭感于心,万分珍惜。与李先生的师生情缘就此明确,老师成为我学术上一生的追随。

在申请博士班时,本对自己无甚信心,是老师为我写好推荐信,督促我去申请牛津大学与剑桥大学。侥幸进入牛津大学后,求学的艰难让我时时深感挫败。所幸老师在此时访问牛津大学,行程倥偬之际,还殷殷关切我的学习状况,并为给学生建立信心,不惜走下神坛,告诉我当年他在哈佛大学求学时也一般辛苦,总要用尽吃奶的力气才能一关一关地闯过去。老师的分享犹如春雨,无声而强大,让当时已身心俱近枯竭的我,获得一线生机,成为我日后生活中力量的来源,支持我一步一步踏上学术道路。李先生的学术成就,有目共睹。我虽努力追随,但自知资质有限,只能努力教学,尽量播下人类学及文化的种子,为老师普及人类学的宏愿略尽绵薄。老师知道我怜惜弱势学生,常常垂问教学与学生学习的情况,不吝将他当年备课教学的做法,倾囊相授;更于我开始担任行政职务后,时时提点为政处事之道,丝毫不因我研究上的荒疏,而看轻我在教学及行政工作上的努力。这样的宽容无声而强大,总在我面对他人与自我、理想与现实的时候,帮助我走过软弱与迷惘。《论语·子张篇》中有一段文字提到君子的行事言谈:"子夏曰:君子有三变,望之俨然,即之也温,听其言也厉。"细想李先生正是这样的君子。在忝列门墙的二十几年中,老师无论研究、教学、为人处世,虽有时疾言、有时厉色,却莫不以其君子之诚相对待。老师,您给予学生的力量,温润无声如春雨,如水;大化无形而点滴心头,上善。

注:本文曾发表在《广西民族大学学报(哲学社会科学版)》2018年第2期。

我的老师李亦园院士
——一位辛勤的文化人类学界的园丁

陈中民 台湾清华大学校务顾问，前美国俄亥俄州立大学中国研究中心主任

  1999年，我的老师李亦园院士以其近半世纪研究文化斐然的成绩荣获台湾最高荣誉文化奖。授奖之后，台湾清华大学人类学研究所、汉学研究中心和台湾"中央研究院"民族学研究所共同承办了一个研讨会，鉴于李院士对汉文化研究的丰硕成果，美国俄亥俄州立大学东亚研究中心及台湾施合郑民俗文化基金会也踊跃参加了这个学术研究会议的筹办。5月28日—30日海内外近百位学者出席了这场以社会、族群及文化展演为主题的学术研讨会，参与的学者发表、讨论切合大会主题的论文24篇，并由许倬云院士以"试论社会、族群与文化"为题作专题演讲，借以宏大李亦园院士对这些学术课题研究的成果，并庆贺其荣获文化奖的盛事。

  在学术研讨会所发表的论文已分别由各个作者修订补充完竣，即将出版之时，我自告奋勇地要求撰写这篇后记。我之所以斗胆自荐是有"历史"原因的，让我先从凭什么我敢如此"冒进"说起。

  在李亦园院士众多的及门弟子当中，我大概是受业时间最长，最让老师烦神费心，同时也最受老师呵护、提携的学生之一。从亦园师1961年到台湾大学代课开始，到40多年后的今天，虽然我出国进修、就职异域而与老师在空间上分隔，在时间上聚短离长，但亦园师对我这个老学生的教诲、呵护，以及老学生对恩师的尊崇和仰慕，从来没有因空间的隔离而疏远，反而因时间的延续而笃实。我们这份在台湾大学的课堂上，在南港的研究室

里，在彰化伸港及马来亚麻坡的田野工作中培育出来的师生之情，在我看来是非常特别的，是任何一个学生都想求之而不可多得的际遇。因为，亦园师不但为我们传文化之道，授人类学之业，解许多人生之惑，同时也不断以鼓励的方式、呵爱的态度引导和提携我这个不太成才的老学生。

由于我和亦园师有这样一段40年的师生情谊，所以我觉得由我这个老学生来谈亦园师的为师之道、治学之法，虽然不见得一定会比其他的同学写得更为周延，或许会记载得较为亲切一点！

一、李亦园：一位认真、热心的老师

第一次见到亦园师是在台湾大学文学院的一个大教室里。当时为大一学生讲授"人类学导论"的凌纯声老师因为在台湾"中央研究院"民族学研究所的事务繁忙，特别商请了他的高足，刚从美国哈佛大学学成归国的亦园师来替他代课。同学们知道代课的老师是刚从哈佛大学回来的李亦园先生后，都很兴奋，也都有一股企望，很想看看这位"取经"回来的老师到底有什么"新法宝"。记得大一下学期刚开学不久的一天，凌纯声老师笑容满面地带着一位年轻的看起来像是一位助教的先生走进教室，很自豪地介绍了他年轻有成的高足，说是一位学识通达、教学认真的老师，希望我们要认真听课……

从那一天开始，李亦园先生就成了我们的业师，同时也开始了他先后在台湾大学、台湾清华大学将近40年的教学生涯。李先生的课果然一炮而红。他以有组织、有条理的教材，亲切趣味化的方式井然有序地为我们讲解。很快李老师的导论课就成为同学们爱听的一门功课。虽然李亦园先生的"正业"是民族学研究所的副研究员，但从1961年开始，他用了很多的时间和心血到台湾大学考古人类学系教课，为台湾人类学界培植新苗。在课堂上以新颖充实的教材、清晰热心的讲解、妥帖有趣的例子，亦园师把几个被大家认为是冷门的课题生动地教热起来。记得1970年以前台湾各个大学中，大约只有台湾大学、政治大学开了文化人类学课目。30年后的今天，我虽然不能明确地举出数据，但我知道大部分的大专院校都设有文化人类学的课程，台湾大学、台湾清华大学甚至设有研究所及博士班。文化人类学在台湾的普及，亦园师不但起了承先启后、接棒传薪的作用，同时也是一位耕耘勤奋、栽培用心、收获丰硕的园丁。当年亦园师在台大、台湾清华热心培育的"新苗"中，有很多已在国内、国外发展成为人类学界的秀丽之才，而辛勤的老师也成为国际上以研究中华文化而著名的一棵根深叶茂的常青树。

除了"人类学导论"之外，亦园师当时在台湾大学开了一系列的新课。他的"原始宗教""应用人类学""东南亚民族志"不但是考古人类学系及研究所的同学喜爱的功课，同时也吸引了许多外系的同学。诚如老师曾在他1999年出版的《田野图像——我的人类学研究生涯》一书中所说：几门功课都颇受同学们的欢迎。尤其是原始宗教一课，算是台湾大学很"叫座"的功课。常有本系以外理、工、农、医学院的学生都来选修，经常教室满座。

能够把冷门系的功课教得满座，教得近悦远来的主要原因在于亦园师能常常更新教材，透彻讲解，同时又肯在课余热心地辅导学生。当时亦园师以兼任的身份每星期到台湾大学授课一次，通常老师的课排在星期四的早上。由于当时南港到台湾大学的交通并不是十分方便，亦园师每个星期四都起个大早，赶搭台湾"中央研究院"的交通车由南港到台湾大学。他到台湾大学的时间是早晨7点50分左右，比很多上学的学生到校的时间还早些。接着大约是从9点开始，老师为我们精彩而充实地讲授两个小时的课。亦园师的课可以说是教的人兴致勃勃，听的学生全神贯注、心领意会。回想起当时上课的情况，虽然不是堂堂"天花乱坠"，但确是每堂课都有新知识可学，有新问题要思考。当时我们只知道亦园师"有料"，教得好，不知道老师为教课而付出的许多心血。亦园师教学成功的秘方我们一直到毕业以后，到民族学研究所参加工作时才有机会领悟。原来老师每个星期三的下午就关起他研究室的门，谢绝一般访客，专心为第二天的功课做准备、撰讲义。星期三的晚上老师通常也不参加社交应酬，为的是要好好地休息，以便次日能精神饱满地教课。亦园师敬业的精神，用功之勤，一般的同学大多在上学的时候并不了解，一直等到我们毕业以后，也开始为人师的时候向老师请教如何才能把书教好，老师才告诉我们他的秘方！亦园师成功的秘方除了用功勤奋之外，据我的观察还有其他几味非常有效的"药引"呢！

亦园师除了在课堂上引经据典的讲解外，常常能举出人类学理论和我们日常生活中相关的一些例子，让学生领悟到人类学并不是一门生涩、"不食人间烟火"的学科，同时也能依老师所举的例子，自己思考身边的社会现象，达到触类旁通、学以致用的效果。课堂上两小时的授课之外，老师也经常愿意在下课之后和同学们在校园里、草坪上交谈，让我们有更多的时间问问题，谈心得。当时亦园师的学生都知道其兼课的钟点费完全没拿回家"缴库"，而是统统花在学生的身上。我们经常揩老师的油，让老师"请客"，带我们吃小馆子，或是到台大福利社吃夹心冰淇淋，喝台湾大学农场的鲜奶。有时大伙也跟着老师到当时有名的"明星"咖啡馆去豪华一番。老师请客，学生除了饱吃一顿之外，往往也在融洽轻松的场合中学到了许多在教室里学不到的东西！我们除了在台北揩老师的油之外，也常常有机会到老师南港家里吃师母刘时莬女士亲手烹调的可口美味。老师经常鼓励我们到南港去看书、听演讲，好让我们多沾一点民族学研究所的书卷气。我们也十分乐意搭上交通车到南港去参观、看书。只是每次到下班的时候我们在老师一请就来的状况之下，毫不客气地出现在老师的客厅里，常常让师母在下班回到家里时才发现家里突然多了几个肚量不小的客人。在这种情况之下，师母总是笑容满面地招待我们，高兴地为我们张罗好吃的，让我们这些大孩子有个家庭式的聚会，听老师讲他在美国留学的趣闻逸事，谈台湾大学人类学界的掌故。在轻松欢乐的环境里，我们不但饱了口福，同时又学到更多在书本上不容易学到的知识。

由于亦园师的本职是民族学研究所的研究员，所以他经常下田野做调查。田野工作除了为他的教学提供了活生生的材料外，老师也喜欢在可能的情况下带着同学到田野去参观实习。当时老师正在主持宜兰县南澳乡泰雅人的一项集体研究计划，便经常趁着学校假期，邀请同学们到南澳参观民族学研究所各位学长们的田野工作，让我们亲身体验人类学田野工作的乐趣，学习如何在异文化的情况下调适自己的角色，使我们既能保持客观的研究者的立场，同时也能入乡随俗地把自己转化成易于让被研究者接纳的参与者。这些难得的经验让我们有机会体验了许多课堂上学不到的田野工作技术。当这批学生由台湾大学毕业后分别到国外各个研究所进修时，我们很高兴地发现当时在台湾大学考古人类学系所得到的培养比起美国同班同学在他们大学本科所得的教育有更丰富的内容、更踏实的田野经验。当然，这都是当时在台湾大学考古人类学系任课的各位老师辛勤教育的功劳。但是亦园师以兼任教授的身份，为学生教育付出的精力和时间，比起其他老师有过之而无不及！亦园师自1961年开始教书以来，培育了许许多多中国文化人类学的秀才良栋，他们的经历虽然不会和我个人的一模一样，但是我相信同学们都在亦园师身上看到了一个师道的典范，感念老师认真热心的教导。

二、李亦园：一位能由"小"见"大"，
能以"通俗"诠释"精粹"的文化学者

亦园师自1953年由台湾大学毕业后就在台湾"中央研究院"民族学研究所从事专职研究工作，于1998年由民族学研究所以研究员的身份荣退，但是他的研究和著书工作从未间断过。更难得的是他在过去的47年中，先后在台湾"中央研究院"民族学研究所、台湾清华大学、学术交流基金会担任多项繁重的行政工作。他既没有放弃教学，更没有放松找材料、做研究、写论文的工作。因此，亦园师对中国文化、人类学理论的创见甚多，先后在国内外学术刊物上发表论文一百多篇，其用功之勤，贡献之大，在今日的文化人类学界里是难有能望其项背的人。以亦园师在1984—1990年间在台湾清华大学创立人文社会学院的"清华时期"为例，在短短6年的时间内，亦园师在繁忙的行政、教学工作之外，先后发表了46篇精彩的论文，由允晨丛刊以"文化的图像"为题编成上、下两册问世。

亦园师论文的素材都是一点一滴地从田野工作中搜集而来的，所以他的论文言之有物，以实际的文化现象、社会问题来支持他的理论。从1953年开始，亦园师先后在台湾山地部落、汉人的农村城镇、南洋华侨的小区做了多次人类学调查。调查的重点因旨趣的不同而时有改变。早期大多是民族志式的描述，中期以后大多是以某一文化制度，如宗教信仰、家庭亲族组织、小区领袖人物的形成、文化的抽象表微，或是文化社会制度的变迁为主题。近年来，随着经验的累积，亦园师思考的问题也更显原创性，由文化的图像进而追探文化的文法。在没有谈到亦园师近年对中国文化文法的创见之前，先谈谈这些论著对研究中国文化的贡献。

亦园师数十年来先后发表的论文可以粗略地分为"通俗性"和"专业性"两类。一般的人类学者大多把精力集中在著述专业性的论文，不肯花太多的笔墨来写通俗性的文章。亦园师则不同，有感于文化人类学在中国学术界中的冷门地位，亦园师充分发挥"应用人类

学"的真谛,亲身实践了他在课堂上教给我们的观念和理论,把人类学的知识活生生地应用到现实社会里。在这方面,亦园师寂寞地扮演着播种者的角色,编著了《文化人类学选读》《人类学与现代社会》《现代化与中国化论集》等书,把文化人类学的观念、理论和研究方法推广起来。除了专著,亦园师也经常以精彩的文笔讨论台湾的社会和文化现象,展示文化人类学与现实社会的关联性。透过他的生花之笔,亦园师逐步地把文化人类学的理论由学院"推销"到广大群众当中,借着通俗文章的发表,慢慢地为被认为是冷门的文化人类学加热升温,使一般的读者对这门重要的学科有了比较正确的认识,也体认到文化人类学对研究现代社会、文化所能做的贡献。由于亦园师辛勤的耕耘,文化人类学在今日的台湾也才有现阶段的发展。

亦园师在当代的文化人类学界里以其对汉人民间信仰系统及仪式行为和对中国文化体系特质的精研而著名,所以我想以老学生的身份介绍一下亦园师在这两个课题的造诣:

1.汉人民间信仰的研究。亦园师对民间信仰研究的过程及成果,大概可以用"由小见大、由俗论精"八个字来形容。从1965年他在彰化泉州厝开始研究乩童,亦园师对台湾民间宗教的研究热心从未冷却过。相反,随着研究经验的累积,他更系统和有组织地扩大了田野研究的范围,搜集了更多、更新的资料。在过去的三十几年,亦园师以民间信仰为主题的论文很多,早期的论文讨论民间信仰的理念和仪式,分析民间信仰对个人心理平衡、对社会和谐的种种功能。近年的论文则以民间信仰的变化及其与台湾社会文化变迁的关联、因果为主题。12年前,亦园师提出了"李氏假设",以台湾民间信仰及其仪式行为中所表现出来的汉人通俗文化的特色来探讨存在于小传统里促进台湾企业文化和经济发展的因素。

自从所谓的"亚洲四小龙"经济在20世纪70年代"起飞"之后,国际上研究经济发展的社会科学家们便开始探寻促进"四小龙"经济发展的文化因素。有关这个题目的论著很多,大部分的学者都把注意力集中在他们认为能和"新教伦理"相比的"儒教伦理"上,希望能从中国的大传统里找出近年来台湾经济起飞的端倪。但是亦园师从他对民间信仰的精深的研究中,及时地提出可以从民间的"小传统"里看出的一些与企业精神相关联的文化因素,并以民间信仰在近年来变化的过程当中所展示的重现实、重功利和敢于积极进取的文化因素来申述台湾自20世纪70年代以来企业的蓬勃与经济的腾达的过程。

亦园师的这个"李氏假设"很快地经由社会学家Peter Berger的论述而被纳入社会科学界对东亚经济发展的文化因素的讨论之中。当然，我们大概不可能在民间信仰的小传统里找到所有促进近年来台湾经济快速发展的文化因素，但是亦园师的这份创见正好校正了一般社会学家只重视大传统的偏失，同时也为研究同类课题的学者开辟了一条重要的研究途径，因而被学者们誉为颇有启发的"李氏假设"。

2.文化观和对中国文化文法的探讨。文化是人类学里一个最基本、最重要的观念，但是因为文化的内涵非常复杂，研究文化的学者又有不同的观点，因此在文化人类学界里有许多不同的文化定义。以一位40多年研究文化的学者的素养，亦园师综摄了文化人类学家及他自己对文化的体认，提出了他的文化定义，指出文化包括了物质技术、道德伦理以及表达感情安定心灵的精神文化三个方面。这三个方面的文化，亦园师在《田野图像——我的人类学研究生涯》一书中认为只是文化的素材而已，仅是一些可以让研究者以其感官观察体验到的文化表层。亦园师认为在表层之下，另有一些一般感官所察觉不到的文化的文法与逻辑，当我们研究一个民族的文化时，如果只在可观察的物质、社群、表达层面做功夫，而不进一步探讨其文化的内在结构的话，就抓不到研究的重点。因此，亦园师认为文化人类学的真义在于由外而内，由具体而抽象，研究文化要从外在的可观察的层面着手。但是，只有这些是不够的，应当紧接着探索隐藏在层面之下的文化结构法则、文化的文法。

亦园师建立了上述的文化观之后，以他研究中国民间文化的心得整理出一套见解精辟的中国文化法则，先后在学术会议及刊物发表了《传统宇宙观与现代企业行为》《从民间文化看中国文化》两篇论文，并以 *The Folk Cultural Foundation of Chinese Civilization* 为题在捷克布拉格汉学中心宣讲了他多方观察、中外类比整理出来的中国文化的基本文法。亦园师认为中国文化精髓，包括俗民的小传统及上层社会精英的大传统，是"均衡"与"和谐"，也就是儒家所谓的"致中和"。而这个基本文法处处主导汉人对自然事物，对人际关系及对超自然神灵的行为模式。亦园师的中国文化的文法在他发表的论述中已有明晰的论证，"李氏中国文化的文法"这个概念的形成过程，代表了亦园师数十年来由小处着手研究，然后由无数对小事物的观察研究，整理出精深原理与通则的治学之法。有了从具体的文化现象、行为模式中归纳出的原理和通则后，亦园师把它和中国大传统中所讲求的原则对比，然后逐步理出贯穿大小传统,中国文化追求均衡、强调和谐的法则,也就是塑造汉文化的一些"基因"。亦园师整理出来的中国文化的文法正如中国社会科学院民族学与人类学研究所何星亮所说的,是"从大众文化或民间文化基础上建构的理论模式",是"一套解释中国传统文化'为什么'的理论模式",同时也是"既能解释社会运作的规则,又能适用于研究小传统和大传统的一套理论"。

何星亮先生对亦园师的文化理论有着崇高、贴实的评价。何先生同时指出了"李氏中国文化的文法"的一个主要的特色,即文法的整理来自于资料的搜集和归纳;由小传统做起,进而贯连于大传统之中。所以它既可以解释中国社会运作的规则,同时也在文化理论中提出了一个值得国内外文化学者深思的课题。

亦园师对中国文化人类学的发展,对中国文化研究在过去的数十年中所做的贡献是有目共睹的。亦园师的为师之道是他的学生们所亲历、所感佩的,作为老学生的我,仅以此篇短文讨论亦园师的师道,略表吾爱吾师的心意,同时也利用这个机会敬告老师:"一个像您这样用功教学,努力研究的老师、学者,虽然学的是人类学这样一门冷学科,但您的生涯一定是不会寂寞的。因为您的'师范'、敏学,已经在您的众多弟子的心中留下了深刻的印象,也在中外学界引起称许的共鸣!"

注:参阅《社会、民族与文化展演国际研讨会论文集》,王秋桂、庄英章、陈中民主编,台北:台湾汉学中心,2001年;又参阅《广西民族大学学报(哲学社会科学版)》2018年第2期。

李亦园院士及其对中国社会文化的关怀

赵树冈　台湾清华大学人类学博士，安徽大学社会与政治学院教授

一、忆恩师李亦园院士

包括我在内的许多台湾学生，最早都是从李亦园先生通俗易懂的文章认识到什么是人类学。流畅有趣的文字，吸引我们走进这个研究领域。1994年，我曾旁听李先生在台湾清华大学开设的整学期课程。每次课间休息时间，我总习惯到阳台上抽烟。后来发现，李先生也经常利用这个时段到阳台，或是随意漫步，或是伫立远眺、沉思。见到李先生走向阳台，我每每都躲开。畏惧之心确实有，更重要的是，我认为在长者面前吸烟过于失礼。有回吸完了烟要进教室，而李先生正走出阳台，我说了声"老师好"，李先生也亲切地与我交谈，同时鼓励我可以报考人类学研究所。这是我与先生的第一次互动。

过了若干年，我进入台湾清华大学人类学研究所，又再度修读李先生的课程。只不过李先生当时除了台湾"中央研究院"的职务，还担任学术交流基金会执行长，日常工作十分繁忙，除了上课，与李先生单独接触的机会不多。我研究生阶段原本是要进行海外华人宗教研究，暑期田野实习还到了菲律宾两个月。宗教人类学和海外华人都是李先生的主要研究领域，再加上李先生的尊翁曾长年在菲律宾执教，所以我请李先生担任导师时，先生欣然同意。之后因为种种原因更改研究方向，李先生也尊重我的选择。

李先生行事风格十分严谨，经常令人感到不怒而威，对学生的论文要求更是相当严格，丝毫马虎不得。我曾亲见先生当众对某学生论文，提出强硬严厉的批评，在座师生顿时化为

石人。我从未被李先生指责，就个人经验来说，只要行事合宜得体，学术坚持严谨，李先生私下还是非常和蔼，也喜欢开开玩笑。深知李先生要求严格，我从开始田野到论文书写阶段都感到相当大的压力。记得论文完成前三章，怀着忐忑的心情打电话探询，能否先就完成的章节给予指导，李先生随即指示第二天交稿。过了不久即接到先生来电，要我到他家里。

第一次讨论论文的时候，可以看出李先生心情很好，亲自沏了茶，又从冰箱拿出点心，我们师徒俩愉快地谈了一个多小时。临走前，李先生送我到大门，说了句"我很期待看到你接下来的论文"。这句话带给我的压力比严格批评还要大。如果是批评，至少修改论文方向或内容即可，但满心期待的结语，令我倍感煎熬，因为我不知道如何才能符合先生的期待。接下来又多次到李先生家，或离他家不远的书房，几乎每次都相约在李先生午休后。先生有午茶习惯，每次都准备蛋糕或泡芙之类的甜点，再搭上茶或咖啡。除了讨论论文，也经常闲话家常，跟我说一些自己的经历和体会。

论文答辩前一晚，李先生打电话到家里。其实并没有重要的事，只是交代我报告时声音要大、不要紧张。另外嘱咐我早晨先到他家，和他一道去接前一晚住在李先生客房的答辩主席乔健教授。答辩当天，我们师徒三人信步到台湾"中央研究院"民族学研究所的会议室。个人印象中，这应该是李先生出席的最后一次研究生答辩。事实上，李先生出席的各类学术活动不知凡几，先生因为关心我，似乎比我还要紧张。

2002年底，我的另一位导师，当时担任台湾"中央研究院"总办事处处长的庄英章先生要我过去帮忙，当时的研究室与李先生相邻。李先生不是每天都到民族学研究所，但只要是进研究室，我们都会聊一会儿。庄先生是李先生的大弟子，我们经常一同探望李先生，有时李先生也会留饭。大概是2005年到2006年间，李先生的身体大不如前。2006年，李先生在台北荣民总医院做了心脏支架手术，我同年拿到奖学金赴美前，还到医院探望。此后，李先生长期重听的问题更为严重，从前勉强还可以用放大镜阅读报纸，后来恶化到要非常靠近才能辨识人脸。我自认相当幸运，能够在李先生完全可以阅读，敏锐思考能力未消退的状态下指导我完成论文。

二、"致中和"观点与实践

李亦园先生祖籍福建泉州,祖父执医为业,尊翁长期在菲律宾从事教育工作,祖、父辈都是传统知识分子。李先生高中毕业后辗转赴台求学,原就读台湾大学历史系,第二年台湾大学考古人类学系成立,因为兴趣转入该系,成为第一届学生。虽然之后未从事历史研究,但李先生无论在回忆文章或私下交流中都表达了对历史的兴趣。1999年,我从菲律宾描东岸省田野返台,带着数本田野照片到李先生家里报告我的进度。翻到描东岸华人义山照片时,李先生显得非常开心,兴奋地告诉我"描东岸华人义山"横额和左右对联都是出于李先生尊翁的手笔。由此可见,李先生尊翁的书法造诣颇深,在当地华人圈应当有一定的知名度,李先生想必是秉承庭训,在传统文化的熏陶下成长。

台湾大学考古人类学系求学阶段,李先生的师长李济、凌纯声、芮逸夫诸位先生都是开创中国人类学领域的学者,前二位更接受了完整的西方人类学训练。或许因为家庭与教育背景,李先生除了台湾少数民族研究外,对于中国传统文化研究着力颇深,有相当部分的学术著作讨论中国传统宇宙观以及民间信仰,甚至在这个基础上,探讨传统文化与台湾经济发展的关系。他主持的最后一个大型课题进入了中国传统文化相当抽象、难以言说的"气"的观念,为了将抽象的"气"带入实证层面,李先生还邀请曾任台湾大学校长的电机系教授李嗣涔等学者加入,组织了庞大的跨学科团队。

透过累积大量的中国民间信仰与仪式、家庭制度的研究基础,李先生总结了"三层面和谐均衡致中和"观点。三个层面包括:代表自然系统的"天"(时间与空间的和谐)、有机体系统的"人"(内在与外在的和谐)、人际关系的"社会"(人间与超自然界的和谐)。以这三个层面整体的致中和观点诠释中国传统当中的个人、社会到自然所追寻的和谐均衡最高目标。[1]从时间来说,"致中和"三层面和谐与均衡是贯穿中国数千年的宇宙观,从空间来说,还扩展到各地海外华人圈,使得移居海外华人,对于食物属性的"凉"与"热"、个人八字、出生生肖与流年的"冲"或"合"等观念都能延续下来。

在台湾社会经济急遽发展变迁过程中,李先生也以人类学的视野探讨传统变迁的轨

---

[1] 李亦园:《从民间文化看文化中国》,《台湾大学考古人类学刊》1993年第49期。

迹。20世纪60年代，中国台湾进入"经济起飞"阶段，在此之后的二三十年成为亚洲四个重要的经济实体之一，被称为"亚洲四小龙"，这个经济"奇迹"成为西方政治、经济、社会学者相当感兴趣的研究。

对于东亚地区第二次世界大战以来的现代化及经济发展，学者大致从制度、结构或文化的层面加以解释。"文化论"的主流延续了韦伯（Max Weber）《新教伦理与资本主义精神》的基本命题，探讨这个历史上曾受儒家文化影响，又同时创造东亚经济区域"奇迹"的共同文化因素，几乎无解的儒家伦理与资本主义关系又被重新审视。其中彼得·伯格（Peter Berger）曾以"世俗化的儒家思想"（vulgar Confucianism）解释东亚地区的发展。他认为今日东亚地区现代化的动力，主要是儒家传统的制度与规范，成功转移到现代公司、工厂组织或制度，因此将儒家伦理视为东亚现代化的活水源头。①

以文化观点解释区域发展受到金耀基的肯定。金耀基认为，以往学者在解释东亚经济现代化的时候，经常将文化视为一个"剩余变项"（residual variable），伯格的"世俗化的儒家思想"论点，虽然不见得已经解开了东亚现代化发展之谜，但文化对经济现代化是不可忽视的重要因素。一个社会的经济无法发展可以归因于文化，经济发展的奇迹同样可以归因于文化。②

伯格1982年到访台湾，曾经就世俗化的儒家思想观点与李亦园先生交换意见，并将当时讨论的重点收录于发表的论文。李先生对所谓的新儒家假设抱持怀疑态度，同时提出民间宗教信仰与仪式在经济发展过程的作用。伯格叙述，李先生的这个观点起先让自己感到困惑，但看到新加坡灵媒与信徒的互动与民间信仰仪式，才恍然大悟，也认为新儒家之外应该还有其他的假说。李先生的论点因此被伯格称为"李氏假说"（Li's hypothesis）。③在课堂上，李先生总是笑着谈论伯格的"李氏假说"，也说明自己的论点是以台湾经济与民间信仰发展的观察，对新儒家假设的回应，并自谦地认为称不上"李氏假说"。

---

① 金耀基：《儒家伦理与经济发展：韦伯学说的重探》，《中国社会与文化》，香港：香港牛津大学出版社，1992年。
② 金耀基：《儒家伦理与经济发展：韦伯学说的重探》，《中国社会与文化》，香港：香港牛津大学出版社，1992年。
③ Peter L. Berger: *An East Asian Development Model, In Search of an East Asian Development Model*, Peter L. Berger and Hisn-Huang Michael Hsiao, eds., New Brunswick: Transaction Books, 1988.

透过分析台湾民间宗教与现代化发展过程，李先生发现传统民间信仰不仅与工业化、现代化并行不悖，蕴含其中的若干功利、实用和积极的因素反而在民间社会或"小传统"中发生作用，也有可能是台湾经济发展的潜在根源。台湾工业化或现代化并没有使得传统的宗教信仰与仪式消失，甚至在功利主义的追求下，讲求个人的、即时性的仪式更为兴盛发达。[1]现代化以前，根植于文化底层的理论架构，一方面可作为士大夫或儒者安身立命的哲学依据，同时也成为一般民众待人接物的行为准则。但在时代变迁中，这些理论架构或行为准则很容易趋向于现实生活的适应，尤其一般民众更容易朝向现实功利态度的转化。当代社会的和谐与均衡模式实践，或许可以在经济发展的初期甚至中期表现出相当大的推动力量，但在资本主义发展后期，是否仍然为助力，或相反地成为一种阻力，都是值得探讨的问题。[2]

李亦园先生不仅在学术上归纳了中国传统的和谐与均衡观点，自己在为人处事方面也朝这个方向努力。李先生30多岁担任台湾"中央研究院"总干事，如果没有过人的行政协调能力，则无法胜任这个工作。

李先生在学术研究方面坚持严格的规范，在行政方面秉持中国传统知识分子的风骨。其为人处事方面却又不失和谐与均衡，受中国传统文化深刻的影响，能以人类学的视野关注民间信仰等小传统。

三、谦谦君子风

李亦园先生关于中国传统文化研究有其特定的社会文化与学术背景，如同其他许多理论或学术观点，都有可商榷之处，李先生对学术不同意见也抱持相当宽容的态度。个人以为，进行学术批判前，应该考量研究者的时代背景，如此才能避免在前人累积的学术塔顶上以空洞的高姿态对前辈肆意且无理的批评。毕竟任何人在任何一个时代，都可以轻松地，

---

[1] 李亦园：《台湾民间宗教的现代趋势：对彼得·柏格教授东亚发展文化因素论的回应》，《文化的图像（下册）》，台北：允晨出版公司，1992年，第117—138页。
[2] 李亦园：《传统中国宇宙观与现代企业行为》，《汉学研究》1994年第1期。

甚至在毫无所知的情况下对数十年前的学说或观点发出"过时"的批判。

李先生强调的民间信仰小传统对台湾经济发展的作用，以"致中和"诠释中国传统乃至海外华人追寻最高层次的和谐与均衡原则，在整个人类学汉人社会文化研究脉络中具有相当大的意义。从中我们可以看到20世纪70—90年代台湾学术界追求社会科学中国化的过程，也反映出包括李亦园先生在内的那一代人，利用各种跨学科方法探询何谓中国传统社会文化的努力，以及在社会经济发展过程中理解传统的适应与变迁轨迹。

2017年4月18日，李亦园先生辞世，刚过世的那几天，我经常往返灵堂和先生家里，听到师母再次说起李先生对学生要比对儿子子宁还好，也谈到了家庭生活经常"缺席"的李先生。我确实亲身感受到身为李先生弟子的幸福，然而对师母和李先生的孩子们总感到十分不舍。李先生长期在外地进行田野，或是出席国际会议，30多岁即开始担任各类学术行政的重要职务，能够陪伴家人、伴随孩子成长的时间相当有限。敦厚踏实的子宁兄在治丧过程曾说了一句"爸爸是公众的"，让我感慨与感动不已。李先生的学术贡献有目共睹，家人无限的支持与谅解，更是李先生能够全心为学术奉献不可忽略的因素。

回想每次从李先生家离开的时候，先生总是在"请留步"声中执意送到门口，直到发动车子才正式挥手告别，对后生晚辈仍坚持主客关系应有的礼节。居家生活尚且如此，在公开场合更不会忽略应有的规矩与礼貌，对弟子也是同样的要求。2017年5月21日，李先生的故旧与弟子数百人共同送了先生最后一程，移灵时大家肃立两旁，最后目送灵车缓缓驶离。在啜泣与充满依依不舍的情绪中，向传统文化的研究与践行者告别，只能期盼台湾的中国社会文化研究不会随着先生的离去而式微。

注：本文曾发表在《广西民族大学学报（哲学社会科学版）》2018年第2期。

闪耀在海峡两岸的巨星：悼念人类学家李亦园先生

徐杰舜 广西民族大学教授、博士生导师，人类学高级论坛顾问、学术委员会名誉主席

中国人类学的天空中，李亦园先生（1931—2017）是一颗耀眼的巨星。

在20世纪80年代初大陆的人类学刚复兴时，李亦园先生的名字就是中国人类学的北斗星！他的人类学著作，《南澳的泰雅人——民族学田野调查和研究》《一个移殖的市镇——马来亚华人市镇生活的调查研究》《东南亚华人社会的研究》（上、下册）、《马太安阿美人的物质文化》《现代化与中国化论集》《中国人的性格》《文化的图像》《文化与修养》《田野图像——我的人类学研究生涯》等成了我们走进人类学的"天梯"；他对异文化的研究、对汉人社会的研究、对民间宗教的研究成了中国人类学研究的样板；他的"大传统"和"小传统"理论、"致中和"理论，影响了一代又一代大陆人类学学者。

1997年初，我应费孝通先生之邀，参加第二届中国社会文化人类学高级讲习班学习，一大早在北京大学勺园餐厅第一次见到了敬仰已久的李先生。早已认识的乔健先生把我介绍给了李先生。只见李先生穿着西装、打着领带，一派温文尔雅的气质，亲切地询问我的情况。不少人都说李先生很严肃，而我对李先生的第一印象却是十分和蔼慈祥。很荣幸的是，在这届讲习班中，我的发言"汉民族研究的人类学意义"的评议人就由李亦园先生和乔健先生担任。得到两位先生的指导，使我的汉民族研究在人类学理论和方法论的观照下，逐渐完成了学术转型。今天我能完成《汉民族史记》九卷本的研究和撰写，饮水思源，其中就有李先生的榜样和指导！

从此之后，我与李先生保持学术交往已有整整20年了！李先生于2017年4月18日驾鹤西

去，至今已近一年。

一年前，惊闻李先生西去，我当即与周大鸣、韦小鹏等同仁，以人类学高级论坛秘书处、学术委员会和青年学术委员会的名义发出了唁电。但心中的悲情却挥之不去，李先生鼎力推动海峡两岸人类学互动、交流和发展的情境，经常像放电影一样不断在我脑中闪现：

忘不了1999年5月，为纪念李先生70大寿举行"民族与文化展演研讨会"时，李先生专门指名邀请我以及潘乃谷等10位大陆学者与会。由于一些原因，李先生为了我们的成行费尽了心力！拳拳爱心，让人无不动容！

忘不了2001年10月，在我访问台湾"中央研究院"时，李先生不仅邀请我到他家作客，参观他的书房，向我展示他存放的《广西民族学院学报》（现为《广西民族大学学报》），还特别邀请我到台北国贤大厦33楼的高级会所用餐，并请了陈中民、余光弘两位先生作陪，可见李先生对来访的大陆学者用情之深。在此期间，李先生在他的书房客厅里接受了我的采访。由于李先生做过心脏搭桥手术不久，采访分两个下午进行。这次采访，后来以《人类学要关心人类的未来——人类学学者访谈录之十五》为题，发表在2002年《广西民族学院学报（哲学社会科学版）》第2期上，在学术界产生了很大的影响，至今仍警醒着人们。

忘不了2002年初，为了推动中国人类学的发展，我向李先生报告了打算建立"人类学高级论坛"的事，邀请李先生担任顾问，李先生欣然同意。2002年5月首届论坛在南宁召开时，李先生写来了热情洋溢的贺信，交出席论坛的乔健先生带来。人类学高级论坛一开始就得到了李先生的鼎力支持，真是中国人类学的大幸！

忘不了2002年10月，由我在《广西民族学院学报（哲学社会科学版）》上主持的"人类学访谈录"第一辑《人类学世纪坦言》即将出版，我请李先生写篇序。先生有求必应，挥笔成序，盛赞这本书"已构成了一部中国人类学发展的'口述历史'"。

忘不了2002年12月，由于李先生的热情关照，在参加台湾花莲东华大学主办的"依山依水族群文化与社会发展研讨会"时，我夫人徐桂兰也应邀参加了会议。这事的起因缘于李先生的一次询问："为什么你每次来台总是一个人，你太太为什么不来？"我说："没人邀请啊！"李先生说："下次我来邀请！"于是才成全了我们夫妇俩人双双赴台。李先生对我们的关怀还不仅如此，会后在台北期间，李先生把我们当作家人，特意安排我们住在他家，真是无微不至、永志难忘!

忘不了2004年5月,李先生出席在银川举行的中国人类学高级论坛。行前,李先生向我详细地了解了银川的概况,论坛筹备的情况,并承诺就论坛主题"人类生存与生态环境"做主题讲演。就是在这届论坛上,李先生做了著名的《生态环境、文化理念与人类永续发展》的讲演,不仅被《文汇报》全文发表,还引发了对"生态文明"概念的热烈讨论,成为后来生态文明研究之滥觞。两年后"生态文明"的概念流行中国,李先生功不可没!

忘不了2011年10月,在赣州举行的第十届人类学高级论坛上,李先生荣获人类学高级论坛终身成就奖。这时,李先生身体状况已不佳,未能出席论坛年会,奖杯由乔健先生带回台北李先生家中。后据乔先生说:我把奖杯交李先生时,把奖杯上的字念了一遍。而李先生并不满足,又自己拿着放大镜,眼睛贴着奖杯,一个字一个字地看过来,高兴之情难以言表。

……

这一桩桩一件件往事,勾起了我对李先生无限的崇敬之情和心中无限的悲伤,这么好的大写的人类学泰斗,怎么就走了呢? 李先生,我们真舍不得你啊! 有一天偶尔在网上看到《南方人物周刊》记者2012年11月写的《李济:失踪的大师》一文,其中说道李济的"晚年无疑是寂寞的,尤其是1975年相濡以沫的夫人去世时。办完丧事那晚,学生李亦园陪他到很晚,'他留我在他家住下来,我因睡不惯生床而没有答应他,他很有失望之意'。事后李亦园很后悔"。

今天悼念李先生,我也有一件事十分后悔:2011年10月,我趁到厦门大学人类学系参加博士论文答辩之机,与人类学高级论坛学术委员会副主席彭兆荣教授、人类学高级论坛副秘书长徐新建教授在讨论论坛工作时,鉴于不少先生年事已高,决定开展人类学家口述史的工作,我们将李亦园先生排在了第一位。立即就此事与台湾"中央研究院"民族学研究所方面进行联系,并派李菲博士专程前往做李先生的口述史访谈。此事得到时任所长黄树民先生的大力支持,李菲很快办好了赴台访问手续,于2012年3月飞赴台北,开展了为期三个月的工作。李菲到台后见到李先生,得知"近史所"已由黄克武先生做过李先生的口述史。于是又与"近史所"黄克武先生多次沟通联系,最后决定根据李先生意愿,在"近史所"版本的基础上对全书进行仔细修订,并重点补充2002年之后的10年里李先生全力推动"泉州学"

研究，以学术回馈桑梓的经历，以及他与大陆学者的交流和互动。当时李先生身体状况已很不理想，访谈过程中每隔10分钟左右就要停下来休息，但李先生仍坚持了下来。在这种情境下，李菲修订增补完成的《李亦园口述史》终于于2014年交付出版社，其后，却又由于一些原因，至今未能出版。今天悼念李先生，真后悔我们的工作还是做晚了一步！

李先生走了！这确实是中国人类学，乃至国际人类学的巨大损失！

李先生走了！但李先生所创立的人类学理论却永远留在中国人类学的天空！他的学术思想将如恒星一样永远闪耀着智慧的光芒！

李亦园先生千古！

2017年10月19日于南宁相思湖畔

注：本文曾发表在《广西民族大学学报（哲学社会科学版）》2018年第2期。

斯人已去,风范长存
——纪念李亦园先生

范可 南京大学社会学院人类学研究所教授、博士生导师,中国人类学学会副会长、人类学高级论坛秘书长、学术委员会主席团主席

著名人类学家李亦园先生于2017年4月18日去世,这对学术界是一个重大的损失。先生享年八十有六,是为高寿。李先生生前是台湾"中央研究院"院士,曾在台湾大学和哈佛大学接受人类学训练,深得其师凌纯声先生和克拉克洪亲炙,在海外华人研究、汉人社会文化研究、台湾少数民族研究诸多领域卓有建树,许多论著脍炙人口,成为莘莘学子案头读物。许多人因读了他的书爱上了人类学,走上了学术研究之路。李先生在国际学界名声遐迩,享有诸多殊荣。凡在20世纪50年代到80年代间到台湾从事田野工作的英美人类学家大多接受过他的指导,无不尊他为师。

李先生在人类学上的贡献是多方面的。除了大家耳熟能详的学术成就之外,他为两岸人类学的交往牵线搭桥,也为中国大陆人类学的建设贡献良方,亲力亲为、不辞辛劳地奔走于两岸之间,一直到身体状况不允许他再如此奔忙之后,才渐渐停歇下来。

我从读本科时候起就已听到李先生大名。后来,李先生的学生,时任职美国爱荷华州立大学的黄树民教授到厦门从事田野工作,同时在厦门大学人类学系和台湾研究所担任访问教授。从黄先生的口中,我对李先生有了更多的了解。当时学校的台湾研究所已经有了不少港台书籍和刊物,我便将当时台湾研究所图书馆里所藏的李先生的著作借来阅读,深为李先生的学术功底、见识和简练的文字所吸引。到美国留学之后,我的指导教授郝瑞也曾对我谈过李先生,他十分佩服李先生的分析能力、敏锐的洞察力、多方面的识见。在我快完成学

位时，有一天他突然问我是否有兴趣到台湾工作，说是因为收到李先生来信，要他推荐学生到台湾政治大学工作。我自然愿意，但是因为身份问题，我请我的老师务必将这一问题与李先生提及。李先生那头也行动起来，后来他颇为遗憾地告知，我去台湾就职可能有些麻烦。这件事我从未向任何人提起，而且几乎忘记。李先生去世的噩耗使我回忆起与老人家往来的一些事，这件事才又进入了脑际。

后来，我到南京大学就职。刚到南京没几日，便收到了徐杰舜教授的来信，邀请我出席2004年6月在银川举行的中国人类学高级论坛，并告知李亦园教授和乔健教授也将出席。对此，我自然十分兴奋。到了银川之后，见到了李先生。他精神矍铄，十分随和。可能因为我也是闽南人，我与他之间仿佛马上就拉近了距离。我们还用闽南话交流了一会儿。我赞他身体很好，声若洪钟。在旁的乔先生微笑不语。我后来才知道，李先生说话嗓门大是因为耳背所致。在银川会议上，李先生就人类学与永续发展（大陆通译为"可持续发展"）为主题，在大会上作了精彩演讲。李先生从跨文化的视野谈到"发展"和"进步"，以及这类来自启蒙运动的理念对人类社会所起的积极推动作用。同时，他毫不客气地指出，为发展而发展是一种盲目的发展，它不仅无视民众的需求，而且无视文化和传统的语境；它使资源枯竭、植被与环境遭到破坏，造成水土流失等负面后果。这是对子孙后代不负责任的行为。与会者均深为李先生的炽热的赤子之心所感动，并深为其眼界、慧见和洞察力所折服。离开银川前，我邀李、乔二位先生来南京大学访问。他们两位都立刻答应。乔先生当年秋天便前来走访，但李先生因其他原因没有来成。

2005年2月，南京大学人类学研究所成立。在此之前，我写了信给李先生，邀请他出席为研究所成立举办的学术研讨会，随信附上我一篇研究百崎郭姓回民的英文论文抽印本。很快，我便收到了李先生的手复，他不仅通读了拙文全文，而且还十分嘉许——这使我深受鼓舞。然而，由于事情已经排满，李先生难以成行南京。在表示歉意的同时，李先生还在信中恳切地说，他的老师凌纯声先生原先任教于南京大学的前身——"中央大学"，他因此有义务回馈南京大学，南京大学建立人类学研究所令他感到由衷的高兴。李先生还具体地谈了一些设想，说了不少鼓励的话，也表示迟早会到南京大学来。然而，在那之后，由于健康的关系，李先生极少到大陆来。我们最终失去了在南京相聚的机会。

后来，在一次由乔健教授发起和组织的"媒体与异文化工作坊"上，我又见到了李先生。李先生在会上做了主题演讲，照例是见解深邃，极富洞见，同时又不失锋芒，充分体现了一位知识分子的关怀与情怀。在私下场合里，李先生至少两次与我谈及有关民族的英译问题。在他看来，56个民族的"民族"翻译为nationality最好，因为它体现了平等，政治上十分正确。同时，他还不无遗憾地指出，台湾使用"原住民"指"高山族"的诸族群，迎合了一些人的政治议程。这最初并不是当事人自身要求的称谓。在那些原为殖民地的国家，有这样的分类无可厚非，但在中国历史上，移民台湾与所谓殖民完全是不同的概念。历史上大陆人移民"台湾"都不是任何有组织的政府行为，而且大陆移民是开发台湾，完全不是殖民主义那种对殖民地资源的掠夺和对当地居民的剥削与压榨。历史上移民台湾，来自大陆的闽南人、广东人、客家人与当地其他族群的关系不是殖民与被殖民的关系，而是共同开发和发展台湾的关系。我想，这就是李先生对"原住民"一词耿耿于怀的原因吧。

以上可见，李先生不仅在学术上多有贡献与识见，而且政治上的嗅觉也十分敏锐。这是多年从业人类学的结果。人类学者第一手接触研究对象，更了解民众所思所想，并由此体察出究竟是什么影响一般民众的视野与想法。而许多人类学者所具有的世界主义心态无疑使李先生对许多事情有所感悟。他极为敏锐地意识到，建构认同便是制造边界，这对人类和谐相处是有些负面影响的，因此，他主张在全球化时代里，文化的自觉和自信十分重要。这在他与费孝通先生在20世纪末的一次交谈中体现得十分明显。我觉得，作为人类学者，我们都不应忘记这两位杰出学者的情怀与教诲。人类社会中一些因为国籍、宗教归属、族群性所造成的壁垒和边界已经对整个人类共同体造成了伤害，如何在加强文化自信的同时，又能破除这样的壁垒，也应当成为人类学家的终极关怀之一。人类学在这方面有独特的透视视角，人类学家应该在这方面为世界做出贡献，而且也能做出贡献，这也应当是李先生所期待的吧。

在后来的时间里，有关李先生的消息多来自时常联系的乔健教授。每见乔健教授，我都没忘请他把我的问候带给李先生。而李先生也不时交代乔健教授问候我。有一次，南京大学高研院组团到台湾学术交流。在与台湾"中央研究院"同仁见面的座谈会上，李先生还特地问率团队出访的周宪教授为什么我没随团来访，这是随团出访的周晓虹教授回来后告诉我的。事情虽小，却让人感到温馨，我从中感受到了老一辈学者对晚辈的关怀与期待。

近些年来，李先生的身体状况一直不是太好，双眼视力下降，最后竟无法再像以往那样读书写作。这对一位毕生以学术为志业并视之为生命者的打击之沉重可想而知。生命，似乎对他已经失去了意义。2015年春夏之交，我到台湾开会，会议之后特请赵树冈兄领我去拜见李先生。我们到李先生家时，他刚午休起来不久，看得出，他对我们俩的到来感到十分高兴。当时，李先生看起来精神不错，声音依然洪亮，但耳背比之前更重了，而且反应迅捷的头脑已经开始迟钝。虽然交谈起来没有什么障碍，但情况显然不容乐观。他询问了我和南京大学的一些情况之后，便静静地坐着。不一会儿，他忽然对我说，他原先已经被厦大录取，因为一些事情到台湾来一趟，结果这一来就回不去了，只好就读于台湾大学。我说，您要是回到厦门大学，将是另一种命运，他同意我的说法，又陷入若有所思的状况。李先生是有名的大孝子，他一定对亲人常年不得相见的痛楚深有体会。我相信，他突然告诉我这些，一定是又想起了他的高堂。

李先生走了，我们失去了一位睿智的长者、卓越的学者，但他音容宛在，教泽长存。我们怀念他、纪念他，因为他对中国人类学有一种愿景，这种愿景来自他的强烈文化自信与自觉，因而有一种特别的魅力与学术感染力。这种魅力与感染力超越了边界因而更具生命力。

谨以这篇小文祭拜李先生。

写于2017年4月22日夜，增、改于10月19日

注：本文曾发表在《广西民族大学学报（哲学社会科学版）》2018年第2期。

亦园，亦缘

彭兆荣 厦门大学人类学系教授、博士生导师，人类学高级论坛学术委员会主席团主席

【题记】李亦园先生走了，永远地离开了我们。噩耗传来，我的脑海里出现短暂的空白，李先生怎么能走？二十年来，李先生的慈祥面容，睿智的思维，通情的话语，达理的分析，一直是印在脑海里，如父，如尊；如师，如友；如亲，如故。

刚刚接到徐杰舜教授的电话，说5月初要召开"李亦园先生学术思想与中国人类学发展研讨会"，接下去的一个月，我已经排满了议程，且无法更改。我来不及专文，但我曾经记录下了一段我与李先生的交谊。以资纪念。

见亦园师是缘，识亦园师是缘，因人类学亦是缘。

1994我从贵州大学调到厦门大学工作。记得调入不久就见到了亦园师。大师祖籍闽南泉州，那一段时间，他经常回家乡探亲。回家乡必到闽南的大学——厦门大学，到厦门大学必来人类学系。

厦门大学是我国少有的，具备完整人类学科系的大学。中国数千大学中屈指可数者，厦大必在其列。

厦门与台湾只隔一泓浅水，改革开放后，台湾人登陆的第一站是闽南。他们操着乡音回到自己的"老家"。

闽台同在一个文化区域（cultural area），同画一个文化圈（cultural circle）——老式的人

类学概念最能准确描述闽台关系,这其中"五缘"——血缘、亲缘、地缘、神缘和业缘——全部都打包。

作为台湾的人类学代表(台湾"中央研究院"人类学院士)与厦门大学人类学同行的关系很密切,便不奇怪。

不密切,就奇怪了。

李先生一直把厦门大学人类学的发展当作他自己的事情,无私地帮衬着。

对他来说,这样的缘分很难用简单的地缘来解释,也不好用业缘来解释,是超载五缘的"情缘"。

大师所以为大师,社会责任一定揣在他们的怀里,挑在他们的肩上。

"大师"首先是被社会认可,不是个人偶像。个人偶像只在个体中找理由,大师的理由必先羼入社会。

亦园师不独心里牵挂,而且是行动挂牵。

我调到厦大人类学系,也就连带着被牵挂、被挂牵。

这一挂,差不多挂了二十年。

初见亦园师时,他或已从老所长蒋炳钊教授那儿了解到,有一个从内地调来的年轻老师的事情。所以,第一次见到我,他就说:"你是彭先生啊?"

我说:"是。"

他好亲切啊。我的心中就有了异样的感觉,好像我们以前相识的。第一次见面相互不陌生,这是我有生以来的第一次。

亦园师又问:"彭先生去过台湾没有?"

我说:"没有。"

"厦大人类学系的老师大都去过台湾,你也应该去。"

我说:"有机会我一定去。"

"你主要研究什么?"

我说:"跨境族群,前些年在西南,主要集中在瑶族。现在做一点客家研究。"

"厦大人类学在客家研究方面有很好的传统,台湾'中央研究院'民族所明年要举办一个国际客家学研讨会,我可以邀请你去。"

我说:"太好了,谢谢您。"

就这样,我去了台湾。

第一次去台湾,与台湾"中央研究院"动物所的一"大咖"打了一仗,赢得酣畅淋漓!囔囔,现在想起来毛孔都会竖起,热血沸腾。

还有就是,亦园师请几位学者上101,在顶层宴请我们。

好大的奢侈!

夜,穿透的景。整个台北都沉在脚下。

美,却是怪的感觉。

台北有点像巴黎,整个城市都贴在地上,高楼只是唯一;巴黎,除了艾菲铁塔外,只有一幢高楼:蒙巴纳斯。101仿佛蒙巴纳斯,凸兀得很。

1997年,我在厦门组织"首届中国文学人类学学术研讨会",我请亦园师来。他不计较辈分,不在乎"文学人类学"名头(他告诉我此前没有听过"文学人类学"这个概念,他的助手把它写成cultural anthropology,他还询问我英文写书的问题),他亲自来为我、为我们这些年轻学者站台。

多大的面子!

更让我感动的是,当他知道我为了筹措这次会,完全没有任何单位、没有任何基金会支持和资助,凭借一己之力到处"化缘"时,从自己的钱包里拿出一笔美金资助会议。

在以后的岁月里,特别是在我的经济状况好转后,我经常私底下资助年轻学者,尤其是我的那些穷学生们。亦园师是我的榜样!

会议圆满,李亦园、汤一介、乐黛云,还有一批现在如日中天的学者,其中就有如日中天的易中天。他当时作为我的朋友、兄弟,在会场当义工,跑前跑后的,相当"哥儿们"。

会议期间还举行了一个由我主编的《文化人类学笔记丛书》(上海文艺出版社出版)的

首发式。易中天的《读城记》即在其列。

大师的学术极其严谨，为人态度总是亲和。会议期间，我感同身受。

曾经读过亦园师无数的著述，印象中最早读到的是1980年由他主编的《文化人类学选读》。

读着很受益，现在还溢着。

2005年，我就任人类学系主任。

上任的第一件事情，我计划举行"李亦园学术研讨会"。

恰在当时，我到北京大学参加一个学术活动，与乔健、庄英章等台湾人类学家在一起。我把这个想法说与他们，他们立即表示支持，都表示会届时与会。乔健先生还自告奋勇，让我立即写一封信，由他专门带给亦园师。李先生是乔先生的学长。

那天晚上，我在北京大学勺园（酒店）里给亦园师写了一封很庄重的信，把为什么我上任做这第一件事情的事由告诉他，记得我在信中列了好几款。第二天交给乔先生，他过目后嘱我改一两个小地方，我照办。

就这样，乔先生把信带回台湾。

回到厦门，我一直期盼着回音。

20多天过去了。一天，我正在乡下田野，手机响了，显示的是台湾长话，我想是亦园师的。

果然。

亦园师在电话里首先感谢我为此所做的一切。其实，我什么都还没有做。

但他告诉我一个不好的消息，虽然此前我有所闻，只是不确凿有多严重；说他前些时候做了心脏搭桥手术，医生嘱咐不能外出。他说："举行我的学术研讨会，我当然要到场，而且闽南是我的家乡，我也希望能够去。为此我专门征求医生的意见，医生最后还是不同意我走动。"

他停了一会儿，说："过一段时间如果身体好转，我就告诉你。我也想去厦大人类学系看看。"

"我希望能够在厦大做好这件事情,这是我的心愿!"我殷殷地说。

"谢谢你,彭先生。"

……

时间过了好久好久。我也从系主任的位置上下来了。

我没有等到亦园师"身体好转"的回音。

此后几年,我应庄英章先生之邀,去台湾交通大学参加一个学术研讨会,又作为大陆人类学代表团团长赴台湾参加"人类学高级论坛"活动。我去看了亦园师。

我想,此生大约再无机会为亦园师举办他的专题学术研讨会了,这份遗憾就让它成为我们两代人心里记忆的种子吧。

感谢人类学,让我认识了您;感谢您,让我更深地认识了人类学。

常记起与亦园师开会、聚会的幸会。

总感念与亦园师业缘、识缘的因缘。

"缘"即"纯",《尔雅》如是说。

注:本文曾发表在《广西民族大学学报(哲学社会科学版)》2018年第2期。

梦得寂寞
——怀念李亦园先生

邓启耀 中山大学社会学与人类学学院教授、博士生导师,媒介人类学研究中心主任

为了弄明白中国人认知和行为的文化心理根源,我曾经努力钻研过一阵子神话及巫术。因此,读到李亦园先生探讨传统宇宙观与信仰系统对现代社会文化影响方面的研究论著,颇有同感。我很喜欢李亦园先生的这段话:"从近代对于神话的研究里,我们越来越明白,神话对于一个民族知识与文化价值的传承与创造所占的关键性地位。一个缺乏神话的民族就好像一个不会做梦的个人,终而会因创意的竭丧而枯耗至死。"[1]我在研究生中讲神话学,必以这段话开头。

得以亲聆李亦园先生面授的学缘,亦始于神话。1995年春,由李亦园先生牵头召集,台湾汉学研究中心和财团法人施合郑民俗文化基金会主办,在台湾召开了一个规模很大的"中国神话与传说学术研讨会"。参加学者来自中国、澳大利亚、英国、法国、日本、韩国、荷兰、俄罗斯、美国等,多达150多人。看名单,有饶宗颐、乔健等学界名家。大陆学者邀请了钟敬文、马昌仪、肖兵等9人。钟老时年90多岁高寿,未能成行,由博士生杨利慧代表。当时两岸关系解冻不久,双方审查都很严。被邀请的大陆学者,成行的只有马昌仪、李子贤、李少园、叶舒宪、杨利慧和我。我当时刚刚完成中国神话思维结构方面的研究,正沉浸在对黑巫术——另一种"非常意识形态"的调查中,就提交了一篇《巫蛊传说与民间秘俗》[2]的

---

[1] 李亦园:《时空变迁中的神话》,参阅约瑟夫·坎伯著,李子宁译:《神话的智慧:时空变迁中的神话》序,台北:立绪文化事业有限公司,1996年,第6页。
[2] 邓启耀:《巫蛊传说与民间秘俗》,参阅汉学研究中心编:《中国神话与传说学术研讨会论文集》,台北:台湾汉学研究中心,天恩出版社,1996年,第511—538页。

论文参会。大会安排发言，我有幸与李亦园先生同场。先生和胞弟李少园合作完成的论文是《端午与屈原：神话与仪式的结构关系再探》，从结构角度探讨端午传说与仪式的关系，将中国古代天文节气如冬至—夏至及阴—阳、昼—夜、德（生）—刑（杀）、火—水、燥—湿等对应关系，做列维—斯特劳斯式二元结构的分析。那种把节日民俗放在广阔文化语境和认知结构中的做法，使我受到很大启发。先生在会议论文集序言里还特意提到："对我个人来说，这一次的研讨会也特别具有意义，因为舍弟李少园帮我解读古典数据，得以完成《屈原与端午》的论文，并及时来台参加会议，公事与亲情得以兼有，自然是十分喜悦之事。"[1]这让我十分好奇，兄弟俩分隔两岸，其间有多少故事？

我是第一次到台湾。对台湾印象最深的，就是台湾民众对中国传统文化的热爱。学者不必说，让人吃惊的是一个像剧场式的会场，居然坐满了人。大会发表33篇论文，分10场，开足3天，讨论时间比较充分。会议地点在图书馆，对民众开放，来听会的人不少，且提问十分踊跃。如果发言学者引用了流行的古籍或外国理论，有几位老者一定会在版本或翻译问题上给予质疑。我以为他们是哪个大学的教授，问起来，才知道是图书馆的学术会议发烧友，凡会都去听，凡听必提问，多是普通老百姓。有几位发言学者，被提问老者"追打"到招架不住。幸好我用的是田野材料和地方志文献，他们给我启发，写文章，应该尽可能说自己的话，用一手的资料。

台湾学者的博学与谦虚，也让我们感动。他们对中国古代文献的深厚研究功底，让我十分佩服。因为中国传统文化的根脉，在这里就没有断过。即使这样，面对质疑，他们都立刻自我检讨，认真修订，皆谦谦君子的做派。比如，李亦园先生在会议发表论文中，特别注明："本文在大会宣读时，承饶宗颐、乔健、李壬癸先生多所指正，特致谢忱。"连对我这样的晚辈，李亦园先生都是十分谦和。记得李亦园先生送我书，其中，有一套他在台湾出版的《文化的图像：文化发展的人类学探讨》，[2]下册精装，上册平装，他一再抱歉，说找不到一式的精装本，只好这样将就了。回去拜读李亦园先生大著，发现先生涉猎极广，不仅在神话研究方

---

[1] 汉学研究中心编：《中国神话与传说学术研讨会论文集》序，台北：台湾汉学研究中心、天恩出版社，1996年，第3页。
[2] 李亦园：《文化的图像：文化发展的人类学探讨》，台北：允晨文化实业股份有限公司，1992年。

面造诣颇深，更由人类学兼及文化学、比较宗教学、家庭宗族研究等，主要以台湾、华南汉人和少数民族社会、海外华人社会为田野考察对象。

第二次见李亦园先生是7年后了。2002年，乔健教授邀我参加他主持的"依山依水族群文化与社会发展研讨会"，会后随徐杰舜教授一起去拜访李亦园先生。在李亦园先生家中，先生关切地询问我们各自的情况。那时我已经调入中山大学，但先生还记得我在云南办《山茶·人文地理》杂志的事。我笑答，那是一个唐·吉诃德式的梦，很辛苦，很寂寞，也很愉快。先生夸奖它内容不错，有许多具有人文价值或人类学学术意味的选题。他说自己年轻时梦想报考的专业是地理学，特别喜欢人文地理，可惜当时的学校没有这个专业。后来做了人类学，要到处跑，发现它们有一些相通之处，也就喜欢上了。虽然做人类学比较寂寞，但那种遥远的梦想和文化震撼是很迷人的。"寂寞的人类学生涯"，"寂寞"，是先生为他的学弟乔健教授田野笔记《飘泊中的永恒——人类学田野调查笔记》写序时用的关键词。说到我寄给他的杂志，先生还特意带我到地下室的书房，指着成套放在书架上的《山茶·人文地理》杂志，说："我每期都读，读完都好好收藏在这里呢。"我很感动，也很遗憾，说现在已经离开杂志社，以后不能再给先生寄刊物了。

临行，先生从书架上拿了一本他刚在大陆出版的《李亦园自选集》，签字送我。接过书，没想到先生写的是："启耀兄雅正。李亦园敬赠，二00二，十二，十六"。先生对晚辈竟也如此称呼，是我想不到的。一方面深感惶恐，一方面对先生这种位虽高而人谦和的君子"习惯"，产生由衷敬意。

一别又是10余年，只能通过先生的书，继续承接教诲。想起第一次见面临别，我发表的感言是：做人类学，最有意思的生活，是在野外，与天地对话；在书斋，和智者交流。有书在，我们可以跨时空神交。

近日忽闻李亦园先生去世的消息，隔着海峡，无法前往送别，唯有东向遥拜，祈愿先生走好。

其实我不认为先生已经离去，他的精魂，已经和他那些呕心之作，长存于世，永远与我们相伴了。这，又是学者之幸。他们可以将生命的一部分，化为文字，留在世界。

从书架上取出先生送我的书，在海峡那边吹来的雨云下，一个人猫在房间里慢慢翻阅，心田滋润。读着读着，又想起李亦园先生关于神话和梦的说法。我觉得，李亦园先生，就是一位在民族知识与文化价值的传承与创造上，将梦想与人生完美结合的人，尽管如先生所说，梦得有些寂寞。

良师益友
——李亦园先生追思

滕星 中央民族大学教授、博士生导师，
中国人类学民族学研究会教育人类学专业委员会理事长

前些日子从微信中得知台湾"中央研究院"院士、著名的人类学家李亦园先生仙逝。与李先生交往的往事断断续续浮现在脑海。我大概在20世纪80年代后期开始关注多元文化教育，其中海外华人教育是我关注的焦点之一。从国家图书馆的一些相关资料中，开始知道李亦园先生。20世纪90年代初，我作为富布莱特高级访问学者赴美国加州大学伯克利分校人类学系做一年的研究工作。我的研究计划是美国的多民族文化与教育研究，海外华人移民的教育是研究重点。我在伯克利东亚研究中心收集了一些有关李亦园先生这方面的研究文献。对李先生的学术有了进一步的了解。也就在那时，我在斯坦福大学人类学系沃尔夫（Eric Wolf）教授家中有幸遇到了李先生的大弟子庄英章教授（后来曾任台湾"中央研究院"民族学研究所所长）。交往数年后，他在2002年邀请我到台湾"中央研究院"民族学研究所做了两个月的客座研究员。也是庄先生第一次带我去李亦园先生家拜访。李亦园先生家坐落在台湾"中央研究院"马路对面不远的一个小镇上，是一个带小院子的房子。地下一层是他的书房，屋内收拾得很整洁。李先生夫妇热情地招待了我们。当李先生得知我是林耀华先生的弟子后，关切地询问了林先生的一些情况，我也一一作答。我们交流了两岸人类学、民族学相关的一些学术动态，并把我近年来的一些研究向李先生作了介绍。后来，在我两个月的研究工作结束前，为了告别，我又一次去了李先生家。

我在台湾"中央研究院"做研究时，有一天下午，李亦园先生打电话到我的研究室，说他

们夫妇俩想邀请我去台北一个最高档的会所用晚餐，一会儿开车来接我。一个小时后他们已在民族学研究所楼下。当时正逢夏季，我穿了一条短裤和一双凉鞋。李先生仔细打量了我一下解释说："滕先生，不好意思，今天我们要去用餐的地方是台北最好的会所，那里用餐是不能穿短裤的。"我说："这好办，我们去我的宿舍换一条长裤即可。"在宿舍换了长裤后，李先生又看了看我说："那里不能穿凉鞋，要穿皮鞋。"我说："我从北京来时因天热，没有带皮鞋，我们能否路上去买一双？"李先生为了不让我破费，特地带我去了一个很便宜的鞋店。我看后觉得穿这个店里的鞋不太适合去赴高档会所的宴请。为了不给大陆学者丢面子，我要求李先生带我去台北最好的鞋店买鞋。后来李先生夫妇和司机开车带我去了一个很高大上的鞋店买了一双皮鞋。我觉得很满意，但是，李先生一直面带愧色，不断抱歉地说："滕先生，请你吃顿饭让你破费这么多钱，不好意思！"为了不让李先生夫妇有愧疚之意，我哈哈大笑地开玩笑说："李先生，如果您不请我去台北最高档的会所用餐，我可能这辈子也穿不上这么好的皮鞋。所以，我要感谢您！"李先生夫妇见我很开心，如释重负，我们一起去了当时台北很高雅的一个楼顶餐厅，在那里，一边听着轻音乐，一边欣赏台北夜景，一边聊天、享受台湾的美食。这一天，我过得很美好，终身难忘。

李亦园先生是我的老师辈，学术造诣享誉两岸，但他为人谦逊、礼贤下士，堪称学界泰斗、人世楷模。愿李先生驾鹤，一路走好。

2017年4月27日 星期四

第三篇

李亦园先生学术思想
与中国人类学

李亦园与中国家庭研究：一个长期的对话

庄英章 台湾"中央研究院"民族学研究所兼任研究员，台湾"中山大学"社会学系荣誉讲座教授

一

李亦园院士的学术生涯，从台湾南岛语族土著社会研究到汉人农村小区研究，从台湾农村到海外华人小区研究，并提出区域性比较研究方法。李先生的重要学术思想体系——"三层面和谐均衡体系"，也就是中庸所说的"致中和"宇宙观。所谓的三层面和谐均衡体系，实际上是说明追求均衡和谐境界所必需的项目与步骤。

换言之，传统民间文化理想中最完善的境界，无论是个人身体健康以及整个宇宙的运作，都以此一最高的均衡和谐为目标，要达到此目标，就要自然系统（天）、有机体系统（人）以及人际关系（社会）三个层面的次系统都维持均衡和谐（李亦园，1993）。李先生这个思想体系的建构，主要是从人类学的田野调查研究出发，透过中国民间社会的长期深入研究，特别是从中国人的家庭结构及其仪式行为切入，经长期的田野调查与对话，尤其是与海内外人类学同行的交流与讨论，逐步系统归纳建构起来。

笔者企图从李先生在20世纪60年代台湾中部彰化县伸港乡泉州厝农村一则田野素材——"吃伙头"（轮吃伙头）的议题切入（李亦园，1967），引伸到汉人的祖先崇拜、家系与财产的传承等家族仪式，以及形成家族的基本观念与原则等问题，最后达成建构"致中和"的宇宙观。

二

李先生所谓的"吃伙头",主要是指父母亲或两者之一在儿子结婚自立成家之后,轮流在一定时间分别由儿子供养。李先生于1966年研究彰化县伸港乡泉州厝时,发现这种轮流供养父母的制度甚为普遍,而且成为一种大家承认的趋势。因此,这种吃伙头轮流供奉父母,实际上是把父母早点升格为祖先,把父母当作活祖宗来供奉了。从这点看来,吃伙头的风俗仍然没有离开中国家族组织的基本原则。但是从父母的立场来看,吃伙头的办法对他们的权威性有很大的打击。在名义上他们虽然像活祖宗一样被供奉,但是实际上轮流到各家去吃饭时,难免有被忽略之时,有时还要看媳妇的脸色,甚至有的还要为媳妇收拾碗盘等,就像一个"老妈子"了。李先生从功能学派的角度来看,吃伙头象征父母权威的弱化(李亦园,1967)。

中国是以父子关系为主轴的父系社会,上下延伸,呈现一种费孝通先生所谓的"上一代抚养下一代,下代奉养上代"的反馈模式(费孝通,1985)。父母在为诸子分家产时,是采按房份均分的方式,因此奉养父母的义务也采按房份轮流的方式。换言之,儿子按房份轮流奉养父母是一项基本原则,其运作方式可以是多元的。李先生于1968年在台湾"中央研究院"民族学研究所成立汉人社会调查小组,积极推动汉人小区之调查,在台湾中部农村田野所发现的"吃伙头"现象,其后又有多位台湾"中央研究院"民族所同仁在各地做田野工作时,也发现同样的吃伙头现象(王崧兴,1967;庄英章,1972;陈中民,1977),可见吃伙头现象在台湾农村是一种普遍现象。也因为儿子们轮流奉养父母,家庭的组成型态已超出Olga Lang(1946)所谓的主干家庭(stem family),而有王崧兴所谓的条件主干家庭(rotating stem family)的变型(王崧兴,1967)。

Levy(1971)认为主干家庭(stem family)是传统中国家庭的一种主要类型。Olga Lang(1946)甚至认为主干家庭最适合中国的国情。一方面可以奉养年老的父母,另一方面可避免大家庭妯娌间的不合。事实上,Lang所说的主干家庭虽然很理想,却并不完全符合社会的实情,因为一个家仅有独子的情况毕竟不多,一般家庭总希望有两个以上的儿子,倘有两个以上的儿子,完婚后就不再是主干家庭了,而变成一个大家庭;倘已婚的儿子们不继续生活在一起，则分家成为几个核心家庭，所以理想的主干家族并不容易维持。

潘光旦在《中国评论》的一篇短文，指出吃伙头型家庭是最理想的类型（Pan, 1928）。可见中国传统社会也有吃伙头的现象，台湾的吃伙头现象并非独一无二的。

三

20世纪60年代一位美国人类学家孔迈隆（Myron Cohen）在台湾南部的客家农村美浓做田野，中国家庭制度也是他主要关注的课题，并做长期的追踪调查。他认为一个"家"的组成，可归结包括三个基本成份——财产（estate）、群体（group）与经济（economy）。财产与群体可以是集中的（concentrated）或分散的（dispersed），经济可以是伙同经济（inclusive economy）或非伙同经济（non-inclusive）。按照孔迈隆的说法，一个家如果家产、群体成员与经济经营都集中在一起固然是一个家，但家产与群体成员分散各处而不集中，经济也是非伙同者，亦可仍然是一个家，只要共同的财产未真正分割（1970）。换句话说，他特别强调共同财产在"家"独立成为一个单位的重要性。家庭财产继续联合在一起，家庭成员可以分住在不同的地方，日常的经济可以采取他所谓的"非伙同经济"是一种使家庭事业多样化、分殊化的经营策略。这种多样化的策略，孔迈隆认为至少有两项好处：(1)减少共住日常的摩擦与争执；(2)从整体家庭的立场来看，各分支家庭分别投资，风险分散，有共同财产的老家可以作为"避风港"，以图将来再恢复（Cohen, 1976）。

笔者自1970年起在台湾中部南投县竹山镇的田野调查也有类似的观察，针对这种传统扩大家庭的变形，笔者称之为"联邦式家庭"（庄英章，1972）。台湾农村的这种联邦式家庭的兴起，主要是受现代工业发展的影响，年轻人纷纷往都会区工作谋生，导致家庭成员分散在各地从事不同的行业，婚后各自组成一个核心家庭，有独立的家计，然而兄弟之间分别组成的核心家庭与老年父母的本家并没有真正脱离关系。换言之，这些各自在外生活的核心家庭并未分割祖先留下来的共同财产，他们在经济上仍与本家互通有无，在当地的社会、宗教活动上仍是属于本家的一份子，不管是小区的其他成员或他们自己也都认为是以父母为中心的家庭成员。这种以若干核心家庭围绕着以父母为中心的非伙同性家计之扩大家庭，笔者暂且称之为"联邦式家庭",有别于"轮伙头"家庭,而且在功能上有逐渐取代传统扩大家庭的趋向(庄英章,1972)。

前面有关家庭形式的变迁,或者说家庭的现代化适应问题,可以说是源自李亦园先生彰化农村的田野观察,提及传统扩大家庭向"吃伙头"家庭的蜕变,以及孔迈隆的美浓区客家农村家庭组成三要素及其多样性策略的展现。这也是一般研究家庭变迁的社会科学家所关注的议题。然而,李亦园先生却不满足于有关家庭形式、家户大小与家庭成员关系等问题的探讨,更关注于家族仪式、家系与财产传承,以及形成家族基本观念与原则的适应弹性等方面的分析,认为只有对这些问题有较清楚的确认,方能对家庭或家族外在形式变迁有较完整的了解,否则只为外形变迁的多样性所迷惑或拘束,易于陷入"见树不见林"的困境(李亦园,1982)。

四

长期以来中外人类学者对中国家族及其仪式行为的研究甚为积极,由于田野资料的不断累积与扩展,相关问题探讨的层次也愈深入。多年的努力虽然澄清了许多问题,但也引起诸多问题的争议。例如,在祖先崇拜的家族仪式上,就出现若干引起大家注目的争端:(1)祖灵是保佑子孙或作祟致祸于子孙?(2)祖先牌位的供奉是否一定与财产的继承有关?(3)坟墓风水仪式中是否有"操弄"祖先骨骸之嫌?(李亦园,1985)

这些争议不但是宗教仪式上的争议,同时也与家族、宗族的理念与行为各方面有着非常密切的关系,因此对这些争议的进一步探索,有助于对中国家族、宗族问题的深一层了解。李亦园先生在《中国家族与其仪式:若干观念的检讨》(1985)一文中从仪式象征论的观点针对上述的争议作全盘性的检讨。

李先生在文中指出:表现在中国人各种祖先崇拜仪式中的亲族关系方面,至少可分为以下三类:

(一)亲子关系:包括抚养/供奉、疼爱/依赖、保护/尊敬。中国人观念中的祖先是永远会保佑子孙的,或也会惩罚致祸子孙?人类学家有三种不同看法。(1)许烺光(1948)认为祖先永远是仁慈的。(2) E. Ahern(1973)认为祖先会致祸于子孙,而且经常是无常的。(3) M. Freedman(1966)和A. Wolf(1974)认为祖先是仁慈的,但在某种条件下亦会降祸于子孙。

(二)世系关系:包括家系传承与财产继承等权利义务。许烺光(1948)认为祖先崇拜仪式几乎是日常生活的行为,祖先崇拜是一个人对其祖先的亲缘仪式关系。然而,E. Ahern(1973)认为祖先牌位的设立与财产继承共伴而生,特别强调权利与义务的世系关系。

(三)权力关系:包括分枝、竞争、对抗与并合。人类学家对中国人祖坟风水的问题也有不同的看法。英国人类学家莫里斯·傅利曼(Maurice Freedman)谈的中国人的祖先与风水制度,指出中国人把祖先作为手段以达到他们世俗的欲望;认为如此做时已经不是在崇拜祖先,而是把祖先当作傀儡来利用了(1967)。李亦园先生根据台湾中部地区童乩"问事"的田野调查记录,对傅利曼的观点提出更周详的论述。首先,在风水仪式中,祖先与子孙是一体的,祖先与子孙之间除了表现一个家族成员间的互惠关系外,同时更表现亲子关系中的疼爱/依赖,也就是子女对父母亲予取予求的态度。其次,风水制度表现的另一种亲族关系的成份是权力关系中的竞争与对立,代表不同房的子嗣,常因他们能得到祖先风水致荫的程度不同而争执(李亦园,1985)。

以上三种亲族关系的成份,不但分别表现于不同的崇拜仪式之中,而且也可以因环境与情况的不同而有不同程度的表达与强调,因此使得中国祖先崇拜的仪式极富弹性而有多样性的表现。李亦园先生根据长期而深入的田野调查经验,针对中外人类学家对中国家族及其仪式行为的诸多观念争议做出诠释。

五

英国人类学家Maurice Block的著名的文章 *The Past and the Present in the Present*(1989)指出,人类学者Malinoski的比较观点,以及Malinowski以人类学者高度实证观点研究主题为批判其他理论的工具。此外,对Malowski而言,田野过程中必须与部落居民有长期的对话,言谈几乎反映出所有事物,而长期的对话也反映出长期的变迁。顺着这个脉络,人类学家之间也应该要有长期的对话。要了解李亦园先生的中国家庭研究,也应该在长期对话的脉络中来考察。

李亦园先生1993年发表《从民间文化看文化中国》一文，主要是针对杜维明先生（1991）提出的"文化中国"观念，亦即一种从"大传统"出发的概念，希望从另一个角度，也就是从民间文化的立场，或者说从"小传统"的观点，来探讨"文化中国"的内涵。李先生长期在农村小区田野调查，必然会从通俗的生活切入考察，收集使用的材料也许是一些"不登大雅之堂"的俗民生活素材，但却不妨碍这些素材抽离综合形成较高层次的理论架构（李亦园，1993）。

李先生根据长时间的田野调查经验，以及与中外人类学同仁的长期互动与对话，从中国家庭及其仪式行为的研究切入、归纳，体会出中国文化中最基本的运作法则是追求均衡与和谐，也就是经典上所说的"致中和"的原意。

【参考书目】

王崧兴

1967　《龟山岛——汉人渔村社会之研究》，《台湾"中央研究院"民族学研究所专刊之十三》，台北：台湾"中央研究院"民族学研究所。

李亦园

1967　《台湾的民族学田野工作》，《台湾大学考古人类学系专刊第四种》，台北：台湾大学考古人类学系。

1982　《近代中国家庭的变迁——一个人类学的探讨》，《台湾"中央研究院"民族学研究所集刊》第54期。

1985　《中国家族与其仪式：若干观念的检讨》，《台湾"中央研究院"民族学研究所集刊》第59期。

1993　《从民间文化看文化中国》，《台湾大学考古人类学刊》第49期。

庄英章

1972 《台湾农村家族对现代化的适应：一个田野调查案例的分析》，《台湾"中央研究院"民族学研究所集刊》第34期。

费孝通

1985 《家庭结构变迁中的老年赡养问题》，乔健主编：《现代化与中国文化研讨会论文集》，香港：香港中文大学，第3—12页。

Ahern, Emily M.

1973 *The Cult of the Dead in a Chinese Village*, Stanford: Stanford University Press.

Cohen, Myron

1970 *Developmental Process in the Chinese Domestic Group, Family and Kinship in Chinese Society*, eds. by Maurice Freedman, Stanford: Stanford University Press.

1976 *House United House Divided: the Chinese Family in Taiwan*, New York: Columbia University Press.

Freedman, Maurice

1966 *Chinese Lineage and Society: Fukien and Kwangtung*, London: Athlone Press.

1967 *Ancester Worship: Two Facets of the Chinese Case, Social Organization: Essays Presented to Raymond Firth*, ed. by Maurice Freedman, Chicago: U. of Chicago Press.

Hsu Francis L. K.（许烺光）

1948 *Under the Ancestors' Shadow*, London: Routlede & Kegan Paul.

Lang, Olga

 1946 *Chinese Family and Society*, New Haven: Yate University Press.

Levy, Marion

 1968 *The Family Revolution in Modern China*, New York: Atherneum.

Li, Yih-yuan（李亦园）

 1976 *Chinese Geomancy and Ancestor Worship: A Further Discussion, Ancestors*, eds. by W. Newell, The Mouton.

Pan, Ruentin（潘光旦）

 1928 *Familism and the Optimum Family, China Critic*，（20）：387—389.

Tu, Wei-ming（杜维明）

 1991 *Cultural China: The Periphery as the Center*, Daedalus, Vol. 120, No.2. Pp.1–32.

注：本文曾发表在《中南民族大学学报（人文社会科学版）》2018年第4期。

学跨科际、思贯古今的李亦园先生

王明珂 台湾"中央研究院"院士,历史语言研究所特聘研究员兼所长,
人类学高级论坛学术委员会主席团主席,中国人类学学会副会长

我并非李亦园先生的学生,多年来也未与他有密切接触。然而在学术生涯中,我不断受到李先生的帮助与提携,也在这些经历中体会了李先生跨学科、贯今古的学识与气度。从1999年以来我与李亦园先生的几次学术往来接触,感受和体会到了李亦园先生的学术特质、襟怀,以及他对学术界的巨大贡献。

一

李亦园先生离我们而去已一年多了。在这一年里多次受邀撰写纪念李先生的文章,但我总不知如何下笔。我感怀李先生,一直在思索如何表达我心中对先生的感念和景仰之情。先生在学术研究上的成就,以及他在推动学术合作发展上的贡献,许多学者都已做了丰富的介绍。从某种角度,我并非人类学者,因而我无法奢言李先生对人类学的贡献。另外,我与李先生之间的接触并不多,且皆在公务及学术会议上,因而我也无法写出具深厚师生僚属情谊的文章来纪念他。

我1984年进入台湾"中央研究院"历史语言研究所任职。我与本院民族学研究所的李亦园先生之交往,却在距此15年之后,1999年。在此期间我先是台湾"中央研究院"最低阶的助理研究员,只忙于在此机构中求生存,后来旅美求学,返台后又经年从事田野考察。李

亦园先生1984当选院士，后来创立台湾新竹清华大学人文社会学院，此时期是我的学术之旅的起步阶段，李亦园先生则已经大步迈向其学术生涯之高峰。

我与李先生的首次接触在1999年，大约在5、6月间。当时我刚结束在加州大学洛杉矶分校的访问回到台湾，受命担任"第三届国际汉学会议"的执行秘书。会议召集人为李亦园先生。往后一年我几度与李亦园先生在会议筹备委员会见面。第二届国际汉学会议1986年举办，与第三届会议相隔14年之久。可见台湾"中央研究院"对此会议之重视，以及筹办工作之艰辛。该会议的筹备委员皆为汉学及中国研究之著名学者。因此在几次筹备会议中我只是做记录与备询，并无参与讨论。然而在这些会议中，我得以观察诸学术先进对学术与行政问题的讨论，在此我得以领会李先生的过人之处。譬如此次会议名称虽标明为"汉学"，实则包括以中国文史研究为主之传统汉学，及以社会科学为主的近现代中国研究；国际汉学中又有欧陆、美国、日本等偏重不同的研究传统。因此，如何决定主题以安排组别、场次，以及邀请哪些学者，受邀学者国籍与年龄层分布等，都成为众人争议的焦点。在这些讨论中，李先生让我十分敬佩的是，他不仅对人类学及社会科学国际研究界十分熟稔，对于国际汉学之状况与动态也有相当认识。因此，藉其卓越的协调沟通能力，开阔的胸襟，许多争议被抚平，让汉学会议的筹备工作得以顺利进行。2000年6月29日第三届国际汉学会议正式召开，李亦园先生担任大会主席。

1999年，在李先生的引荐下，我参加了中国饮食文化基金会在福州举办的"第六届中国饮食文化学术研讨会"。这是个十分有趣的会议，与会的有人类学、历史学、餐饮及营养等学科的学者，还有食评专家与著名饭店一级厨师，皆参与讨论或发表论文。李先生在会议中作主题演讲。刚开始我心中还有些疑惑：为何像李先生这样大师级的学者，会来参加此如杂烩的学术会议？听了他的演说后，我对李先生开阔的学术视野有了新的认识；他并不以狭隘的专业来衡量学术，更注重贴近生活的主题。我认为，这是值得强调学术血统及追求最新理论发展的学者深思的一种学术特质。我并不清楚李先生与中国饮食文化基金会的关系。数年后，该基金会要发行一本学术期刊《中国饮食文化》，李先生参与规划咨询。在他的推荐下，2005年我成为这本期刊的创刊主编。

二

我与大陆学术界许多朋友的交往，特别是人类学高级论坛的朋友，在我的记忆中，多少也是经由李亦园先生的引介。1994年我第一次进入岷江上游，1995年开始了对羌族的田野研究。此项研究是我与俄国学者刘克甫（M. V. Kryukov）合作的"中国西南羌彝民族历史与族群边界研究计划"（1995—1997）。当时李先生是该基金会的执行长，我作为计划申请者是无缘藉此认识李先生的。在此期间以及往后数年，我都专注于田野考察，与中国大陆人类学、民族学界的接触较少。大约在2000年前后，我陆续接到一些大陆学者的来函，讨论学问或邀约演讲；他们都提到自己是从李亦园先生的演讲与谈话中，知道有我这个在川西研究羌族的台湾学者。在2002年至2004年，我邀了几位研究志趣相投的大陆学者，以"英雄祖先与民族历史"为题对西南少数民族历史记忆与民族认同等问题进行研究。参与此项计划的有徐新建、彭兆荣、潘蛟、钟年、彭文斌与美国的宝力格（Uradyn E. Bulag）等教授；其中许多人都与李亦园先生有相当交往。2004年，在李亦园先生及徐新建、徐杰舜等的邀请与推荐下，我首度参加人类学高级论坛，这也是至今我与大陆学术界往来的主要桥梁。

2008年至2011年，我进行了"神山与胜山：康区族群、文化、社会与近代变迁"之田野研究计划。因为计划一开始便正值汶川大地震发生。我原想放弃这项研究计划，因为无法在灾难中进行田野考察研究。后来，知道灾难与灾后复建工作会让康区（青藏高原东缘中段）的社会变迁速度加快，这是学者无法也不该阻挡的。为了抢救一些本地的传统社会文化信息，我将研究型计划转变为资料搜集计划；许多北京大学、四川大学、西南民族大学、青海民族大学的研究生及年轻学者，曾在此计划中进行与其研究相关的青海东部、川西到云南北部的田野资料搜集。2011年我自美国返台，后来到台中的中兴大学担任文学院院长，更难得有机会与他见面，几次到他府上探望，见他拖着虚弱的身体见客，都让我感到十分感伤与不忍。

三

近年来，我在大陆参加人类学、历史学与人类学会议，"一带一路"经常是会议的主题或讨论焦点。这让我想到李亦园先生为拙著《华夏边缘》所写的序，因此感概李先生已不能参与这些讨论了。他在序中对我将欧亚大陆分成东西两大块，而比较二者人类生态优劣，做了如下肯定：

> 同时他更指出欧亚大陆东西两半的体制未必是西欧优于东亚，西方沿大西洋岸虽有讲究人权、自由的富国，但其内陆则常卷入宗教与资源竞争的迫害与争斗之中；然而东亚却能以"多元一体"的国族主义理想，以经济支援及行政力量来减轻内陆的贫困与匮乏，并维持族群的秩序。假如以不具文化偏见的立场来论，东亚的体制实有其长远发展的意义。①

他进一步将此与其"致中和"宇宙观联系在一起；如其所言，若考虑在中国文化中寻求对自然、人群、自我三层面的和谐均衡的理想，则：

> ……较易于理解在东亚大陆境内自古以来一直有一种融合自然、人群，甚至超自然于一体，而企图共同分享资源与文化经验的传统在不断"延续"之中……②

李先生这些支持及鼓励的话语，让我近年来一直思考与此相关的问题，以及"一带一路"的人类生态意义。由于自然地理因素，亚洲内陆自古以来便是人类生存资源匮乏且分散的地方，这样的环境利于"部落主义"滋长，以及社会贫富阶序化。汉代以来，经亚洲内陆的东西交通路线是否通畅，相当程度取决于内亚是否有一强大的游牧帝国；游牧帝国依赖长程贸易而存在，且多建立在对各城邦的剥削上。公元7世纪伊斯兰教兴起，借着阿拉伯帝国（大食）军政势力扩张；开创者穆罕默德谴责并打击各地方部族主义，以长程贸易突破地方

---
① 徐杰舜主编：《族群与族群文化》，哈尔滨：黑龙江人民出版社，2006年，第577页
② 徐杰舜主编：《族群与族群文化》，哈尔滨：黑龙江人民出版社，2006年，第583页。

垄断，创造财富，并藉此扶助贫苦孤疾。帝国的长期内乱及教派分裂，显示由内亚到西亚、阿拉伯半岛等地的部落主义及其造成的动乱不可避免、难以克服；14世纪以来，阿拉伯商人活跃于通往东方的海上贸易路线，此应为其原因之一。由此可以思考今日中国"一带一路"倡议在人类生态及历史上的意义。

今天在此纪念李亦园先生对于学术研究与学术交流的贡献，在缅怀斯人之余，希望能够以其学术精神深思人类学或更广泛的人文学术为社会所做的贡献。以"一带一路"来说，经济学、政治经济学偏重全球经济战略之思考有所不足，若能考虑人文因素而做些调整——人类生态的理想性及其可能达成的人道伟业，而这些是基于整体人类生态及其历史变迁的人类学、历史人类学可以做出的贡献。

注：本文曾发表在《中南民族大学学报（人文社会科学版）》2018年第4期。

"泉州学"的桑梓情与学术关怀
——李亦园先生晚年所作口述史补充访谈

李菲 文学人类学博士,教育部人文社会科学重点研究基地四川大学中国俗文化研究所副所长,四川大学文学与新闻学院副教授、硕士生导师,人类学高级论坛青年学术委员会副主席

  2012年初,我在厦门大学从事博士后研究工作期间,受人类学高级论坛徐杰舜、彭兆荣、徐新建等三位教授的嘱托,赴台湾为李亦园先生和乔健先生做口述史访谈。这项工作是高级论坛特别项目——"中国人类学家口述史文库"的开端,尝试在中国人类学发展进入第二个百年之际,以著名中国以及华人人类学家的生命史访谈来保留这个学科本土化发展的历史轨迹,在反思得失的同时为中国人类学的未来走向提供有益的借鉴。[①] 在两位先生以及时任台湾"中央研究院"民族学研究所所长黄树民先生的大力支持下,我于2012年2月底抵达台北,开始了紧张的工作。在随后的三个月中,我一方面完成对乔健先生的口述史访谈;另一方面也对李亦园先生进行了几次访谈,有幸当面聆听了这位前辈大师的教诲,透过他的视角来理解李亦园先生晚年用力最专、投入最深的研究领域——"泉州学",并从中一窥这位华人人类学大师萦绕一生的桑梓情与学术关怀。

一、迟到的访谈

  在以台湾"中央研究院"民族学研究所访问学者的身份抵达台北后,经过短暂的适应

---

① 乔健、李菲:《毕生为学,望尽天涯路——乔健先生口述实录》,《文化遗产研究》2013年第00期。

和磨合，乔健先生的口述史访谈工作进展十分顺利。李亦园先生的访谈则面临两个问题：其一，台湾"中央研究院"近代史研究所黄克武教授已于2002年11月28日至2003年8月5日期间，对李先生先后进行了29次采访，完成了《李亦园先生访问纪录》一书，并于2005年正式出版，为台湾"中央研究院"近代史研究所《口述历史丛书》第86种。[①]遗憾的是此书无法在大陆看到，也就无法参考。其二，当时李先生的身体状况已大不如前，我抵达时，初春的台北依然透着寒意，李先生身体不适，更需静养。于是在面见李先生之前，我对如何访谈不免心中有些困惑。首要的事情是向李先生访问记录的作者黄克武教授当面请教。数年前，我受老师徐新建教授之托，陪来四川的黄克武教授和近代史研究所的另一位前辈学者张鹏园先生一同参观都江堰和青城山。此次再见到黄克武教授，他正担任近代史研究所所长，张鹏园先生虽年过八旬，依然精神矍铄，看上去颇为年轻。两位前辈学者都是做口述史研究的专家，我向他们请教后拟定了访谈计划，并将计划呈给乔健先生和黄树民先生征求意见。

黄克武教授当年做口述史时，是由李先生亲自梳理线索框架，并准备了翔实的佐证资料，加之黄克武教授是治史高手，因此《李亦园先生访问纪录》已十分详细全面，令人叹服。于是，在仔细研读黄教授所题赠的这本访问纪录后，我考虑将这次访谈主题确定为两个部分，其一是补充2002年之后李先生的访问记录，其二则定位于李先生人生与学术历程中更具个人情感和体验的部分，希望李先生多谈谈那些散落在岁月与记忆之中难以忘怀的轶事，乃至趣事，即那些可以填补"客观史"的"主观史""情感史"。乔健先生也赞同我的想法，只是同样为李先生的身体状况感到担心。

我一边细致查阅李先生著述及各种相关背景研究材料，调整访谈思路和提纲，为正式访谈做准备，一边等待李先生的消息。这样过了大概差不多两周时间，乔先生来电约我在一个午后一同前去拜访李先生。

李先生家住南港区研究院路，是早年台湾"中央研究院"为资深学者修建的平房小院，就在台湾"中央研究院"大门的马路对面。在周围楼房的映衬之下，这一群院落显得有些古旧，但掩映在绿树浓荫之中，显得独有一派清幽的韵味。我和乔先生在李宅院门前按下门铃，便听得小狗急吠着奔过来迎门，随后李先生夫人刘时莼女士将我们带入院内。院落大概

---

① 黄克武访问，潘彦蓉记录：《李亦园先生访问纪录》，台北：台湾"中央研究院"近代史研究所，2005年。

三四十平米见方，墙角栽树，中间一条走道，两边的园圃里种着一些花草和菜蔬。后来听李先生说起他们家原来在泉州的家名就叫"春蔬楼"，他现在台北的这间书房也取名"春蔬书屋"，因此每次到李宅时，总觉得这朴素的小院里透着一种怀乡的味道。

　　随李夫人穿过院子进入屋内，是一间面积不大、陈设朴素雅致的客厅。李先生坐在靠窗的长沙发上，正等着我们的到来。第一眼看上去，李先生身材清瘦，有些憔悴。由于身体欠佳，李先生近年来少有再参加各种公开的学术和社会活动，白天上午和下午都需卧床静养，极少在家中接见访客。李夫人年纪虽比李先生略长一些，每天都早起坚持到院体育馆游泳健身，因此身体还十分健朗。李先生见我们到来十分高兴，他先与乔先生亲切地聊了几句，转过来便进入正题。李先生说话语速较慢，他先是问了我一些人类学的专业问题，算是考考我这个后学，然后就问起我打算怎么来做这个口述史。第一次亲见这位海内外闻名的人类学大师，我不觉有些紧张，扼要作答之后李先生还算满意。我接着便拿出拟好的访谈提纲，将自己的想法和几位先生的意见和建议都向李先生做了一番汇报。李先生重听，看东西也比较吃力，与他交谈需要讲话比较大声。听我介绍完访谈计划，李先生沉默了一会儿，从身旁茶几上拿过先前已经准备好的几册书来，包括其亲著的《文化的图像》、其子李子宁编的《鹳雀楼上穷千里：李亦园散文与演讲选集》，以及《李亦园与泉州学》等，又请夫人递来签字笔，握笔的手微微颤抖，一一在扉页亲笔签名，然后递给我说，这些书赠给我，算是欢迎我来台北为已经快被人遗忘的老人家们做口述史访谈。我满心欢喜，恭敬地从李先生手中接过书来，却又随即陷入了惆怅，因为李先生接着又说，可惜的是来得有些晚了，这个访谈计划虽然用了心，也有想法，但以他目前的身体状况和听力情况来说，却几乎是不可能完成的事情。就在我一筹莫展，思考该如何调整访谈思路的时候，李先生从书中抽出一册，指着封面对我说，还是来聊聊"泉州学"吧。

　　后来我对李先生的几次简短访谈都围绕"泉州学"展开，最后形成的文字，也由我逐字逐句读给李先生听，经他逐一口述修改后确定。令我十分难忘的是，当时李先生身体状况已很不理想，访谈过程中每隔10分钟左右就要停下来休息，但为了这场"迟到的访谈"，李先生仍坚持了下来。后来我听乔先生说起，在第一次近两个小时访谈结束之后，李先生整整卧床休息了一天才稍微恢复精力。这更加令我由衷感佩，同时也不禁为自己的莽撞而深怀愧歉。原本根据徐杰舜教授的规划，补做的这部分口述史访谈记录准备和最新修订的《李亦园先生著作年表》一道增补入黄克武先生所撰的《李亦园先生访问纪录》，出版了简体版本。并且当时在台北我已代表人类学高级论坛与台湾"中央研究院"近代史研究所达成版权引入的初步协议，但遗憾的是直至李先生辞世，此书仍然未能付梓。

短短的篇幅无法展现李亦园先生晚年致力于"泉州学"研究的全貌，只能部分呈现当初的一些访谈内容，大致勾勒出主要框架与脉络，以下为李先生谈"泉州学"的部分访谈内容。

二、桑梓情与故乡学

在一般人的印象中，人类学是到遥远、偏僻的地方去研究不同"异文化"的一门学问。但事实上，人类学家对本文化的研究同样具有重要的价值和意义。在大陆，费孝通先生以对家乡开弦弓村的研究为基础开创了"本土人类学"研究，得到马林诺斯基（也译作马林诺夫斯基，下同）的赞赏。乔健先生也在他的家乡山西做了许多调查研究，包括山西的乐户、华北的底边人群，等等。就我做学问的过程来说，先是在台湾大学念书时跟着李济、芮逸夫等先生研究台湾南岛语族的小规模社区，接下来又前往砂劳越和马来亚麻坡做华人移民社群的研究，再后来也像费先生一样，转回汉族文化研究，具体包括早期台湾农村调查，以及"社会及行为科学的中国化"研究，等等。"致中和"三层面和谐均衡宇宙观的提出，可以说是对汉族社会文化核心和思维理念的一种把握和提炼，它也是在以人类学眼光研究儒家思想、中国人的心灵和宇宙观，以及后来"气文化"研究计划过程中逐渐形成、提炼出来的，前后做了三次调整和完善。这些研究中所说的本文化，在宏观层面上代表整个中国，乃至东亚华人华侨的文化，由于远离家乡的原因，我一直没有费先生和乔先生那样的机会，以自己出生所在地泉州为对象，做家乡的本文化研究，不能不说是很大的遗憾。一直到了20个世纪80年代，在费先生和家乡热心人士的帮助下，我才终于回到家乡泉州，与分别多年的母亲和兄弟姊妹团聚，我的这个遗憾也算是得到了一定的弥补。

我从1948年考入台湾大学人类学系，离开家乡，直到1989年5月，在42年后我第一次回到家乡。在这40多年里，我对故乡的历史文化及后期的发展情况因时空阻隔的关系而变得生疏、淡忘。这期间因为要研究台湾闽南系汉族社会和马来亚的华人社会，我对泉州的一些资料略有接触，但也只是零星片断地触及，并没有机会作全面的了解。因此，我不敢说自己对"泉州学"有多大的贡献，通过参与"泉州学"研究，与家乡的同行、朋友进行交流，让我有了重新认识家乡的机会。

泉州作为闽南重镇，有深厚的地域文化积淀和鲜明的人文特色，泉州历史文化研究开始得比较早，20世纪20年代初期就引起学者的关注。1980年前后，泉州当地的几位学者如陈泗东、王金生、吴捷秋等开始提出"泉州学"概念，但是"泉州学"成立与否，这个新的"学"是否有它提出的合理性，众说不一，无法达成共识。1989年我回泉州，泉州历史研究会和泉州历史文化中心联合举办了欢迎座谈会。会上大家说起"泉州学"的问题，有人问我："研究泉州可以称为泉州学吗？"对此我是非常支持和肯定的，"泉州学"研究对于推动整个闽南文化研究的深化有着重要意义，正式提出"泉州学"在学术上是可行的。我的看法对泉州学术界的朋友来说算是积极的鼓励吧。1991年我再次回泉州，与大家一起继续讨论如何建立"泉州学"的问题。从这以后，更多的地方学者支持和参与了"泉州学"研究。"泉州学"在大家的共同努力下一步步发展起来，对"泉州学"的定义、内涵等开始有了比较广泛的探讨，某些领域的研究也有了一定的成效。我虽然总因琐事缠身，未能专心作全盘思考，也一直将"泉州学"的发展挂在心中，未有稍忘。

1999年，泉州师专"泉州学研究所"举办"首届海峡两岸泉州学学术研讨会"，我应邀在会上做了题为《"泉州学"的新视野》的主题演讲。为准备这次演讲，我反复阅读资料，整理笔记，特别是整理与老朋友陈泗东先生的多次谈话摘录，就是希望能为"泉州学"研究提出一个整体的思考框架。在演讲中我集中谈了自己对"泉州学"的定义、研究范畴、研究内容与研究方法等问题的思考，我首次尝试从学理上对"泉州学"的构架进行全面阐述，在方法论上为"泉州学"的创立提出未来可能的方向。这篇演讲发表后，得到了各界的高度评价，也引发了比较好的反响，被认为是"泉州学"研究中一个重要的里程碑。

具体来说，我主张"泉州学"应该是一种科际综合的学问，它以泉州地区的历史文化、人文活动、生态环境为研究对象，不同于传统的"方志学"。"泉州学"是以研究为最终目的的，而非一般性的记录和描述，也就是借以搜集适宜的文化资料，辨明泉州的文化特色，在此基础上，进一步关注福建、华南乃至全国侨区，通过比较阐释其文化意义。在"泉州学"的研究中，我特别强调的一点，就是要重视"大传统"与"小传统"之间的关系。"大传统"与"小传统"是著名人类学家芮斐德（Robert Redfield）在20世纪50年代提出的一对重要概念，用来说明较复杂文明之中所存在的精英文化与一般社会大众文化等两个不同层次的文化传统，它们之间共同存在，是相互影响、互动互补的关系，不可偏废。这个观点在人类学界已经得到广泛接受，但在中华文化的研究中，小传统民间文化的研究仍然常常被忽略。我由"大小传统"这组重要观念作为主轴来探讨"泉州学"研究的内容，强调在地域研究如"泉州学"的研究中，小传统民间文化更显得重要。因为"小传统"即民间文化或民俗文化，在地区文化中所占的比重，实际上要比"大传统"，即士绅文化或经典文化要多得多。在此基础上，"泉州学"研究应该大致包括文学——尤其是小传统的民间文学、俗文学或人类家所称的口语文学、宗教、海外交通、家族与宗族、教育史、方言、戏曲等方面。此外，像民间风俗、族群与性格、医药疾病史、少林与武馆、综合艺术史等方面，也可以纳入到今后的"泉州学"研究当中，以拓展新的研究领域，丰富和深化"泉州学"的内涵。

在方法上，作为一门科际综合的学问，"泉州学"应该广泛吸收包括人类学、民族学、历史学、方志学、戏剧学、音乐学、语言学、文学在内的许多不同学科的研究方法，藉由这些不同学科的研究经验与研究方法相互砌磋、交流，可以逐步建立一个具有真正学术性的"泉州学"区域研究范式，为其他区域文化研究提供参考。

与此同时，我尽自己所能多方促成家乡与台湾两地学术交流活动的开展，如乔健教授、潘英海教授等与厦门大学人类学系合作开展福建惠安女"长住娘家"婚俗的调查、对泉州海外交通史的研究、郑成功研究、弘一法师研究等，并为家乡青年才俊赴台访学交流、出国深造等提供帮助。后来，我还写了《释论海上丝绸之路》《从"海滨邹鲁"到"海滨中原"——闽南文化的再出发》等文章，对"泉州学"研究的内容、方法、重点方向等进一步阐述，继续为家乡传统文化的挖掘和保护提振信心。2003年我出席第二届闽南文化研讨会后，由于身体原因，从事学术研究的时间慢慢减少。不过，看到今天"泉州学"以及闽南文化研究、海外文化交流研究等领域不断取得的成果，有更多的后辈青年学人加入进来，相信"泉州学"未来也会发展得更好。

如果从严格意义上的人类学研究标准来说，我对家乡泉州的历史、文化、民俗等，并没有进行过真正深入的田野调查和人类学研究。有幸能参与到"泉州学"研究的创立和发展这个过程，能以自己的所学为推动家乡学术交流、文化发展贡献绵薄之力，令我感到十分欣慰。

三、研究方法与学术远见

李先生的"泉州学"与闽南文化相关研究除一如既往地体现他深厚的人文素养与杰出的人类学家的专业学养外，更可见出他对新兴交叉研究领域的敏锐把握和引领，包括他开阔而富于前瞻性的学术视野，及其始终秉持的客观中立的学术价值立场。

（一）跨越"大小传统"：文学与人类学的交叉研究视野

在闽南文化研究中，"泉州学"无疑是李先生所倡导和推动的一门重要的"科际综合的学问"，借助人类学、历史学、方志学、文学、语言学、宗教学等"不同学科的研究经验和研究方法之相互切磋与交流"而逐步建立起来。①在此笔者想强调的是在泉州学与闽南文化的科际综合研究中，李先生对文学人类学研究这个新兴交叉学科领域所做的探索、尝试和引领。

首先，在《"泉州学"的新视野》中，李先生通过对"大小传统"的辨析讨论，认为历来被视为"小传统"的民间文学、俗文学或人类学家所称的口语文学，包括歌谣、谚语、俚语乃至童谣等，虽然不具备"正统文学"的普遍意义，却"活生生"地体现了闽南文化的地方特性，因而主张对这些小传统的民间文学、俗文学与口语文学，乃至说书、讲古以及通俗章回小说进行系统的采集、分析、研究，并提升为"泉州学"研究的一个重要内容。②观点与李先生对大陆新兴的文学人类学研究的大力支持和倡导有着密切关联。1997年11月，李先生出

---

① 李亦园：《泉州学的"新视野"》，《泉州师专学报》2000年第1期。
② 李亦园：《泉州学的"新视野"》，《泉州师专学报》2000年第1期。

席了在厦门举办的中国文学人类学研究会首届讨论会并做大会发言。他指出，传统的文学研究着重文本，而人类学则着重过程，过去人类学大多研究"非writing"的、无文字的文化和文学。在文学与人类学的交叉研究中，人类学的文化多元立场有助于扩大文学研究的视野，克服重雅轻俗的偏见，而文学人类学重视对口头文学及其形成过程的考察，也将拓展人类学的多元意义。[1]其后，李先生于1998年在新竹台湾清华大学举办的民间文学研讨会上发表了《民间文学的人类学研究》一文，强调口语文学作为"活的传统"，最引人入胜之处在于其"展演（performance）的形式"，这恰恰是人类学家可以最为着力且有精彩表现之处。他对人类学与文学的跨学科研究对象与方法进行了更为深入的阐发和延伸。[2]

除了从理论层面倡导对民间文学、口头文学和俗文学进行人类学研究，李先生在20世纪90年代初便身体力行地从事文学与人类学的跨学科批评实践。其代表性成果是《章回小说〈平闵十八洞〉的民族学研究》。传统章回小说《平闵十八洞》是闽南俗文学的典范代表，也是闽南文化小传统的重要载体，流行于华南、台湾乃至南洋华人文化圈。李先生从民族学、文化人类学观点对其中所蕴涵的民族志资料进行深入解读，肯定了前人关于书中所说少数民族为当代"畲族"的结论，揭示了当时汉族与少数民族的复杂互动关系，同时根据书中提供的丰富的图腾制度资料了解畲族祖先闽越人关于人与自然关系的图像，从而对人类学图腾制度的理论演变进行了深入探讨，堪称文学人类学研究文本分析的经典之作。[3]此外，基于闽南地区深厚的侨乡文化积淀，李先生与其弟李少园合作撰写的《从闽南华侨诗词看闽南文化的多元一体性》一文，打破"大小传统"的分野，将属于大传统的闽南华侨文人诗词创作与属于小传统的晋江、惠安侨乡民歌以及发祥于泉州、以方言演唱的"南音（弦管）"均作为考察对象，挖掘出闽南文化"多元一体"，体现中华文化与海外异文化对话交融的内在特质，也揭示了华侨身处异域，仍然以河洛遗绪、洙泗弦歌的儒家传统为根基在"新土"安身立命的深厚文化认同。由此指出，台湾同胞的寻根意识和思乡情结，都源于对"母文化"的无

---

[1] 李亦园等：《文学人类学笔谈（三则）》，《辽宁大学学报（哲学社会科学版）》1998年第4期；乐黛云、李亦园：《文学人类学走向新世纪》，《淮阴师范学院学报（哲学社会科学版）》1998年第2期。
[2] 李亦园：《民间文学的人类学研究》，凌纯声主编：台湾《清华大学民间文学研讨会论文集》，新竹：台湾清华大学，1998年，第4—5页。
[3] 李亦园：《章回小说〈平闵十八洞〉的民族学研究》，《台湾"中央研究院"民族学研究所集刊》1994年第67期。

限感戴和眷恋。①

此外,特别值得一提的是,李先生一生除从事人类学研究所撰写的学术著述之外,还在田野考察和交流访问过程中写下了许多充满人类学意味的考察手记,其中8篇具有代表性的篇目,如在山西永济、夏县、祁县考察所写的《鹳雀楼上穷千里:李亦园散文与演讲选集》《西阴村下觅师踪》《乔家大院的大红灯笼》,在广西参观民族博物馆写下的《铜鼓的故事》,赴欧洲瑞典斯德哥尔摩和捷克布拉格交流访问所作的《布拉格的第二春》,以及在美国博物馆等的考察和游记散文等,收入在其子李子宁编的《鹳雀楼上穷千里:李亦园散文与演讲选集》之中,并集为书中的首篇《田野图像之外——考察记游》。②李子宁在饱含深情的序言中将这些考察记游散文称为"李氏游记",因为这些游记不仅不露痕迹地熔铸了一位人类学家多年从事田野工作的视角与方法,也凝聚着其独特而敏锐的生命体验与人文关怀。因而"李氏游记"与一般人所写的散文游记大不一样,往往由某个情景或细节触动作者的心弦,由此生发开来,融入文化现象的观察与个人的所感所思,成为人类学家"另一种形式的文化对话",③不仅体现了李先生数十年来游走于人类学田野内外,打通"可观察"与"不可观察"的文化、"他者"与"我群"的文化、以及"微观"与"宏观"的文化,也使他"得以游刃有余地进出于不同层次的文化现象里,出入于不同文化的异同间,从而由细节微观里演绎宏观的理论构架"。④因而,无论从"人类学诗学"的角度来看,还是就人类学"表述"范式的文学属性而言,李亦园先生不仅前瞻性地引领和推动了新时期以来中国大陆"文学人类学"这一新兴交叉学科的理论话语建构,也在实践中为文学人类学研究和文学人类学书写提供了可资借鉴的范例。

(二)面对"泉州学"的冷与热:价值立场与学术远见

2003年李先生再返故乡,在其泉州之行前后发表了两篇重要论文:《释论"海上丝绸

---

① 李亦园、李少园:《从闽南华侨诗词看闽南文化的多元一体性》,黄少萍主编:《闽南文化研究》,北京:中央文献出版社,2003年,第186—188页。
② 李子宁编:《鹳雀楼上穷千里:李亦园散文与演讲选集》,台北:立绪文化事业有限公司,2007年。
③ 吴远鹏:《人类学大师的信念和心怀——读李亦园先生新著〈鹳雀楼上穷千里〉》,《闽台文化研究》2007年第4期。
④ 李子宁编:《鹳雀楼上穷千里:李亦园散文与演讲选集》,台北:立绪文化事业有限公司,2007年。

之路:泉州史迹"申报"世界文化遗产"之内在文化意涵》,[①]与《从"海滨邹鲁"到"海滨中原"——闽南文化的再出发》,分别于2002年举办的"泉州港与海上丝绸之路国际学术研讨会"和2003年举办的"闽南文化学术研讨会"上做大会主题演讲。在文章中,李先生对泉州闽南文化"再出发"以及对泉州历史文化与"海上丝绸之路"申遗等问题做了重要论述,指出了泉州学发展的未来方向、重点与难点。10年之后的今天,在中国面向全世界提出"一带一路"倡议的时代背景下,李先生当年阐发泉州"海滨中原"与闽南"海洋经验与海洋文化"具有"心怀四方""兼容并蓄""美人之美""宽容并存"的文化品格,不仅是代表费孝通先生所言的"中华文化多元一体"的范例,也成为"全人类文化多元一体"的基本范式的理念,为当代全球化提供了价值典范。这些精彩的观点充分体现了李先生开阔的学术视野和卓越的学术远见,并引领"泉州学"走出新的格局。[②]

如果说20世纪80年代以来"泉州学"的日益升温代表了地方学者弘扬传统文化的热切心愿,李先生在鼓励与带动"泉州学"发展的同时,也从人类学家的角度出发,强调"泉州学"在研究立场上要特别注意客观的态度和"价值中立"的研究立场,时刻不忘以反思与警醒为"泉州学"之"热"把脉降温。

一方面,他强调"泉州学"的地方传统文化研究不同于"泉州志",保持客观和价值中立的态度和立场要注意区别传统政府与上层阶层所主导的"方志"及其"正统"观,客观和价值中立有助于记录各种地方民间信仰与仪式,正确理解其存在的生态与理由,这样既可以更好地发扬地方传统文化,也可为破除某些迷信风俗起到真正的治本之效。

与此同时,面对"泉州学"这门充满感情色彩的故乡之学,李先生同样时刻抱持学术中立的反思立场,冷静而客观地指出了"泉州学"发展中存在的一些问题与不足:

这些时间与空间的记忆,都是泉州人引以为荣而自豪的因素。自豪是可以理解的,但沾沾自喜而夸大其词则不可取。我在阅读近年有关故乡的若干文章时,总不免看到一些过分评估泉州历史

---

① 李亦园:《释论"海上丝绸之路:泉州史迹"申报"世界文化遗产"之内在文化意涵》,《"泉州港与海上丝绸之路"国际学术研讨会论文集》,2002年。
② 李亦园:《从"海滨邹鲁"到"海滨中原"——闽南文化的再出发》,《闽都文化研究》2004年第1期。

文化所占份量的情节，这种文字被外人看来自然不免刺眼，而且易于引起误解。……我觉得学术研讨会首要的立场是态度要客观，爱乡之情人人有之，但只能见之于非正式的日常言谈之中，而在正式的学术会议之时，则应严守客观的学术标准，以深度的理念来提出辩解才能赢得他人真正的欣赏认识，才能使"泉州学"得以为学术界所认同。①

同样，当申遗在泉州形成热潮的时候，李先生再次提出了冷静而中肯的批评意见和建议：

泉州当地目前对于泉州学研究的推动十分蓬勃，但我认为有些过于自我膨胀的情况，例如当地的一些热心人士计划将泉州城的一些重要历史文物申请列为世界遗产，在我看来，泉州在海外交通史上确存有许多值得重视的史迹，但仍然较为零碎，连串性不大，因此距离合乎指定标准仍有相当大的差距，除非能进一步作综合的研究，提出对各项历史文物的内在文化意涵的具体论述，否则获得认可的机会就较难了。②

毫无疑问，"泉州学"的兴起是新时期以来泉州地方知识分子与闽南传统文化逐步迈向文化自觉与文化自信的重要标志，而李先生则对文化自觉、自信的热度背后可能隐藏的"自我膨胀"提出了及时的警醒。面对当时席卷中国的申遗浪潮，他以遗产概念的定义、遗产对象的内在逻辑联系以及申遗的评定标准等为参照，强调应对泉州历史文化遗迹及其文化内涵进行综合研究。这是人类学关于文化完整观的基本理念，也从学理层面指出申遗热潮背后应该以文化历史的学术研究为支撑和依据，这样才能从根本上避免以泉州海外交通史上的个别历史文物为申遗对象而导致"零碎"和缺乏"串联性"的弊端，真正推动泉州文化、闽南文化乃至中国"海上丝绸之路：中国史迹"（简称"海丝"）文化的全面发展。

2017年1月26日，中国正式推荐"古泉州（刺桐）史迹"作为海上丝绸之路最具代表性的

---

① 李亦园：《"泉州学"的新视野》，《泉州师专学报》2000年第1期。
② 黄克武访问，潘彦蓉记录：《李亦园先生访问纪录》，台北：台湾"中央研究院"近代史研究所，2005年，第572页。

港口城市申报入选2018年世界文化遗产名录。而泉州申遗的核心思路基本实现了李先生当年的构想：以泉州为起点，将泉州、广州、宁波、南京、漳州、莆田、丽水、江门8个城市共31个遗产点列入首批"海丝"申遗点，由闽南辐射中国东南沿海，从整体上构建中国海上丝绸之路的申遗格局；其中在泉州地区，包括万寿塔、六胜塔、石湖码头、江口码头和真武庙、洛阳桥、天后宫和德济门遗址、梅岭德化窑遗址、开元寺、清净寺、草庵、清源山、土坑村、九日山摩崖石刻等历史遗迹。至此，泉州"海丝"申遗点数量最多，占全国总数近一半。[①]原先零散分布的众多泉州古迹被有机地串联为一体，并纳入海上丝绸之路这个更为广阔和更具历史纵深感的文化背景之中，使这座海滨古城的历史与文化超越了泉州一地与闽南一域，获得了更为深远的影响力。

结语

《李亦园先生访问纪录》最后一页中，李先生期待2003年9月再有一次大陆之行，为泉州学研究"提供一些意见"是李先生此次重返故乡的主要目的之一。作为李先生当时拟订的"未来计划及思考方向"之一，"泉州学"也为黄克武教授所撰的这本访问纪录书写了一个未尽的结语。之后10年间，尽管李先生无法亲自投身到"泉州学"研究的一线，但他始终牵挂着家乡的文化保护、学术进步和地方发展。一般而言，"泉州学"并不是李亦园先生学术生涯中最具代表性的研究领域，但却是他将桑梓情怀与学术关怀融合为一体的一项充满特殊意义的事业。正如李先生所言："这一方面可算是我对出生之地的一种回馈，也可说是对我的外祖父、父母亲以及亲友、师长、同学的一些回报！"[②]

注：本文曾以《人类学家的还乡：李亦园先生与"泉州学"的桑梓情——记为李亦园先生晚年所做的口述史补充访谈》发表在《青海民族研究》2018年第3期。

---

① 《泉州14个遗产列入海丝申遗点 占全国总数近一半》，《海峡都市报》，2016年9月10日，"新浪闽南"，http://mn.sina.com.cn/news/s/2016-09-10/detail-ifxvukhv8008616.shtml.
② 黄克武访问，潘彦蓉记录：《李亦园先生访问纪录》，台北：台湾"中央研究院"近代史研究所，2005年，第572页。

中国研究的人类学"台湾学派"
——李亦园先生学术追忆

张小军 清华大学社会学系教授,博士生导师
李海文 清华大学社会学系,博士研究生

20世纪90年代,我在香港中文大学人类学系读研究生,开始接触台湾的人类学,并在这个阶段受到两个中国研究学术圈的影响:一是华南历史人类学研究,曾经在中文大学任教过的萧凤霞、科大卫、蔡志祥以及中山大学的刘志伟最早影响到我,也因此与华南研究结下了不解之缘。还有一个学术脉络,就是台湾的人类学。这一影响主要来自我的硕士导师乔健先生及我的博士导师吴燕和先生,李亦园先生和庄英章先生分别是我硕士和博士论文的校外评审委员,他们都是台湾人类学出身,学脉几乎都是出自同一个人类学重镇,即台湾大学人类学系,且都有台湾"中央研究院"民族学研究所的学术履历。当时,台湾的谢剑、陈其南先生也是系里的老师,对我的学业有直接帮助。因此,我的学术血脉应该说与台湾人类学密切相关。

2017年李亦园先生辞世,给我们带来深深的悲痛和怀念的同时,也引起我对老一代台湾人类学家的崇敬之情,深感他们做出的杰出贡献应该被铭记,特别是应该被不熟悉台湾人类学研究的大陆新一代人类学学子了解和理解。于是,"台湾学派"的想法第一次冒出来,觉得可以由它来理解和介绍台湾学者的中国研究。在翻阅李先生的论文书籍时,发现他早有此言,在《民族志学与社会人类学:台湾人类学研究与发展的若干趋势》一文中,他回顾了台湾人类学的发展:

1949年8月，在台湾大学时任校长傅斯年的大力支持之下，成立了考古人类学系，这在中国人类学历史上无论如何是一个重要的里程碑……。当时创立考古人类学系的是主持与发掘河南安阳殷墟的我国考古学先进李济之博士，担任专兼任教授者有董作宾、凌纯声、芮逸夫、卫惠林、陈绍馨、高去寻、石璋如、董同龢、李伯玄、陈奇禄等，都是学有专长且经验丰富的学者……，由于这群师生的共同努力，人类学的研究在台湾发展成为蓬勃的学科，不但有自成一个研究学派的态势，而且与国际人类学界也颇有交流沟通。[1]

在这里，李先生明确提出了"学派"的想法。应该说，台湾学者的杰出中国研究有很多成果不为大陆学者了解，甚至不为世界人类学界所了解。"台湾学派"并非是一个炫耀的概念，而是凝聚了差不多三代到四代台湾学者的人类学积累和智慧。最重要的是，"台湾学派"给我们带来了一个继承近代中国人类学的学术传统及立足于人类学本土化的示范，他们还创作了许多优秀的学术成果，形成了人类学中国研究的本土范式，这些辉煌应该伴随着李先生等老一辈学者载入史册并被新一代学者发扬光大。

这里笔者并非是要对人类学"台湾学派"作系统论述，因为无论以笔者的学术能力，还是台湾人类学研究的丰厚积累，对于台湾学派的理论归纳，都是笔者所难以完成的。希望从李先生的"学派"期望和他的人类学经历思考"台湾学派"之所以可以成立的原由，探讨对"台湾学派"进行梳理的可能框架，在此方面学界同仁可以有进一步探讨。

一、台湾人类学的中国学脉

台湾人类学在1949年后发展起来，其比较完整地传承了近代中国人类学和民族学的传统，并发扬光大，培养了一大批杰出的人类学家，形成了中国人类学研究的辉煌时期，产生了可以称之为世界人类学研究领域的"台湾学派"，其深厚的学术积累依然在传承中。

（一）人类学南派和北派的学术传承

晚清到民国是中国学术界的创发时期，西学的影响或通过日本，或通过欧美，几乎都是由中国留学和访学的学师、学子们带回。所谓民国时期南派和北派的学术传统，其实并不限于社会学、人类学、民族学等学科，而是当时中国学界比较普遍的情况，这与不同地域大学创办的学术传统和地域性研究特点有关。

李亦园先生曾回顾了人类学"南派"和"北派"的人类学传统，认为"北派"以燕京大学、清华大学、南开大学、辅仁大学为中心，主要受到芝加哥学派和英国功能学派的影响，注重社区调查；"南派"以"中央研究院"为中心，首任院长蔡元培，以陶云逵、凌纯声、芮逸夫等为核心，理论偏向历史学派，研究对象以少数民族为主，他们带有较强的学院派理想色彩，成为台湾人类学民族学初期的主导力量。[1]

上述学术传统包括了几个重要方面：首先资深学者云集，如李济先生及其所领导的考古学。台湾大学1949年由李济创立考古人类学系，中国考古学由中国学者自己组织领导的考古研究，李先生是第一人。李济也是民族研究的早期学者，他在博士论文的基础上完成的《中国民族的形成》(1928)提出了汉人群、通古斯群、藏缅群、孟高棉语群、掸语群五大族系，其中包含了多民族共和国家的思想。[2]虽然台湾考古学后来的发展受到区域较为狭小的限制，但是社会和文化人类学研究很快成为台湾人类学的主流。

从学术发展看，在近代民族主义的背景下，中国人类学形成了本土化的民族学和少数民族研究、地域比较研究、历史方面的研究等。在民族主义立国的背景下，人类学最初以"民族学"（ethnology）的概念进入中国。蔡元培是较早辨识"民族学"的学者，他曾经在《说民族学》中认为："民族学是一种考察各民族的文化而从事记录或比较的学问。"[3]蔡元培一直重视民族学研究，1928年"中央研究院"成立之初，作为院长的蔡元培就在社会科学研究所成立了民族学组，亲自担任主任。后来邀请师从著名法国人类学家马塞尔·莫斯（Marcel Mauss）的凌纯声担任研究员。凌纯声后来对台湾人类学的发展起到了重要作用。

"中央研究院"历史语言研究所民族组的林惠祥先生，虽然后来没有去台湾，但是对李先生影响很大，他曾经在处于台湾日据时期的1929年两次到台湾调查高山族，出版了《台湾番族之原始文化》一书，是中国人研究台湾高山族之始。林惠祥先生观察到台湾"番族"并非原来就居住在高山之上，这是几百年来汉人的不断进入而逼迫的结果，这一说法推翻了对高山族世居中央山脉的认识。李先生评价说：若没有广阔的文化视野和考古学知识，不可能有此体认。他总结了与林惠祥的"六同":同为福建晋江祖籍;母亲曾在林先生家乡蚶江镇的蚶江小学当过校长,自己也曾在这里短期任教;都有菲律宾的缘分:林先生曾经就读菲律宾大学,李先生的父亲则旅居菲律宾40多年;都曾研究台湾高山族;都进行过家乡一带的研究。[4]从这样的巧合中,可以看到两岸人类学研究者以及在他们的研究领域之间千丝万缕的联系。

(二)早期人类学家的台湾创学

从台湾大学人类学的早期学者李济、董作宾、凌纯声、芮逸夫、卫惠林、陈绍馨、高去寻、石璋如、董同龢、李伯玄、陈奇禄来看,他们都是少数民族或族群、地域、历史等方面的杰出研究者。他们将在大陆的人类学和民族学研究带到台湾,直接奠定了台湾人类学的发展基础。

李亦园先生在《过温州街十八巷》一文中,回忆了李济先生的学问与师德。提到他晚年很喜欢谈在北京清华大学国学院与四大国学导师为同事的往事。李济先生曾任清华国学院导师、历史系教授,后来任过台湾"中央研究院"历史语言研究所所长、代院长,是中国人类学的主要奠基者之一。

另一位早期在台湾人类学创学的是考古学家、甲骨学家和古史学家董作宾先生,曾于1923—1924年在北京大学研究所国学门读研究生,1928—1946年在"中央研究院"历史语言研究所工作,1948年被选为"中央研究院"院士。1956—1958年任香港大学、崇基书院、新亚书院研究员和教授。新亚书院于1963年并入香港中文大学。20世纪90年代我就读的人类学系就在新亚书院,可见其中早就浸染的人类学之风。

还有凌纯声先生,李亦园先生称他的《松花江下游的赫哲族》是中国第一次科学的民族田野调查。凌纯声早年就读于"中央大学",后留学法国巴黎大学,师从人类学大师莫斯等研习人类学和民族学,获博士学位归国后,历任"中央研究院"历史语言研究所民族学组主任、"国立边疆文化教育馆"馆长、"教育部边疆教育司"司长,早期著作有《松花江下游的赫哲族》《湘西苗族调查报告》《中国边政制度》《边疆文化论集》等。李先生特别赞赏凌先生在《松花江下游的赫哲族》中的批判精神。凌纯声曾说:"现代中国研究民族史的学者,大都是上了欧洲汉学家的老当,毫不质疑地相信:今之通古斯即为古代的东胡。"[5]人类学家进入历史,面对中国,勇于学术质疑的学风,无疑是老一辈学者留给我们的宝贵治学财富。

李亦园先生在谈到芮逸夫先生时,提到他曾经于1929—1931年在清华大学图书馆任职,并师从赵元任学习语言学。芮逸夫早年在东南大学毕业,后赴美国加州伯克利大学、耶鲁大学研修人类学,曾任职台湾"中央研究院"社会学所及史语所研究员、主任兼台湾"中央大学"教授。1964年赴美国任教,历任西雅图华盛顿大学人类学系及印第安那大学人类学系客座教授。早期发表有《中国民族及其文化论稿》(全三册)、《湘西苗族调查报告》(1947)、《苗蛮图集》《九族制与尔雅释亲》(1946)等。作为留美的人类学家,芮先生的人类学研究却十分接中国地气。有这样的老先生,应该说是人类学的幸事。

总之,台湾人类学的发展与大陆人类学的历史有着直接的血脉传承,而且经过台湾几代学者的努力,已经很好地完成了自己的本土化,真正奠定了中国人类学的学科基础。

二、台湾人类学的本土化

人类学的本土化是一个历史性的问题,近代以来西学东渐,本土化的问题成为近代学术界的普遍性问题。台湾人类学很好地解决了人类学本土化的问题,形成了有本土特色的中国研究。在20世纪80年代以后,这种研究被逐渐带到大陆。

(一)人类学的本土化和中国化

李亦园先生曾经提到跨学科综合研究的"中国化"趋势,特别提到20世纪70年代的人类学、心理学和社会学的科际合作,并引用杨国枢和文崇一先生主编的《社会及行为科学研究的中国化》一书序言中的话,认为中国人的研究几乎都是西方式的,日常生活中我们是中国人,却成了西方人,我们有意无意地抑制自己的思想观念与哲学取向,在早期跨过学习和模仿西方的阶段后,现在"就是要使社会及行为科学的研究都能中国化"。[1][6]在徐杰舜先生主编的《人类学研究本土化在中国》一书的序言中,李先生说中国的宗教和民间信仰难以用西方的宗教概念来明确表述,中国传统的宗教信仰是一种混合体,大多融合了儒释道和民间信仰。[7]他根据多年的研究经验，认为西方的模式不适合中国社会，很多基础的社会文化概念和理论也格格不入。"一个学科的本土化或中国化，不但应该包括研究的内容要是本地的、本国的，而且更重要的是也要在研究的方法上、观念上与理论上表现出本国文化的特性，而不是一味追随西方的模型。"[8]

李先生一直坚持汉学研究和台湾土著族群研究并行，而其汉学研究也对台湾汉人社会的研究十分关注。如在对台湾家族与宗族的研究中，他提到"吃伙头"现象，是一种轮流供养父母的制度，李先生认为这一制度提前把父母作为祖先对待。[9]在家庭结构上，这一现象也形成了一种特别的家庭形态，即父母同住是主干家庭，父母不同住是核心家庭。这样一种家庭形态呈现出一种弹性的特点。

在土著族群的研究方面，李先生研究过泰雅人、阿美人和雅美人等族群。南澳泰雅人崇信万物有灵，他们没有生灵、鬼魂、神祇或祖灵之分，也没有个别的特有神名，泛称所有的超自然存在为"rutux"。[10]与之不同，台湾岛东部的兰屿岛雅美人的灵魂信仰中，恶灵（Anito）具有特别的功能，特别是心理的功能，包含了恐惧、憎恨和作为心理发泄的对象。可能因为雅美人是崇尚共享精神，追求和平，憎恶恶行、灾病、杀戮的民族，也是较之其他土著而没有猎头习俗的人群，因而可以看到恶灵在社会秩序中作为人们发泄对象和价值判断的功能。[11]阿美人的神灵有一个等级体系，李先生举例马太安社创世神话说明神灵的代际等级，而现实的部落社会内部，等级秩序也比较严密。比较来看，上述泰雅人的神灵体系没有明确等级，社会组织比较松散。[12]这样一些有趣的发现，表明了信仰文化的多元相对论以及在社会秩序中的基础作用。

另一个与本土化有关的例子是关于如何称谓台湾山脉上的族群的问题，是称呼"高山族"还是"台湾南岛族"？台湾光复后行政当局一直用"高山族"来称呼这群属于南岛语系的少数民族，但是到了1987年，高山族中一些人提出了用"原住民"概念来取代"高山族"。不过，李先生认为"原住民"的概念并不妥，因为"原住民"暗示了他们与后来居民不同的地位，违反了族群相处的平等原则，具有排他性。李先生举例说，比高山族更早来台湾的是"长滨人""左镇人"，应是澳洲土著或者接近"小黑人（Negrito）"，而被称为"高山族"的主要是新石器晚期由长江流域以南一带南迁到太平洋岛屿的南岛民族，所以称呼"台湾南岛族"是比较学术的概念。[13]这令我们看到,对族群做学术概念的界定需要十分慎重,尽可能减少这些概念被不当利用而制造族群之间的不平等关系。

李先生曾经谈到台湾发生的"中国化"与"本土化"的争论,他梳理了台湾本土化概念的由来,认为有两个主要的含义:一是基于当地人的本土化运动下的含义,也可以称之为"土著化",颇有政治意味;二是相对于西方的本土化,偏向"中国化",偏向学术性。李先生则从"文化"的角度来看,认为文化意义上的本土化与地域等本土化不同,与政治的本土化也不同,在文化和学术的意义上,本土化与中国化在意思上是相通的。[14]就笔者的理解,将本土化和中国化刻意作政治上的曲解并不利于学术,应该以文化为基础,寻找对中国文化特有的理解,以获得地方性的知识体系和解释的理论框架,在这一基础上发展出自己的本土概念和理论体系。

(二)本土概念的发展

文崇一先生曾经在说到本土化的问题时,提到不要永远跟着西方理论去做研究,要寻找自己的概念,因为我们所用的概念都是来自西方的,例如"家庭"和"阶级"的概念。[15]李亦园先生是这方面的典范,他曾提出"致中和"的整体均衡与和谐理论来表达中国文化三层次均衡观念的模型。包括自然系统(天)的和谐、有机体系统(人)的和谐以及人际关系(社会)的和谐。[16-17]他还用"致中和"理论模型讨论了中国传统仪式戏剧的双重展演内涵[18],并以目连戏为例,细致分析了巫与仪式戏剧、舞乐、身体修炼与认知超越、度脱与入戏等内容,阐释了和谐与超越的"致中和"内涵。[18]由"致中和"的概念,李先生又联系到张光直先生的"气文化"研究计划,不断推动本土概念的研究。[19]

这种自觉的理论和概念的本土化,成为"台湾学派"的风气,如乔健先生在这方面的研究包括了"关系"的概念[20]、江湖"赛场"的概念和计策行为模式的理论。[21]此外,乔健先生还主编了《中国文化中的计策问题初探》。[22]他认为:在现代对中国社会及文化的研究中,不断有人尝试以概括性的概念来捕捉中国社会与文化的全貌,比较早期的如费孝通(1947)以"差序格局"为中国社会的特征,胡先晋对于面子问题(1944)、杨联陞对于"报"(1957)、芮逸夫对五伦及礼(1972)以及许烺光对于父子轴(1965、1968、1971)的讨论都是著名的例子。不断有人从事这种研究,譬如对于"面子"以及"报"的研究一直没有断过,比较新的有对于"人情"(金耀基,1981)、"关系"(乔健,1982)以及"缘"(杨国枢,1983;李沛良,1982)等的研究。

1982年《关系刍议》一文中,乔健先生是第一个提出本土的"关系"概念并进行研究的学者,在他的研究之后,阎云翔、杨美惠等人才陆续进行研究。

这样的文化自觉也体现在李先生的学生中间,李先生回忆在民族学研究所最大的贡献是培植了一些优秀人才。第一位是庄英章先生,他曾提出"联邦式家庭"多个核心家庭的联系体。[22]这一本土的"家庭"形态不同于一般社会学和人类学关于"家庭"的几种常见分类(如核心家庭、主干家庭、联合家庭等)。在此之前,还有在理论界十分活跃的黄应贵,也是李亦园的学生,其空间理论和历史人类学等领域的研究特别具有本土化的追求。黄应贵认为,凌纯声先生的《松花江下游的赫哲族》的"历史学派"特性虽然强调"文化是人类应付生活环境而创造的文物和制度",但全书关于物质、精神、家庭、社会四方面的描述却无法让人明确了解文化是在怎样的生活环境下创造出来的,凌先生关注如何利用该族数据解决中国上古史的宗教起源问题,这是一种"礼失求诸野"的态度与做法。将人类学、民族学研究的"原始民族",视为上古社会文化的"遗存",影响了近50年来有关中国西南民族史的研究,使得描述异族的目的,往往是为了界定中原华夏民族自身的认同,因而充满了汉人中心主义的观点。李亦园并不太同意"礼失求诸野"的简单批评,觉得有欠公允[24],但是对中国社会历史维度的重要性十分强调,希望将人类学的视野用于历史的研究,这也是他当年从历史系转到人类学系的初衷。这些学术辩论发生在师生两代之间十分有趣,也是台湾人类学的学术风气,十分宝贵。如今,台湾学派的精髓正在传给新一代学者。

三、台湾人类学派的理论贡献

台湾人类学派的学术贡献深入而广泛。就研究领域而言,涵盖了宗族与婚姻家庭、宗教和民间信仰、少数族群、移民与海外华人、华南地域、性别、饮食文化等诸多领域,涉及到亲属制度、宗教人类学、族群研究、政治人类学、历史人类学、经济人类学、民俗学、性别研究、心理人类学等诸多分支学科。李先生的研究几乎涵盖了各个领域，表现出先生宽广的人类学视野。

(一) 中国现象与中国文化的研究

李先生曾讨论"文化中国"的概念，提出中国文化三层次均衡"致中和"的概念。[16]225-226 他强调不同于杜维明偏向精英文化的"大传统"的出发点，主张从垂直的关注平民百姓的"小传统"的出发点来理解文化中国。这样一种视角，其实是在挑战传统的"中国"观，寻找中国现象背后的"中国真实"。这也体现出先生在学术上的"文化自觉"，在他的"文化中国"的概念后面有着一种学术情怀，即寻求中国人生活文化特征的根源、思考中国文化的精髓、探讨"中国文化"的意义。

李先生曾经谈到张光直的中西文明起源差异论。张先生称中国文明的发展具有连续性的形态，西方文明是断裂性的形态。人类文明的研究历来是西方模式，未必适用于中国文明的发展。中国文明的连续性形态来自一种意识形态[25]，或者说是一种文化形态（包括宇宙观、宗教巫术等，而非制度形态）的连续。这就涉及到对中国宇宙观的探讨，也是在这个意义上，李先生多次强调他的"致中和"的三层面和谐均衡宇宙观，并认为可以由此理解和探讨中国文化内在法则的基本理论模型。两位老同学的理论碰撞，导致了"气文化研究"，包括传统医学、民俗实践与经典理念研究，"气"的物理测量，"气"的医学和心理学研究，神通现象研究，禅坐、辟谷与中国食物冷热系统研究，修炼的文化信仰实践，以及"物我合一"的气功修炼与"天人合一"哲学思想的连续性研究。可以看出其中多学科合作与中西理念方法的融合，最终立足于对"气文化"的解读。

在对马来西亚华人研究中，李先生提出了中国文化和社会的"藤"的社会范式。他引用华英德的三种范式理论，直接范式（immediate model）、意识形态范式（conscious model）和内在观察者范式（innerobserver's model），认为华人社会具有一种很强的"中国文化"的意识范式，虽然他所研究的麻坡华人来自潮州、漳泉、广府、海南、客家等不同的方言区，到了海外有着不同文化适应，但是每一个华人心目中都有着一种理想的"中国文化"的意识形态范式存在，这种中国文化的联系表明了"中国人就像藤一样的柔韧、可弯可曲，可以历尽折磨，但是永不易被折断"。[26]这蕴含了一个重要的文化逻辑：文化的多元与一体的关系多元歧异的藤枝文化并不会导致对整体的藤干文化的不认同，多元的包容反而会促进该文化体系的整合。这就好像自然生态的物种多样性体系协调自足，没有包容性的单一物种体系反而是脆弱的。

对于中国现象，其宗教信仰一直令西方学者费解。杨庆堃先生曾经提出两种宗教模式，一是弥散性宗教（diffused religion），另一个是制度化的宗教（institutional religion）。中国传统的民间宗教信仰属于前者。李先生没有把宗教信仰作制度化的宗教定义，而是回到民间信仰的本来涵义，即它们作为人观、神观、宇宙观的思想体系，研究如何建立起个人、社会与自然的和谐均衡。[27]在这个意义上，李先生实际上提出了一个重要的方法论，即不应该把中国社会的民间信仰模式化地视为"宗教"，而是应该回到现象的本真，于是，"宗教"的边界被淡化，没有了绝对的无信仰者。祭祀祖先、医疗仪式等看起来具有宗教性的行为，其实不过是三观和谐均衡之运行，是一个文化秩序建构的过程。

文化中国的特有现象包括很多领域，除了宗教和民间信仰，还有诸如宗族、祖先崇拜、少数民族、家族与伦理、性别、饮食、哲学和宇宙观等，都有待更深入的文化自觉的研究。李先生在学术上的"文化"境界不是一般的理论境界，不是社会和结构的境界，而是一种文化秩序的感悟力，是一种文化自觉。西方学者之所以难以理解中国社会，就是因为缺少这种文化境界，容易陷入模式化的理解。

（二）与世界学术界的理论对话

与世界学术界的对话在"台湾学派"中很常见，笔者暂时无法归纳完全，李先生与彼得·伯格（Peter Berger）的对话，便是其中一个典范。在与彼得·伯格谈到亚洲现代性的"新儒家假设"时，李先生对此假设表示怀疑，并认为民俗宗教的小传统与儒家同样重要，这引出他谈到伯格提到的"李氏假设"：

我们暂时称它为"李氏假设"。包括儒家和大乘佛教的所谓"大传统"，无论如何是深深地根植于较不精致的民间宇宙观层面里（包括认知与情绪的层面）。果若如此，是否我们追寻探究的

"今世观",如积极、实用主义的根源,至少在中国,应存在于这民间信仰的底层里,而不在上述的"大传统"里。[28]

李先生认为中国民俗宗教是一种与大传统不同的小传统,却真实地伴随着"亚洲四小龙"的经济腾飞。李先生列举了三点功利主义世俗宗教与现代化契合的地方,一是宗教帮助满足个人的需求,二是神明体系带来的因利而生的包容心态,三是借神明力量满足投机冒险的心态。因此,超自然的世俗宗教揭示了中国文化的复杂形态。

这方面的对话还包括诸如李先生"致中和"观点以及诸多学者创造的一系列本土概念如"关系""气文化"等。理论对话还包括"文化中国"这样的理论方法论意义上的思考,包括美国斯坦福大学汉学人类学家武雅士(A. Wolf)教授的台湾研究如"鬼、神、祖先"等,以及施振民的"祭祀圈"理论等。历史人类学方面有庄英章先生的《林圮埔:一个台湾市镇的社会经济发展史》(1977)以及诸多汉人社会、华南地域、亲属制度等研究,黄应贵先生的《人类学的视野》等历史人类学方面的诸多研究,黄树民关于口述历史的研究(《林村的故事》,2002),以及历史学家王明珂的西南研究(《华夏边缘——历史记忆与族群认同》《羌在汉藏之间——一个华夏边缘的历史人类学研究》等),等等。

李先生1958年获得哈佛大学燕京学社的奖学金赴美留学,开始体会美国的学术规范。其实,学术规范本身就是一个与世界学术界对话的领域,因为学术规范不仅包括对学科理论方法论的理解,还包括研究的规范:如何提出研究问题、如何进行田野研究、如何书写文化志作品、如何注释、如何保护知识产权和防止剽窃等学术伦理、如何使用语言等。李先生谈到自己因为在台湾大学接受李济和芮逸夫先生的美式训练,教科书也使用美式教材,所以虽然在美国课程压力大,但是感觉还是与在台湾接受的学术教育具有延续性。他曾经回忆几位导师,包括克鲁克罕(Clyde Kluckhohn)、杜宝娅(Cora DuBois)和裴约翰(John Pelzed),[29]并提到三个后来对他影响很大的例子,一个是科际研究(多学科研究),来自当时的科际整合运动,克鲁克罕是这一运动的主要倡导者。台湾在1972年开始的"台湾省浊水溪和大肚溪流域自然史和文化史科际研究计划"(简称"浊大计划"),由张光直主持,就是一个由文理六个学科(考古、民族、地质、地形、植物、动物)多位人类学家参与的研究。第二个是博厄斯学派提倡的不同文化,如中国文化的研究。杜宝娅是本妮迪克特和米德的师佷,与两位师姑同为博厄斯学派的领军人物,她提出了"众趋人格",研究的是东南亚,包括爪哇阿罗(Alor)岛阿罗人的儿童教养与文化特性的研究,她自己甚至做过并建议李先生也应该从事华侨研究,这也导致李先生对台湾民族研究和科际研究的兴趣与推动。第三个是他关于台湾"二次葬(拾骨葬)"的研究,来自裴约翰在琉球的研究,琉球也有拾骨葬的习俗,反映出文化上属于南方文化圈的特征。李先生的这些回顾,说明与世界学术界的对话需要有共同的对话基础,即共同的学术规范(不是研究范式)、共同的跨学科的人类思考、共同的文化研究的主旨。尊重他人的研究最基本的就是要与已有的相关研究对话,遵守共同的学术规范意味着一个公正的对话平台,与世界学术界的对话并非关起门来自说自话,也不是妄自菲薄的自言自语。

说到学术规范和公平交流,中国学者的一个不公平处境就是学术语言上的弱势。主流学术期刊为英文所控制,这与美元在经济领域的控制类似,有着历史的原因。但是,李先生的主要写作都是中文,并且写作的风格具有讲故事的叙事风格,既不失学术规范,又有本土语言的文字蕴含,这其实也是一种与世界学术对话的翻译方式,即用中文讲好世界学术,用中文升华学术水平。

在全球学研究方面,一方面是海外研究。吴燕和先生关于新几内亚华人的研究和乔健先生关于北美拿瓦侯印第安人的研究等,都开创了中国学者海外研究的领域。他们作为台湾学派的学者,将其研究联系到中国文化,乔健先生曾经比较印第安人和西藏文化的联系,而吴燕和研究的是新几内亚华人。另一方面,是推动国际汉学的研究。李先生曾多次往返欧洲一些汉学研究重镇,竭力推动世界汉学研究的发展与交流。这些,都是大陆学术界应该学习的治学境界。

<h2 style="text-align:center">四、结语</h2>

台湾学派在人类学上的杰出成果,反映出中国现象在学术上的重要性、中国理念的深邃以及他们对人类社会与文化理解的贡献。而在这背后,还有着中国学者对人类命运的关心

与爱念。李先生特别重视"文化"对于人类的贡献，因为"文化"具有超越种族、国家等矛盾的特性，蕴含着文化多样性等基本原则，正如李先生所言：

人类学家以其对文化概念的了解与运用，不但能使我们了解自己、帮助自己；了解别人、帮助别人，而且最重要的是使我们懂得与不同文化的人相处之道，这是人类学对全人类的前途所能提供的最大贡献。

在文化性方面，只有保持各民族不同的文化特性，不只是维持各民族原有的文化特性与风格，而且应该鼓励各民族发展其特有文化模式，这样才能够使全人类在不断变迁的环境中无所不适。[30]

2000年，李先生在中正大学的演讲中，提出赋予人文关怀是挽救当今世界局势的可行之道，他认为四种重要的人文关怀是他人的关怀、民主的关怀、文化的关怀和全人类的关怀。他希望"从自己文化的宝库里发掘可为新世纪全人类所用的人文思维，藉以促进世界社会的共荣共享"。[31]这些"关乎人文以化成天下"之嘱托和期望，必将鼓励吾辈之学术进取。

谨以此文纪念中国人类学的学术导师李亦园先生。

【参考文献】

[1] 李亦园：《民族志学与社会人类学：台湾人类学研究与发展的若干趋势》，参阅乔健：《社会学、人类学在中国的发展·新亚学术集刊（第十六期）》，香港：香港中文大学新亚书院，1998年，第55—56页。

[2] 李济：《中国民族的形成：一次人类学的探索》，上海：上海世纪出版集团，2008年。

[3] 蔡元培：《说民族学》，《一般》1926年第1期。

[4] 李亦园：《林惠祥先生的人类学贡献》，《纪念林惠祥文集》，厦门：厦门大学出版社，2001年。

[5] 李亦园：《凌纯声先生的民族学》，《李亦园自选集》，上海：上海教育出版社，2002年。

[6] 杨国枢、文崇一：《社会及行为科学研究的中国化》，《台湾"中央研究院"民族学研究所专刊乙种第十种》，1982年。

[7] 李亦园：《中国人信什么教？》，《人类的视野》，上海：上海文艺出版社，1996年。

[8] 徐杰舜：《人类学本土化在中国》，南宁：广西民族学院出版社，1998年。

[9] 李亦园：《近代中国家庭的变迁——一个人类学的视角》，《李亦园自选集》，上海：上海教育出版社，2002年，第161页。

[10] 李亦园：《祖灵的庇荫南澳泰雅人超自然信仰研究》，《台湾"中央研究院"民族学研究所集刊》1962年第14期。

[11] 李亦园：《Anito的社会功能雅美人灵魂信仰的社会心理学研究》，《台湾"中央研究院"民族学研究所集刊》1960年第10期。

[12] 李亦园：《台湾土著民族的两种社会宗教结构系统》，《李亦园自选集》，上海：上海教育出版社，2002年，第97页。

[13] 李亦园：《走上学术研究之途》，《李亦园先生访问纪录·第十二章》，黄克武访问，潘彦蓉记录，台北：台湾"中央研究院"近代史研究所，2005年。

[14] 李亦园：《中国化VS本土化》，《李亦园先生访问纪录·第八章》，黄克武访问，潘彦蓉记录，台北：台湾"中央研究院"近代史研究所，2005年，第167—172页。

[15] 文崇一：《社会学与本土化》，乔健：《社会学、人类学在中国的发展·新亚学术集刊（第十六期）》，香港：香港中文大学新亚书院，1998年，第205页。

[16] 李亦园：《从民间文化看文化中国》，《李亦园自选集》，上海：上海教育出版社，2002年。

[17] 李亦园：《和谐与均衡：民间信仰中的宇宙诠释》，林治平：《现代人心灵的真空与补偿》，台北：宇宙光出版社，1988年。

[18] 李亦园：《和谐与超越：中国传统仪式戏剧的双重展演意涵》，《李亦园自选集》，上海：上海教育出版社，2002年，第261—291页。

[19] 李亦园：《气文化研究计划》，《李亦园先生访问纪录·第十二章》，黄克武访问，潘彦蓉记录，台北：台湾"中央研究院"近代史研究所，2005年。

[20] 乔健：《关系刍议》，杨国枢、文崇一：《社会与行为科学研究的中国化》，《台湾"中央研

究院"民族学研究所专刊》,1982年。

[21] 乔健:《人在江湖:略说赛场概念在研究中国人计策行为中的功能》,乔健、潘乃谷主编:《中国人的观念与行为》,天津:天津人民出版社,1995年;乔健:《建立中国人计策行为模式刍议》,《现代化与中国文化研讨会论文集汇编》,香港:香港中文大学社会科学院暨社会研究所,1985年。

[22] 乔健:《中国文化中的计策问题初探》,台北:台北食货出版社,1981年。

[23] 庄英章:《家族与婚姻:台湾北部两个闽、客村落之研究》,《台湾"中央研究院"民族学研究所专刊》,1994年。

[24] 李亦园:《进出于历史学与人类学之间》,李子宁编:《鹳雀楼上穷千里:李亦园散文与演讲选集》,台北:立绪文化事业有限公司,2007年,第313—321页。

[25] 张光直:《中国青铜时代(第二集)》,台北:台北联经出版事业公司,1990年。

[26] 李亦园:《一个移殖的市镇:马来亚华人市镇生活的调查研究》,《台湾"中央研究院"民族学研究所专刊乙种第一号》,1970年,第245—248页。

[27] 李亦园:《个人宗教性变迁的检讨——中国人宗教信仰研究若干假说的提出》,《文化的图像》(下),台北:允晨文化事业有限公司,1992年,第140—141页。

[28] 李亦园:《台湾民间宗教的现代化趋势对彼得·伯格教授东亚发展文化因素论的回应》,《李亦园自选集》,上海:世纪出版集团,2002年,第210—211页。

[29] 黄克武访问,潘彦蓉记录:《李亦园先生访问纪录》,台北:台湾"中央研究院"近代史研究所,2015年,第76—80页。

[30] 李亦园:《人类学与现代社会》,台北:水牛出版社,1984年,第47—53页。

[31] 李亦园:《新世纪的人文关怀》,李子宁编:《鹳鹊楼上穷千里:李亦园散文与演讲选集》,台北:立绪文化事业有限公司,2007年,第243—265页。

注:本文曾发表在《中南民族大学学报(人文社会科学版)》2018年第5期。

李亦园人类学思想的主体性特征

朱炳祥 武汉大学社会学系教授、博士生导师

我们纪念人类学家李亦园先生,需要把握他对于时代主题的理解,在此基础上把握他的人类学思想的主体性特征。

一、时代的主题

在李亦园先生的学术话语中,存在三个既相互关联又相互区别的时间概念。第一个是21世纪的概念。李亦园先生经常言及"21世纪的人类生活"[1]"新世纪的人文关怀"[2]"21世纪人类学的关怀"[3]等概念,这是以100年为单位的时间概念。第二个是从公元2000年至3000年的概念。他在《知识分子、通识教育与人类前途》[4]一文中曾三次使用这一概念,这是以1000年为单位的时间概念。第三个是有史以来全部人类与自然关系史的概念。他在分析人类与生态环境的关系[5]以及人类文化历史[6]的时候都以此为基点,这是以400万年为单位的时间概念。这三个概念是三种不同层次的时间概念,在李亦园人类学思想中具有重要的意义,是我们理解其主体性特征的基础。

第一个概念是一个"微观"层次。将21世纪作为一个新的开端、新的节点,于此讨论人类的发展及人类学学科建设问题。对于人类学学者来说,"微观"视野过于狭窄,如果取一个"中观"的看法,21世纪则是新的1000年的开端。观察发现,每1000年人类都有大的思想

运动发生。距离现在3000年的节点是"轴心时代"①的开端，在中国是殷周之际。"文王拘而演周易"，作为"五经之首，三玄之冠"的《易经》产生于此时。古希腊文明、希伯来文明、古印度文明、古波斯文明与中国文明作为人类精神的基础，都先后诞生于这个时期，多少古代先贤的智慧在这个时代闪烁，如中国的孔子、墨子、老子、庄子等，奠定了中国哲学千年基石；古印度的吠陀（即文明）时期诞生了《梨俱吠陀》《娑摩吠陀》《夜柔吠陀》《阿闼婆吠陀》，集印度哲学之大成；古希腊的荷马、柏拉图、赫拉克利特、希帕提娅、泰勒斯也在此时发出了属于自己的声音，如此等等。这是"人类精神的第一次觉醒"。距今2000年的时代是基督出生的年代，西方文化的一些基本精神被重新建构。在最近的1000年中，又有着许多大的思想运动。英国剑桥大学、BBC广播公司和路透社曾于1999年在全球范围内进行了"人类纪元第二个千年思想家"评选，马克思位列第一，其次为爱因斯坦、牛顿、达尔文等。马克思、爱因斯坦、达尔文的思想都大大突破了传统的神学观点、地区性观念、物种不变观念，是伟大的思想变革。

不过，还有一种"宏观"的目光，就是将人类数百万年的历史看作一个整体，进而思考人类的一些基本问题。德国哲学大师卡尔·西奥多·雅斯贝尔斯把人类文明历史划分为四大节点：第一个节点是人类学会用语言沟通、学会运用工具进行生产、学会运用火取暖和烹饪。第二个节点诞生了最早的古代文明，在公元前5000—3000年分别诞生了古埃及文明、古巴比伦文明、古印度文明及中国文明。第三个节点即"轴心时代"，上述文明或得到延续，或分化延展，先后诞生了大批古圣先贤。第四个节点，即当前人类所处的科学技术及生产水平高速发展的"科技文明"时代。时至今日，人类文明与前三个节点最大的差异在于：过去是各地区分散发展的历史，到了科学技术时代，历史变成了世界范围的。雅斯贝尔斯提出了一个著名的思想，他认为，若使用石器与天火的原始人是人类文明的第一个开端，那么"科技文明时代"则是"二次开端"[6]。第一次开端人类是分散的、地区性发展的，而当前时代是整体世界范围内发展的，即全球化时代。殖民时代已经渐渐远去，我们这个时代是"类"的共同

---

① 关于"轴心时代"的具体时间，东西方有所不同，雅斯贝尔斯认为以公元前500年为中心，约在前800年至前200年之间，中国的《易经》产生于公元前1000年，闻一多先生和冯天瑜先生认为中国的轴心时代应从此时开始。参阅闻一多：《文学的历史动向》，《闻一多全集》（第一卷），上海：开明书店，1948年；冯天瑜：《中华元典精神》，上海：上海人民出版社，1994年，第116页。

体的主体意识逐步觉醒的时代。过去只是将人类理解为地区的人、民族的人、国家的人,地区、民族特别是国家的利益高于一切。而现在,这些利益虽然依旧存在,但是,"类"的共同体的整体利益更为重要。这个时代提出了两个基本主题:一是既然有着共同的命运,我们必须风雨同舟,再也不能如过去那样相互残杀,特别是20世纪两次世界大战给人类带来了深重灾难,这是人类内部相处之道。二是既然同居于地球之上,利益一致,而地球的资源是有限的,我们必须联合考虑如何有限地可持续地利用资源问题,这是人类与自然环境的外部相处之道。李亦园先生人类学思想的主体意识体现在这两个方面。

二、内部自觉:对于人类相处之道的主体性言说

"内部自觉"表现为人的主体性对于人类相处之道的自觉,这也是人类文化相处之道的自觉。1998年在与费孝通先生的对话中,李亦园赞同费孝通先生的"各美其美,美人之美,美美与共,天下大同"的"文化自觉"理念,他对中国民族文明的内生特点进行解读时认为:"自古以来中国文化中一直有容纳、吸收不同文化成分于其中的主体观念存在。"[①]李先生将中国文化的主体观念概括为"容纳、吸收",这种"容纳、吸收"是一种文化相处的和谐之道,这种和谐之道是在反思西方文化"强调竞争与征服""漠视和谐"的意义上说的。李先生说:"我们用西方的理论一定要小心,不但要小心,还要修正它,要企图发展成自己的一套。"[3]在《人类学本土化之我见》[7]一文中,李亦园先生概括了"本土化"主体性特征的几个方面:"不但应该包括研究的内容要是本地的、本国的,而且更重要的是也要在研究的方法上、观念上与理论上表现出本国文化的特性,而不是一味追随西方的模型。"他举例说,20世纪60年代,西方有一个很有名的"成就动机"理论就不适合中国。所谓"成就动机"强调的是"个人成就动机",他与心理学家杨国枢教授在对中国研究中,发现中国人更讲求"群体成就动机"。前者是为个人成就发出来的动机,后者是为群体、家族、

---

① 《中国文化与新世纪的社会学人类学——费孝通、李亦园对话录》,《北京大学学报(哲学社会科学版)》1998年第6期。关于文化的主体自觉,费孝通用"各美其美,美人之美,美美与共,天下大同"来概括,李亦园先生亦赞同这一概括。

国家、乡里而发出的动机。这就是中国社会科学家对西方理论的修正,也是社会文化理论的本土化。强调"个人成就动机",是一种只讲竞争的理论,而强调"群体成就动机"则更重视群体相互包容的和谐理论。在谈到基本观念时,李先生举中国人的宗教观念为例,说明它的相互容纳、相互吸收的特征。他在《中国人信什么教》[8]一文中指出,中国人的宗教观念与西方人是不同的。中国传统的宗教信仰是一种复杂的混合体,以佛道教义为重要成分,但却包括许多佛道以外的仪式成分,例如民间信仰中的祖宗崇拜及其仪式,以及许多岁时祭仪、生命礼俗、符咒法术、占卜风水以及宇宙观念等,所以说我国民间宗教融合了佛道以及许多更古老的传统信仰成分。

依据对中西文化不同特征的认识,李先生认为,中国文化理念可以提升为一种具有普遍性的理论。他在《生态环境、文化理念与人类永续发展》[5]一文中借张光直的理论观点进行论述。张光直教授认为中国文化从新石器时代进入金属器时代的过程中,表现了一种特别的文化理念,这种文化理念是"延续"或"连续"的。以苏美尔文明为代表的西方文化的老祖,从新石器进入金属器时代开始,其基本的文化理念则是一种"断裂"的理念。于是,"中国与西方两大文明从肇基已基本为不同的原则所支配。"即连续性的宇宙观跟断裂性的宇宙观,而非西方式的连续性文化的意义,是对世界历史发展问题提出一种新的解释的眼光。张光直等人类学学者曾经提出过一个观点:古中国文明与古玛雅文明的诞生与发展,曾经是人类文明发展的主导模式,在此期间诞生的苏美尔文明仅仅是一种意外、不存在可复制性与可参考性。回顾古代中国的历史变迁,不难从其中找到人类文明变迁的规律。

那么,这种文明为什么能够连续呢?这就涉及中国文化的基本精神。李亦园先生依据中华元典,提出中国文化"致中和"的宇宙观,这是对中国文化"容纳、吸收"主体观念的进一步理论提升。《中庸》说:"喜怒哀乐之未发,谓之中;发而皆中节,谓之和。中也者,天下之大本也;和也者,天下之达道也。致中和,天地位焉,万物育焉。"《孟子·梁惠王》说:"不违农时,谷不可胜食也;数罟不入洿池,鱼鳖不可胜食也;斧斤以时入山林,材木不可胜用也。"李先生认为自然的和谐、社会的和谐是整个社会存在的基础。他构建了"致中和"宇宙观的"三层面和谐均衡模型":一是个体系统(人)的和谐,包括内在的和谐和外在的和谐两个次系统。二是自然系统(天)的和谐,包括时间的和谐和空间的和谐两个次系统。三是人际关系(社会)的和谐,包括人间的和谐和超自然界的和谐两个次系统。三个系统的共同和谐,这些正是中国人生活中最高的理想境界。李亦园先生认为,中华文明的"致中和"理念,应是可以作为弥补"西方文明所主导的'制天'文化理念的极度发展",是对人类种族的继续生存构成威胁这一危机的另一种文化生活典范。由此,他发挥出如下思想:"原先人类以为自己有了文化之后,就可以摆脱了生物演化的规律。其实不然,文化只是减轻了演化的压力,但文化本身却像是一种'体外器官',仍然要遵从生物演化的规律,无法逃脱其约束。如此说来,人类应该还是自然的一部分,只有寻求与自然的和谐,才是永续生存之道。"这是一种高境界的人类主体性思想。

三、外部自觉:对人类与环境相处之道的主体性言说

人类是自然的一部分,只有寻求与自然的和谐,才是永续生存之道。这是另一种范畴的主体性自觉,即既与"内部自觉"相联系又与之相区别的"外部自觉"。这个问题,李亦园先生表现出对人与环境相处之道的深度关切与忧虑,他在"致中和"宇宙观的"三层面和谐均衡模型"中已经涉及,这里笔者仅以他关于人类与自然400万年宏观史的三阶段发展这一独特视角,进一步分析他对此问题的主体性言说[5]。

人类与自然历史的第一个阶段,最大特点是采集狩猎。该历史阶段中,人与自然是完全一体的,该阶段的人类需要适应自然环境,这一阶段的人类对生态平衡的认识、对宇宙的认识决定了人与自然的关系。此时的人类并非毫无文明可言,而是一种与自然和谐的文明。在北美平原,如黑脚人、夏延人、曼丹族、苏族等,都是靠采集打猎繁衍下来的民族,他们在出门打猎前,必须要先行占卜决定出猎方向,出猎的方向非常平均,有效保持了周边兽类的合理繁衍,展现出了第一阶段人类文明与自然环境的共生特点,即便占卜本身并无协和之意,却结出了协和之果,另一方面也说明了该阶段的人类是"适应"生态环境的。

人类与自然历史的第二阶段,就是食物生产的革命。该阶段的人类开始以生产食物为目的耕种植物、圈养动物。农业的出现与生产实践极大地影响了当地的生态。在该阶段中,人类为了食物生产效率,会在一个区域内选育植物,清除自然环境中影响选育植物生长的其他

植物，所以在第二历史阶段中，人类文明的特征是主动改造自然生态系统，而不仅是去适应自然。畜牧同理，人类通过选育特定物种、屠杀或侵蚀其他物种的繁衍地，就会彻底改变当地生态。最重要的一点是，人类选育物种的过程，会使选育的物种永远需要依靠人类社会繁衍，这虽然极大地提升了人类的生存能力，然而对依赖人类的动植物却并无好处，这是非常明显的生态改变。这一阶段人类"改变"生态环境。李亦园先生由此想到一个很吊诡的问题：人本来是野生的动物，当培养自己成家生的人以后，未来某些生物会不会也将人类作为选育物种饲养？人类文明如果在发展中竭泽而渔，又有谁提醒人类自己已经处于危险境地？李亦园先生的这种观点已经跳出了自己身为人类的生物范畴，而是以宇宙尺度来观察人类文明、思考人类的前途。这对于我们这个时代实在是"警世通言"[①]。

第三阶段是工业革命阶段。这一阶段机械化出现了。在这里，李亦园先生站在一个超越人类的立场之上对工业革命充满了反思与批判精神。他认为，工业革命固然很好，但也只是对人类有好处，对其他物类并不好，有极大的不好。工业革命的特点之一，是人类有了高效率使用能源资源的能力，从热能开始到电能，再到核能，一个比一个更具破坏性，这些都使人类社会逐步进入生态广受破坏的危机时代。这是一个对环境的破坏阶段，工业革命不但对自然生态造成了影响，这种影响还是破坏性的。工业革命后的人类文明，形成了破坏其他人类文明、污染自然环境、争夺人类资源的格局。尽管工业革命为人类提供了更优越的生活条件，但在某种程度上也威胁着人类文明。人类文明对环境的破坏，与西方文明中的三个特点息息相关："不服从的，即可毁灭""和谐是不必要的""物质和资源可再生或重新发现，所以无限开采、无止境滥用"。因此，在现代文明主流为西方世界所把持的情况下，人类对自然和谐乃至文化、社会和谐的漠视现象非常突出。据统计，1986年，人类已经挪用40%的土地生产的东西，也挪用了30%的水生产。不但全体人类共同挪用，而且某一个工业特别发达

[①] 当然，这里也可以提出另外一种思考：人类到底要不要改变环境，如果一点不改变，那么人类怎样生存？我们可以引出另外一些观点来与李先生的观点进行比照。在卢梭与列维－斯特劳斯的探索中，新石器时代农业文明的"创造性"并没有使人远离自然，而是在尊重自然的基础上对自然的一种有限利用，强调的是一种"天人合一"。卢梭认为，今天称之为新石器时代的生活方式代表着最接近人类学研究者所追寻的那个范型的一个实验性的体现。到新石器时代，人类已经发明了人类安全所需的大部分发明。人类知道如何使自己免于寒冷与饥饿，也取得休闲时间用来思考，这是"一个快乐的调和状态"，这种情况对人类最好。

的国家还会挪用别人的。在当时，荷兰已经挪用比它的土地还要多17倍的资源，更不要说美国了。所以，1987年，世界环境与发展委员会提出"人类永续发展"的理念，并要求全世界的人都应具备这种发展观。作为人类学家的李亦园先生，在这里对人类的本性进行了深刻反思：人类似乎是世界上最贪婪的生物，只要对自己有用就会用到极致，只要对自己有好处就会拼命掠夺，完全不去顾及长远的未来。李亦园先生认为，人性的贪婪、不满足、永无止境的掠夺，对人类本身也是一味致命毒药，又是我们这个时代的"醒世恒言"。根据李先生的反思，我们应该看到，当下的时代，世界是以"国家"作为最高利益单位而不是以"人类"作为最高利益单位，这是很危险的，需要一种特殊的观念上的革命!人类学家的研究需要使人们认识到：人类处于同一命运共同体之内，过去我们错得太多了，现在是回头的时候了。以"国家"为最高利益单位是一种"短见"，这种"短见"看不到整个人类数百万年的历史发展，是一种"自我中心主义"和"当下中心主义"。在"国家"利益之上永远高悬着"人类"共同利益的太阳，全世界应该联合起来，共同限制环境的过度开发。

四、学科主体性与人类学家个体主体性的言说

对于人类学家来说，内部自觉与外部自觉的主体言说，应该体现在对学科发展与个体社会责任上，这两个方面，是构成李亦园人类学思想主体性的重要组成部分。

对于学科的问题，李先生的一个核心理念是"人类学要关心人类的未来"。在徐杰舜教授对李亦园先生的访谈录《人类学要关心人类的未来》[9]中，当徐教授问及对"9·11"事件的看法时，李亦园先生指出人类学是研究族群差异的学科，学界需要在理论层面充分解释族群方面的问题，从而找到因文化差异引致的冲突、矛盾。对整个世界来讲，今天不同宗教范畴之间的冲突非常尖锐，这对人类学家来讲是一个重要的课题。他认为，人类本身属于生物群体，研究视角也应以"人类属于生物"这一点切入。他阐述了两种意义：一是认为这个"生物群体"属于同一个种族，聪明才智没有差异。二是认为人类作为生物，其群体不应该与其他生物群体存在差异，在演化、适应环境上应与其他生物群体一视同仁。李亦园先生特别指出"特化"（specialization）现象的危害性。生物在亿万年的发展过程中，最怕的一个

现象就是器官的特化。器官特化意味着生物所在环境非常特殊，生物为了适应这种特殊、不存在普遍性的变化，很容易因环境变化而无法适应，最终灭绝。人类在文明产生之后，不必再将生物本身的变化作为适应环境的途径，只需要通过文明、文化的变化来适应环境。文明与科技的发展表现出了如生物器官一般的特化现象，如过分开采石油能源就会造成能源资源枯竭，对海洋等自然水体造成污染会导致生物灭绝、周边环境恶化等。李亦园先生认为人类学家肩负着呼吁人类社会关注此问题、为人类社会解释特化现象的使命，从而为人类文明发展找到新的方向、对存在特化趋势的方面予以限制，避免人类文明对环境造成不可逆转的破坏、导致人类族群的灭绝。

关于人类学家个体主体性，李亦园先生认为，"21世纪知识分子必然要通过的一个关口"就是"对于全世界人类的理解与关怀"。在《寂寞的人类学生涯》[①]中，李亦园先生说：人类学家在不同人类文明的边缘之地奔波，冒着引来当地居民的敌视甚至是官方机构打压的风险寻根问底，就是因为有着理想信念与使命感的驱使。正如乔健先生所说，瑶族后裔寻找千家峒的执念，与人类学家寻找人类永恒本质这一答案的执念，虽然目的大相径庭，但执念本质都是相同的。人类学家为了找到解释人类普遍本质与文化差异的终极答案，忍受寂寞与困难，锲而不舍地去追求他们的理想。他们用理性与科学，去追求理想之国，所以其历程虽然寂寞，但是理想之国有一天终会来临。在《知识分子、通识教育与人类前途》[4]一文中，李先生系统地论及作为知识分子的人类学者的一种主体性责任。首先，人类拥有共同的先祖，只是在进化到现阶段后各自在不同区域发展，所以作为同宗同族的人类，在阶级、智商上并没有群体性的差异，这也是人类学为现代人类社会伦理作出的重大贡献。在此基础上，李先生再一次警醒人们要防止"特化"现象。人类虽然有了文化，但是依然不能摆脱生物进化的限制，人仍须服从自然的规律。生物太过适应环境，就出现了"特化"，一旦遇上环境改变，就可能因缺乏应变的弹性而惨遭灭绝的命运。反观人类，种种文化设施和科学发明就是一种"特化"，人类通过各类新技术对生态环境的持续性破坏，已经在根本上对自然界造成了不可逆转的破坏，也使得人类未来的发展道路日趋危险。李亦园先生告诫说：人类如果继续特化下去，很可能没有22世纪的到来！要避免人类进一步"特化"，李亦园先生认

---

① 此文为李亦园先生为乔健先生《飘泊的永恒——人类学田野调查笔记》一书所作的序言。

为维持多元化的社会文化十分关键，唯有如此，人类社会才能在环境剧变后具有一定的调整空间，有适应新环境的可能。李先生认为这是知识分子应有的责任。人类学者已经掌握了4500多种人类文化资料，保存这些文化特色是人类的责任，也是人类学家的使命。徐杰舜教授在总结李亦园先生这些观念时说这"正体现了人类学家对人类的关怀，站得很高，也看得很远"。

【参考文献】

[1] 费孝通、李亦园：《从文化反思到人的自觉——两位人类学家的聚谈》，《战略管理》1998年第6期。

[2] 李亦园：《新世纪的人文关怀》，《广西民族学院学报（哲学社会科学版）》2002年第1期。

[3] 李亦园：《21世纪人类学的关怀与祝愿》，《贵族民族学院学报》2000年第4期。

[4] 李亦园：《知识分子、通识教育与人类前途》，《中国大学教学》2007年第10期。

[5] 李亦园：《生态环境、文化理念与人类永续发展》，《广西民族学院学报（哲学社会科学版）》2004年第4期。

[6] （德）卡尔·雅斯贝尔斯，柯锦华等译：《智慧之路》，北京：中国国际广播出版社，1988年，第72页。

[7] 李亦园：《人类学本土化之我见》，《广西民族学院学报（哲学社会科学版）》1998年第3期。

[8] 李亦园：《人类的视野》，上海：上海文艺出版社，1996年，第273—275页。

[9] 徐杰舜问，李亦园答：《人类学要关心人类的未来——人类学学者访谈录之十五》，《广西民族学院学报（哲学社会科学版）》2002年第2期。

注：本文曾发表在《中南民族大学学报（人文社会科学版）》2018年第5期。

个人学术生命史与人类学学科发展
——以李亦园先生为对象

李陶红 大理大学民族文化研究院助理研究员，云南民族大学民族学博士后

韦小鹏 南京大学人类学所博士候选人，人类学高级论坛青年学术委员会副主席

【基金项目】本研究系国家社会科学基金青年项目《滇盐古道周边区域经济共生与民族融合研究》（批准号：17CMZ015）阶段性研究成果；大理大学博士科研启动费项目《危机的调适——云南白盐井盐业生产与林业生态互动》（批准号：KYBS201616）阶段性研究成果；中国博士后科学基金面上资助"西部地区博士后人才资助计划"（第63批）"明清以来滇盐开发与民族生态互动研究"阶段性研究成果；2018年云南省博士后研究资助项目"滇盐古道周边区域族际互动研究"阶段性研究成果。

2017年4月18日，我国著名的人类学家、台湾"中央研究院"李亦园先生病逝。李亦园先生的离去是一笔宝贵财富的流失，在哀思之余，我们重读李亦园先生的著作，重拾作为个体的学术生命史张力。李亦园先生是继凌纯声先生等人之后的第二代台湾人类学家，作为台湾人类学的奠基人，李先生于台湾人类学的成形、发展、转型，尤其在学科建设与人才培养方面做出突出贡献。李先生也是中国人类学的开山之人，他联系台湾与大陆的人类学学术圈，在大陆的田野调查和学术交流中共促中国人类学的发展。

李先生自青年时就对人类学心向往之，在台湾大学读完历史系二年级以后决心转读人

类学,当时冒着与奖学金失之交臂的风险。时任台湾大学校长的傅斯年专门因转专业与他交谈,交谈中问了李先生三个问题,第一个问题是为什么想转到人类学专业?李先生回答说因为兴趣使然。第二个问题是人类学需要经常做田野,是否经受得住学科的寂寞?李先生回答说自己能忍受。第三个问题是人类学作为冷门学科,将来只能从事教书和研究,且不可能作为赚钱的行业,是否能接受?李先生回答说自己就来自教书家庭,对教书或研究都很感兴趣。傅斯年校长对当时还很年轻的李亦园先生的回答很满意,连连点头,从他的态度和决心不再担心他对人类学的追求会"半途而废"。李先生自此对人类学不离不弃,热情与执着换来的不仅是自身的学术建树,更是整个人类学学科的长足发展。

基于李亦园先生的学术地位,重新把握李亦园先生的学术成长脉络,看一个学科发展的时代背景和坚守,李先生的学术生命史可以给我们答案。李先生从初学人类学将人类学作为立身之本,到打开人类学研究的新局面,背后是人类学学科成长的缩影。在李亦园先生学术成长路径的理解中,可以回到人类学学科的初衷及发展的未来,这对于人类学学人的成长是重要启发。对李先生进行"一位人类学家进行的人类学研究"(the anthropology of an anthropologist),是对一个时代人类学发展的致礼与缅怀。

从理论层面而言,以人物为主线,通过个人学术生命史的梳理,来反思一个时代、一个学科的典型,这样"以小见大"的研究方式是有效的。既有学术史的书写方式以时间为序成为共性,但从脉络的建构来看,大概有三类:第一类是从学科理论、学术思想与流派等发展为脉络;第二类是以科研机构等的设立及其活动为脉络;第三类是以学者的学术成长为脉络。一位知名学者即是一个时代也是所处学科发展的映射。以人物为主线探讨一个学科时代的发展历程,已经证明其可行性,类似的研究在反映学者学术生命史与学科发展之间的关系方面已经取得一定成效。顾定国的《中国人类学逸史》[1]是以梁钊韬为主线串联的研究。大卫·阿古什(David Arkush)的《费孝通传》[2]主要关注费孝通先生的学术经历与社会变迁的关系。《论吴文藻等"民族学中国化"学术思想》[3]《费孝通民族学术思想述略》[4]《吴泽霖民族学思想和学术生涯》[5]《中国文化的现代意义——潘光旦社会学思想研究(1922—1949)》[6]《变革社会中的人生与学术》[7]等也是这一脉的研究成果。但也难免有不足之处[8],主要陈述学者的学术经历和贡献,缺少对学者的时代背景、学科脉络等的全盘把握。

学界关于李亦园先生的学术成果研究，有综合研究类和专题研究类。综合研究类包括李菲博士专门赴台搜集整理的李亦园先生的口述史，其研究成果待出版。《论李亦园的人类学研究》主要探讨了李亦园先生的生平和治学，但论文结论部分对李亦园先生人类学学术贡献的提炼不足。[9]石峰探讨了李亦园先生人类学研究的科学与人文双重属性。[10]专题研究类有何星亮以李亦园先生的"文化三层次均衡和谐理论"为核心，探讨其文化观形成的理论背景和理论贡献，并指出其文化观的中国化特色。[11]有专门探讨李亦园先生人类学视野下的东南亚华人社会研究的学术贡献，[12]还有研究关注李亦园先生的宗教观念[13]及其对宗教的研究[14]，这些研究都将李先生的研究进行深度挖掘。笔者的研究属于综合研究类，基于李亦园先生研究成果，结合人类学的学科理念，从对李亦园先生学术生命史的把握，对李先生坚守的人类学学科初衷做出全面的思考和总结。

一、"他者"到"我者"：全观的人类学

李亦园先生生于福建，求学于台湾大学、哈佛大学，作为人类学家，田野足迹遍及台湾、大陆、东南亚及其他世界各地，实践了用脚丈量出来的人类学。李先生重视田野，从开始步入人类学研究就从未中断过田野，哪怕是在行政与教学任务较多的时候，也将学生的田野实习当作可贵的田野调查机会。甚至他将学术考察和旅游时间，也作为田野的部分来进行考察和思考。他说：

对于一个学人类学的人而言，到了异国或异文化的地区，即使是很短的期间，其实也是一次异文化经验，在某一程度上也算是田野的一种，这是因为我们对不同文化的感受特别敏感，往常一见到特别的事物，立刻就会把头脑中的"文化资料、档案资料"拉出来作比较，然后形成新的资料，并再输入脑库中，以为将来再作比较之用。[15]

李先生认为人类学的田野是寂寞单调而又乏味的，但田野又让其乐此不疲。在他看来，田野调查是一份乐趣与艰苦并存的工作，能够超越痛苦的乐趣才是最大的快乐，田野调查

的魅力即在于此。无怪一次李先生在与黄树民教授同场的田野中，黄教授显然感受到了李先生对田野的天然亲近感，对同行的人说："你们看，李老师看到田野眼睛都发亮了！"[16]，李先生这才意识到田野工作带给他的"致命吸引力"。

李先生的研究对象涉及台湾高山族、华侨社会、台湾汉族社会、华南区域的研究。最初关注台湾少数族群的研究，继而因在哈佛大学求学期间，受Cora Dubois和John Pelzel两位教授研究逸趣的启发，转而做东南亚华侨的研究。李先生的研究具有一个显著的特点，始于"他者"的研究，回归"我者"的研究，以这一主线，李先生的学术脉络大致以1962年作为研究分界点。1962年之前，主要侧重"他者"的研究。李先生的第一次田野调查是1952年在凌纯声先生、卫惠林先生的带领下做台湾花莲南势阿美人的调查研究，也正是在首次的田野调查中，凌先生感知了来自异文化研究的"文化震撼"（cultural shock）。综合此次调查结果，李先生写就《南势阿美人的部落组织》[17]，1957年发表于《台湾"中央研究院"民族学研究所集刊》上。李先生于1953年、1954年在台大任助教期间，主要从事日月潭邵人的田野调查，写了《邵人的经济生活》[18]，1957年发表于《台湾大学考古人类学刊》第9期、10期，成为李先生较为满意的早期作品。李先生于1955年到台湾"中央研究院"民族学研究所工作，当时研究所的主要目标是要对即将消失的高山族文化进行调查研究，李先生投入其中，写就《来义乡排湾人中箕模人的探究》[19]《来义乡白鹭等村排湾人的家族构成》[20]两篇论文，发表于《台湾"中央研究院"民族学研究所集刊》，成为支撑自1956年创刊的《台湾"中央研究院"民族学研究所集刊》的重要论文，作为刊登民族学、人类学专业论文的刊物，李先生的文章开创了《台湾"中央研究院"民族学研究所集刊》之期刊风格与样态，具有奠基意义，引导《台湾"中央研究院"民族学研究所集刊》的良性发展。1961年，李先生以台湾东北海岸宜兰县南澳乡的泰雅人为调查对象，前后在调查点的时间超过半年，当地人都认识Takun Li①，调查结果结集为《南澳的泰雅人——民族学田野调查与研究》[21]。李先生勤于田野，且凡到一个地方做田野，必会勤于思考，勤于笔头，将自己的所思所想以论文或书籍的形式发表。

---

① Takun是当地长老给李亦园先生起的泰雅人名字。

1962年是李先生从"他者"研究转向"我者"研究的分界岭,李先生完成南澳泰雅人的研究以后,受Dubois教授研究华侨问题的影响和身为汉文化研究专家的Pelzel教授的研究启发,李先生开始思考是否将研究对象从异文化转到自己文化来的问题。此后,李先生逐渐将研究转向东南亚华侨社会和台湾汉人社会的研究。1962年7月,受东亚学术研究规划委员会的资助,李先生到马来西亚砂劳越首府古晋市做华侨社会调查。1963年8月,李先生再度去东南亚,田野点转到马来西亚麻坡镇。1965年,李先生开始将田野的视野转到台湾本土,有意识地选择与之前调查过的马来西亚小镇方言类似的泉州厝进行比较研究,前后调查时间约10个月,调查所得的资料成为李先生探讨中国民间文化的主要基础。[22]1966年,李先生又重返马来西亚的麻坡镇,在既有研究的基础上再深化研究,写就《一个移殖的市镇——马来亚华人市镇生活的调查研究》[23]。1968年至1990年期间,李先生在忙碌于行政与教学之余,仍然会以项目研究和带学生田野实习等机会坚持田野调查。1984年李先生入职台湾清华大学前后,他主持研究的新竹市宗教寺庙计划,以"地毯式"的办法展开宗教信仰空间的调查,成为台湾民间信仰研究的重要资料。

李先生的研究具有延续性和层递性,是从"他者"的研究转向"我者"的研究,"他者"的研究不仅为"我者"研究的深度作考量,更是对全人类文化研究的包罗。对于"他者"与"我者"结合的研究,李先生谈到,"异文化与己文化的交错经验,常常激发出一些特别的思考,对我的田野研究以及文化本质的探讨实有很大益处"[24]。李先生的"他者"到"我者"的研究转换,不仅体现了个人的学术兴趣与学术觉悟,而且对于整个台湾人类学研究而言,也促成了一场人类学的华丽转型。李先生肯定地说道:

若说我对台湾人类学研究的影响就是把对其他民族的文化研究引入汉族研究,引入研究自己本身的文化。如果说对汉族的研究多少有些意义与贡献,那就是把对中国文化研究的领域拓宽了,可以说是以小传统的研究为基础,逐步地把对汉族的研究延伸到了对大传统,从下而上的研究。[25]

李先生将研究从"他者"到"我者"的转化,出于对人类学发展瓶颈的突破。人类学最初的学科源自对原始社会、部落社会的研究,而现实社会和学科生存不得不将研究明确到"复杂社会"(complex societies)的研究上来。而李先生的"台湾汉人社会""华侨社会"等的研究,无疑成为复杂社会研究的试管或实验室。[26]在作为"复杂社会"的"我者"的研究中,人类学学科在方法和目的上实现了突破。在方法方面,需要不断借鉴其他社会科学和行为科学的方法,形成多学科互为借鉴的趋势。在目的方面,面对种种复杂的现实问题,提出解决意向的应用趋势也较为明显。[27]

二、深入到浅出:大众的人类学

李亦园先生著作等身,既有解剖麻雀的微观视野,吃穿这些貌似细枝末节的生活琐碎全可进入李先生的研究视野,也有广罗宇宙的宏观视野,同时,他的生活中的细节研究也不乏宏大视野的观照和学科的思考。他的研究可以鲜明地分为两类,一类是纯学术派的研究,人类学的理论信手拈来,对人类学核心概念"文化"的系统研究形成学术反响;一类是妇孺皆知的通俗普及性读物。

纯学术的研究层面,李亦园先生对人类学的理解、研究和对未来趋向的把握,主要回归到人类学探讨的核心概念"文化"的认识,人类学学科与其他学科对文化的理解不同。同样,在人类学学科内部,亦有不同理解"文化"的声音。李先生的"文化"理解,有一根敏感神经的牵动,以全面而独到的见解在人类学理论贡献中占据重要地位。也正是李先生坚持的"文化"理解一直指导其后的理论研究,他所理解的文化是承继既有文化概念和结合本土的人类学研究做出的适合于本土研究的可操作概念。概括而言可以分为两大类别:不可观察的文化(unobservable culture)和可观察的文化(observable culture),二者的联系和区别李先生用语言的学习来做类比。"这就像平常说的话(speech)是可以听得到的,但是话要被人听懂,一定要有文法(grammar),可是文法是不可听到的,而且是下意识存在的,所以说话的人并不真正懂得自己的文法"。不可观察的文化主要是指向文化的文法,需要从人类学结构理论脉络的视角去理解。可观察的文化分为物质文化、社群文化、精神文化,此三个层次的划分基于文化的产生和运行,其实是在处理三个层面的关系:人与自然的关系、人与人的关系、人与自我的关系。人与自我的关系的处理中对应的是物质文化或科技文化，主要因克服自然并借以获得生存所需而产生，包括衣食住行所需之工具及现代科技。人与他人关系的处理中对应的是社群文化或伦理文化，主要指因社会生活而产生，包括道德伦理、社会规范、典章制度及律法等。人与自我的关系处理对应的是精神文化或表达文化，指因克服自我心中之困境而产生，包括艺术、音乐、文学、戏剧、宗教信仰等。[28]以对文化全盘和广阔的理解，李先生的人类学研究涉及诸多层面：人类学理论层面的探索、比较宗教和家庭宗教的研究、东南亚华侨的研究乃至神话的研究。

李先生所著的《修养与文化》是从人类学视野出发，为广大民众涉猎文化领域的入门读物。此书作为大众文化普及性读物，不跳脱人类学的理解框架，做了让大众都能普遍接受的技术处理，看得出李先生为将人类学学科作为国民大众必修课的努力。该书反映了李先生数十年来文化研究以及中国民间文化的两大理论架构。李先生对此书受众的定位就是"不仅可供青年学生阅读，也应该可供一般民众参考，尤其对初学社会与文化的人，也可作为一本入门的导读"[29]。

李亦园先生长期致力于大众通识教育的发展。在《知识分子、通识教育与人类前途》一文中，李亦园强调：

> 当前的世界面临很多问题：种族偏见、宗教冲突、生态破坏、环境危机、新疾病产生等，都使我们觉得人类已陷入了困境。除开枝节性的解决方式外，也应该由更宽广的立场来了解人类的问题，才能使我们跨进21世纪，迎接22世纪。有长远观点的知识分子，才是现行通识教育所要培养的全人。而这样一种全人类的观点，主要是从"人类学"出发。[30]

在全球化背景下，人类学正变得前所未有的重要，人们越来越需要人类学的知识了解彼此之间的相同与不同，了解个人与社会之间的关系。[31]在人类学越来越成为常识的一种、普通大众将理解社会与文化差异作为必备知识的今天，李亦园先生面向大众的人类学知识传播，无疑具有学科的时代意义。

三、从学术研究到社会关照：情怀的人类学

李先生将研究对象从"他者"转向"我者"的过程中，对祖国大陆的研究成为他研究的一部分。这一研究，一是因祖国大陆作为故土的情感维系，二是对大陆文化的一种学科关怀。李亦园是大陆与台湾学术的桥梁。1985年，费孝通作为祖国大陆代表团团长，李亦园作为台湾的首席代表，开创了两岸高层学者携手合作的先例。1989年以来，李先生先后30余次往返台湾与大陆之间，足迹遍及很多省份和城市，以既是观察研究者又是文化参与者的双重身份留下很多颇具深味的研究。在这些研究中，李亦园先生以浓烈的家国情怀心系故乡，将对故乡的情感转化为对故乡文化的挖掘，李先生对"泉州学"的确立、构建和发展做出了重要贡献[32]。李先生的泉州研究成果汇集为《李亦园与泉州学》[33]，成为他"泉州学"研究成果的一次汇总。

李先生的诸多研究议题都关乎当下社会发展动态，在研究过程中，他从学科特性出发给出社会现象与问题的学科理解。他发掘在以西方为代表的"法治"文化与中国为代表的"人治"文化发生碰撞时中国"孝"的现代意义。认为作为传统伦理的"孝"可以在当下社会中延续，以发扬自身文化的精髓。同样，以"孝"为核心的传统伦理，在扩充和修正的基础上一样可以适应当下社会的发展。他特别将群己的伦理、两性伦理、教育伦理、消费者伦理、知识伦理为当下的伦理建设提出期许。[34]李先生专门谈到现代企业中国传统元素的继承与运用，以解除一些研究认为中国重视"关系"、重视"人情"的关系社会会将企业搞垮的担忧。相反，以家族为单位建立起来的企业，其管理和经营吸取传统儒家的精神，实际上有利于现代经济成长的成分，重要的是需要思考如何真正运用以契合现代企业之所需。[35]当面对外国人问"你们中国人信什么教"时，李先生进行全观性的回答，"我国传统的宗教信仰是一种复杂的混合体，其间固以佛道的教义为重要成分，但却包括佛道以外的仪式成分，例如民间信仰中的祖宗崇拜及其仪式"[36]。他以学科使命感和国民责任感的担当回答这一问题，也重释了外国人眼中的中国宗教信仰。对全球化进程中的中国文化出路，李先生尝试给出人类学的解答方案，具体从Man makes himself与人为万物之灵、文化本质的人类学检讨、连续与断裂的文化理念、宗教信仰的包容与排斥四个方面来做出回应[37]，彰显一个研究者包罗

当下社会进程的敏锐和气度。

　　李亦园先生专门为学生开设了应用人类学课程,成为中国专门开设应用人类学的第一人。李先生较为关注应用人类学研究,试图以应用人类学分支将人类学研究转化为可以为社会助力的途径。1982年,李先生受台湾省民政厅的委托,进行"山地行政政策的评估"项目,在此次应用人类学项目中,李先生和团队用脚丈量了高山族居住的30多个"山地乡"。调研成果汇聚为《山地行政政策之研究与评估报告》,此报告对台湾高山族治理政策与高山族自身产生了很大的影响。

　　人类学作为一门富有人类情怀的学科,其学科的产生是为了全观人的完整性而不断奋斗的结果,对人的整体性探究的初衷是学科的活力所在。人类学作为在更高层面思考人类整体命运的学科,对游走于文化之网中的个体及由个体组成的人类关怀成为人类学的学科情怀。[38]李先生将人类学作为情怀的学科进行培育,其思想主要集中体现在《新世纪的人文关怀》一文中,李先生强调人文情怀是应对处理战争频仍、族群相互敌视、社会动荡不安、生态环境饱受破坏的最重要策略。他还将人文情怀细化为他人的关怀、民主的关怀、文化的关怀和全人类的关怀四个方面来阐释。[39]李先生作为知名人类学家,在国际人类学界也享有声誉,他有生之年曾任台湾"中央研究院"院士,代表人类学学科的高级逸旨。在学术兼职中,他任人类学高级论坛首席顾问,人类学高级论坛迄今已成功举办16届。

四、从专业到交叉:理论的人类学

　　与李先生同时代的人类学家,都受过完整的四门课业的训练,严格秉承美国式的人类学课程设置。李先生在台湾大学考古人类学系求学期间,接受了考古学、文化人类学(民族学)、体质人类学、语言人类学四门课程全面和系统的学科训练。李先生深受当时学术名师的熏陶,考古学专家董作宾、李济,文化人类学研究专家凌纯声、芮逸夫、卫惠林,都是他的老师。

　　在人类学的学术之路上,李先生强调学科间的互鉴——科际整合(interdisplinary integration),即"在研究任何社会与行为现象时,应尽量同时采用不同学科的概念、理论及方法,并在探讨过程中加以统整或综合"[40]。科际整合的尝试是李先生留学哈佛期间受哈佛人类学系主任克莱德·克拉孔（Clyde Kluckhohn）教授的影响，当时，克拉孔教授主要热衷于社会学、心理学和人类学的整合工作。科际整合的学科努力方向也与李先生对人类学的学科定位相符合，在李先生看来，人类学既包括社会科学的成分，也有人文科学的成分。人类学的研究不应仅仅囿于狭窄的范围，对人整体性的研究应从生物指向和文化指向来把握，才没有偏离人类学学科对人研究的初衷。这样的认识在李先生同时代的研究中是比较超前的，引起一些研究者的置疑。陈奇禄教授对李先生的观点持否定态度，强调人类学是人文学科，不是社会科学。承担着质疑、风险与诟病，李先生勇做孤独的舞者，努力尝试开创人类学科际整合的路子。

李先生主编的《中国人的性格》成为科际整合的尝试，此书以不同学科的互鉴交流为探讨的策略，汇集了社会学、心理学、人类学、精神医学、史学、哲学等学科学者，从他们各自学科本位出发探讨中国国民性，成为一种研究中国人性格的新方向和新特色。此书在出版后收到良好效果，三年之内再版三次。此外，李先生在台湾"中央研究院"主持"文化、气与传统医学"的科际整合综合研究项目，项目召集人类学家、心理学家、经学家、舞蹈家、医学研究者等，试图从不同学科对"气"在中国文化中的复杂关系作出本土化的科学认知研究。

从专业到交叉的学科发展路径上，如何做到人类学研究的本土化，成为学科科际整合的诉求。关于"气"的研究课题，其多学科视野下"文化取向"与"科学取向"的综合研究，跳出了单一学科的画地为牢，在多学科的对话间来寻求"气"的本土化解释，获得本土化的话语权力。在此研究课题中，证言了本土化的研究价值和本土化研究与西方学术话语的"另类"方面。李先生在此课题的研究中总结到：

因此这一研究设计就是企图同时用西方的"科学"方法与传统中国内在经验的方法来证明一项重要的命题，那就是西方科学方法是认知"真实"的方法之一，却非唯一的方法，中国传统个人内在经验或体验，也不失是一种认知真实的"另类科学"。[41]

李先生用实际研究来验证中国本土研究的可行性和必要性，在中国人类学本土化探索过程中做了开拓性工作。

余 论

笔者围绕李亦园先生的学术成长史为叙述的脉络，是有意将个人学术生命史置于时代学科背景下考量。李亦园先生作为台湾人类学发展的奠基人，其个体学术生命史成了一个时代人类学学科的缩影与升华。李亦园先生学术生命史的历程，也是人类学学科的坚守与创造的过程。人类学历经百年发展，学科的变与不变议题，李亦园先生用自己的学术生命史给出了答案。具体来讲，李亦园先生给人类学学科发展的启示有以下几点。

一是从"他者"与"我者"研究的结合实现全观的人类学研究。人类学发起于对"他者"的研究，甚至"他者"的研究已经成为人类学区别于社会学等学科研究的标签。然而，在全球化背景下，人类学从单纯的"他者"研究，走向了"我者"研究的实践，这是对社会变化与学科发展的要求。"他者"的研究与"我者"研究的并行不悖，是人类学学科实现对人类整体性认知的全观人类学的实践。

二是人类学学科作为从深入到浅出的大众人类学的培育。人类学学科的发展，不仅是特定研究者关注的学科对象，同时也应该作为深入到大众的通识教育，而作为人类学的普及需要人类学学人的努力。作为大众的人类学学科，应致力于消除文化偏见、宗教冲突、种族歧视等问题，将人类文化的相对性、整体性等理念植根于大众观念中，培育面向全人类的大众人类学。

三是对学术研究与社会观照紧密联系的情怀人类学的维护。人类学作为富有情怀的学科，致力于对作为文化意义上的人的关注。作为学者身份的情怀人类学的实践，应努力将学术研究与社会生活紧密联系起来，让学术研究始终服务于社会。同时，情怀人类学应该在坚守学科的初衷和学科发展方面有所建树。

四是将人类学专业与交叉学科的结合作为理论人类学的坚持。每个学科有与其他学科不同的专业理念与认知。在人类学学科发展历程中，专业是学科的本位，在此基础上，还需要学科的互鉴与交流。一方面坚持本位不动摇，另一方面在科际整合的过程中实现学科的长足发展。

【参考文献】

[1] (美) 顾定国著, 胡鸿保、周燕译: 《中国人类学逸史——从马林诺斯基到莫斯科到毛泽东》, 北京: 社会科学文献出版社, 2000年。

[2] (美) 大卫·阿古什著, 董天民译: 《费孝通传》, 郑州: 河南人民出版社, 2006年。

[3] 金天明、龙平平: 《论吴文藻的"民族学中国化"学术思想》, 《中央民族学院学报》1986年第2期。

[4] 徐平: 《费孝通民族学术思想述略》, 《东亚社会研究》, 北京: 北京大学出版社, 1993年。

[5] 王建民: 《吴泽霖民族学思想和学术生涯》, 《民族教育研究》1994年第2期。

[6] 吕文浩: 《中国文化的现代意义——潘光旦社会学思想研究 (1922—1949) 》, 北京: 北京大学博士学位论文, 2003年。

[7] 李绍明口述, 伍婷婷记录整理: 《变革社会中的人生与学术》, 北京: 世界图书出版公司, 2009年。

[8] 施琳主编: 《当代中国著名民族学家: 百人小传》, 北京: 中央民族大学出版社, 2006年。

[9] 王丽: 《论李亦园的人类学研究》, 上海: 华东师范大学硕士学位论文, 2015年。

[10] 石峰: 《论李亦园人类学研究的二重倾向》, 《中央民族大学学报》2000年第4期。

[11] 何星亮: 《李亦园的文化观和文化理论》, 《广西民族学院学报 (哲学社会科学版) 》1999年第3期。

[12] 曾玲: 《李亦园教授与东南亚华人研究: 人类学的视野与方法》, 《华侨华人历史研究》2004年第1期。

[13] 徐义强: 《李亦园宗教文化观述评》, 《世界宗教文化》2011年第3期。

[14] 如静: 《当代台湾人类学宗教研究的二位典范学者: 刘枝万和李亦园的研究特色及其方法学的相关检讨》, 《世界宗教文化》2013年第3期。

[15][16][22][24] 李亦园: 《李亦园自选集》, 上海: 上海教育出版社, 2002年。

[17] 李亦园: 《南势阿美人的部落组织》, 《台湾"中央研究院"民族学研究所集刊》1957年第4期。

[18] 李亦园: 《邵人的经济生活》, 《台湾大学考古人类学刊》1957年第9、10期。

[19] 李亦园：《来义乡排湾人中箕模人的探究》，《台湾"中央研究院"民族学研究所集刊》1956年第1期。

[20] 李亦园：《来义乡白鹭等村排湾人的家族构成》，《民族学研究所集刊》1956年第2期。

[21] 李亦园等：《南澳的泰雅人——民族学田野调查与研究》，台北：台湾"中央研究院"民族学研究所，1963年。

[23] 李亦园：《一个移殖的市镇：马来亚华人市镇生活的调查研究》，台北：台湾"中央研究院"民族学研究所，1970年。

[25] 徐杰舜问，李亦园答：《人类学要关心人类的未来——人类学学者访谈录之十五》，《广西民族学院学报（哲学社会科学版）》2002年第2期。

[26] 李亦园：《东南亚华侨的本土运动》，《思与言》1966年第6期。

[27] 李亦园：《十六年来的民族学研究所》，《民族学研究所集刊》1971年第31期。

[28][29][34][35][36][37] 李亦园：《修养与文化》，北京：九州出版社，2013年。

[30] 李亦园：《知识分子、通识教育与人类学前途》，《中国大学教学》2007年第10期；尚玉卿编：《百年大学讲演录》，北京：中国友谊出版公司，2008年，第238页。

[31] （法）郭德烈（Godelier）著，陈晋编译：《人类学：一门拥有未来的社会科学》，《民族研究》2012年第1期。

[32] 李亦园：《赤子心，大师梦，故园情深难再见》，《泉州商报》，2017年4月24日，第35版。

[33] 李少园、林少川：《李亦园与泉州学》，北京：九州出版社，2012年。

[38] 岳天明：《人类学的学科价值和情怀》，《中国社会科学报》，2016年12月14日，第6版。

[39] 李亦园：《新世纪的人文关怀》，《广西民族学院学报（哲学社会科学版）》2002年第1期。

[40] 李亦园，杨国枢编：《中国人的性格》，南京：江苏教育出版社，2006年。

[41] 李亦园：《人类学研究本土化在中国》序，《李亦园自选集》，上海：上海教育出版社，2002年，第452页。

注：本文曾发表在《青海民族研究》2018年第3期。

从华人社会看中国与从中国看汉人社会
——李亦园先生汉人社会研究述论

徐杰舜 广西民族大学教授、博士生导师,人类学高级论坛顾问、学术委员会名誉主席

李亦园先生无疑是当代闪耀在海峡两岸的人类学巨星,他既是中国人类学的自豪,也是国际人类学永恒的骄傲。这是因为他的研究对象是世界上唯一历史延绵五六千年而从未中断、人口数量第一、文化又呈现出无比多样的汉民族。在李先生的学术生涯中,既从华人社会看中国,又从中国看汉人社会。这内外的结合,极大地丰富和发展了人类学的理论和方法。笔者以"从华人社会看中国与从中国看汉人社会"为题,对李先生的汉人社会研究做一述评,以纪念李先生逝世一周年。

一、李亦园先生走进汉人社会研究

在中国学术发展史上,对被称为"汉人"的汉民族,在人类学的视野中被称为"汉人社会研究"[1],也有人称为"汉学人类学"[2]。

---

[1] 杨春宇、胡鸿保:《弗里德曼及其汉人社会的人类学研究——兼评〈中国东南的宗族组织〉》,《开放时代》2001年第11期;马威:《台湾人类学的汉人社会研究》,《中南民族大学学报(人文社会科学版)》2007年第4期;罗彩娟:《宗族与汉人社会——弗里德曼的中国宗族理论管窥》,《北方民族大学学报》2008年第1期;黄淑娉、孙庆忠:《人类学汉人社会研究:学术传统与研究进路——黄淑娉教授访谈录》,《中国农业大学学报(社会科学版)》2009年第1期;黄剑波:《在乡村发现中国——汉人社会研究札记》,《中国农业大学学报(社会科学版)》2010年第4期;石峰:《论人类学家艾尧仁的"传统汉人社会"研究》,《西南民族大学学报(人文社科版)》2013年第11期。
[2] 黄向春:《"流动的他者"与汉学人类学的"历史感"》,《学术月刊》2013年第1期。

与许多人类学家一样，李先生也是从异文化研究进入人类学领域的。据李先生记述，他曾先后在阿美人、邵人、排湾人和泰雅人中做过田野考察和研究。

第一次到阿美人中进行田野考察，李先生说：

我的真正第一次田野调查，是1952年寒假，随凌纯声、卫惠林两位教授去花莲做南势阿美族的研究……所谓南势阿美就是阿美族居住于花莲市区南郊的族群，主要包括豆兰、里漏与薄薄三个大社。我们在这三社中做了近三个星期的调查实习，那种第一次感受到的"文化震撼"（cultural shock），至今记忆犹存。……这一次调查的结果，我曾写就《南势阿美族的部落组织》一文，发表在《民族学研究所集刊》第4期（1957）。①

此后，李先生说：

自己参加的另一次田野是在1958年春天的中部阿美族马太安社的调查，只做了初步的研究工作，后来因为那年的夏天就去美国哈佛大学就读，调查工作改由其他同仁继续进行，一直到1960年我回国后，才又把各人的资料汇编成《马太安阿美族的物质文化》一书，出版为民族学研究所专刊之甲种2。②

第二次到邵人族群中进行田野考察，李先生说：

在台大当助教的两年期间，除去协助老师们的教学之外，最主要的田野工作是参加陈奇禄教授所主持的日月潭邵族调查。邵族是居于日月潭南畔的一个小族，在我们调查之时，实际上只有一个部落，人数三百人左右……这也是一次很难得的调查，在村落中我们几乎每一个村民都熟识，谈起来都能如数家珍似的把他们的三代都说出来。也就是在这一次调查中我们确定邵族既不能归为布农族，也不能认为是邹族，应该是独立的一族，而其地位应属于汉化程度较浅的高山族，而

---

① 李亦园：《田野图像——我的人类学研究生涯》，济南：山东画报出版社，1999年，第9—10页。
② 李亦园：《田野图像——我的人类学研究生涯》，济南：山东画报出版社，1999年，第16页。

非汉化较深的平埔族。我自己在这次调查中负担邵族人经济生活的研究，范围包括他们的传统打渔农耕生活，以及现代的观光表演收入等，其结果整理写成《邵族的经济生活》一文，发表于《台大考古人类学刊》第九、十期（一九五七年），这是我自己较满意的一篇早期的作品。①

第三次到排湾人中进行田野考察，李先生说：

在民族所的第一次田野调查是于1955年12月至次年的1月间，在台湾屏东县来义乡排湾族中进行的。……这一次的田野工作，我们大半留在来义乡的主村来义村，大约停留五个多星期，与村中的几个头目家很有互动，建立了很好的关系。排湾族是一个有贵族制度的族群，与他们的头目贵族熟识之后，研究工作就较容易展开了。这一次的调查我自己主要的工作是探寻该村中较独特传统的所谓"箕模人"的文化，后来写成《来义乡排湾族中箕模人的探究》一文，发表于《民族学研究所集刊》创刊号（1956），另外也写成《来义乡白鹭等村排湾族的家族构成》论文，发表于《集刊》第二期。②

第四次到泰雅人中进行田野考察，李先生说：

我从哈佛回国后，第一次田野调查计划是研究台湾东北海岸宜兰县南澳乡的泰雅族。这是民族学研究所的一项集体计划，有多位同仁参加，同时也有台大人类学系的学生参与，所以也有一种田野训练的意义。计划由我担任总主持人，协调各参加者的工作。南澳乡的范围很大，大半的村落都在距海岸不远，在当时只有一个称是金洋的村落仍居留在高山上，我们在海边各村落先做了一段期间的研究后，但觉得金洋村保存原有文化最多，应该做较长久的调查。所以我与同事石磊先生就于1961年2月至3月，1962年2月至3月前后两次进入金洋山区去进行调查。……这是我在台湾高山族中做田野时跋涉最长最辛苦的一次田野，而金洋孤处深山，生活条件很差，食物补给不易，常有挨饿的时候，但是却也因此与村民的日常生活最接近，最能体会他们的想法，所以得到的

---

① 李亦园：《田野图像——我的人类学研究生涯》，济南：山东画报出版社，1999年，第12—15页。
② 李亦园：《田野图像——我的人类学研究生涯》，济南：山东画报出版社，1999年，第15—16页。

资料也最宝贵。……南澳调查的资料后来由我主纂编成《南澳的泰雅人——民族学田野调查与研究》上、下两册,出版为台湾"中研院"民族所专刊之甲种5及6(1963—1964)。①

异文化研究正在风头上的李先生,为什么会转向汉人社会研究呢?究其学术背景,一是人类学从研究原始社会向研究现代社会国际转向使然,二是受西方学者入台研究汉人社会示范的启发,三是受台湾汉人社会研究热潮席卷的结果,四是在哈佛访学时受导师的影响而致。

20世纪30—40年代,国际人类学正处在从研究原始社会向研究现代社会转向的时期。这个转向是由到英国留学的费孝通先生的博士论文《江村经济——中国农民的生活》撬动的。费先生的导师马林诺斯基在给《江村经济——中国农民的生活》写的序言中明言了这个撬动的伟大意义和价值,他不惜笔墨地说道:

我们中间绝大多数向前看的人类学者,对我们自己的工作感到不耐烦,我们厌烦它的好古、猎奇和不切实际,虽然这也许是表面上的,实际并不如此。但我的自白无疑是真实的,我说过"人类学,至少对我来说是对我们过分标准化的文化的一种罗曼蒂克式的逃避"。

然而补救办法近在咫尺,如果允许我再引述我的一些其他看法的话,我认为"那面向人类社会、人类行为和人类本性的真正有效的科学分析的人类学,它的进程是不可阻挡的"。为达到这一目的,研究人的科学必须首先离开对所谓未开化状态的研究,而应该进入对世界上为数众多的、在经济和政治上占重要地位的民族的较先进文化的研究。②

在此,马林诺斯基非常明确地指出了从研究原始社会向研究现代社会的人类学转向的必然性,所以他高度称赞说:

我敢于预言费孝通博士的《中国农民的生活》(又名《江村经济》——译注)一书将被认为

---

① 李亦园:《田野图像——我的人类学研究生涯》,济南:山东画报出版社,1999年,第21—23页。
② 费孝通:《江村经济——中国农民的生活》,北京:商务印书馆,2001年,第15页。

是人类学实地调查和理论工作发展中的一个里程碑。此书有一些杰出的优点，每一点都标志着一个新的发展。本书让我们注意的并不是一个小小的微不足道的部落，而是世界上一个最伟大的国家。作者并不是一个外来人，在异国的土地上猎奇而写作的；本书的内容包含着一个公民对自己的人民进行观察的结果。这是一个土生土长的人在本乡人民中间进行工作的成果。如果说人贵有自知之明的话，那么，一个民族研究自己民族的人类学当然是最艰巨的，同样，这也是一个实地调查工作者的最珍贵的成就。①

正因为费先生的《江村经济——中国农民的生活》成了人类学这个大拐点的里程碑，所以马林诺斯基和布朗都曾对人类学的中国研究寄予过厚望，认为在对一个历史悠久、历史文献浩如烟海的文明的研究中，人类学可以实现从对原始社会考察转到对文明社会的考察这一转向，进而带给这一学科新的生机②。无疑，这个学术转向必然会大大地影响包括李先生在内的国内外人类学家的学术方向，此其一。

其二，是受西方学者入台研究汉人社会示范的启发。在国际人类学转向的学术潮流中，西方许多人类学家把目光投向了中国，投向了世界上体量最大的汉民族。于是，从20世纪50年代开始，台湾就成为西方研究汉人社会的学者向往的地方。据张海洋先生了解，许多著名的人类学家，包括英国剑桥大学的斐利文（Maurice Freedman）、美国哥伦比亚大学的傅瑞德（Morton Fried）和孔迈隆（Myron Cohen）、斯坦福大学的施坚雅（William Skinner）和武雅士（Arthur Wolf）、密执安州立大学的伯纳特·格伦（Bernard Gallin）和戴瑙玛（Norma Diamond）、纽约市立大学的巴博德（Burton Pasternak），以及稍晚的葛希芝（Hill Gates）和郝瑞（Steven Harrell），都在台湾做过调查或合作研究③。而据庄英章先生讲，到20世纪80年代，"到台湾从事汉人社会研究的国外人类学者，至今不下四五十位"④。大批有汉学背景的

---

① （英）马林诺斯基：《江村经济——中国农民的生活》序，费孝通：《江村经济——中国农民的生活》，北京：商务印书馆，2001年，第13页。
② 杨春宇、胡鸿保：《弗里德曼及其汉人社会的人类学研究——兼评〈中国东南的宗族组织〉》，《开放时代》2001年第11期。
③ 张海洋：《1949年以来的台湾民族学（中）》，《广西民族研究》1999年第3期。
④ 庄英章：《谈人类学家的台湾汉人社会研究》，张炎宪编：《历史文化与台湾》，台北：台湾风物杂志社，1988年，第417页；张海洋：《1949年以来的台湾民族学（中）》，《广西民族研究》1999年第3期。

西方人类学家带着人类学的新理论和研究经费进入台湾，对台湾人类学界产生了巨大的示范效应。

其三，是受台湾汉人社会研究热潮冲击的结果。据马威《台湾人类学的汉人社会研究》[①]记述：1965年，由台湾大学人类学系与历史系合办，哈佛燕京学社赞助的台湾云南研讨会，针对台湾汉人历史研究中的方法、题材等方面召开了七次研讨会[②]，致使越来越多的学者把研究重点从台湾少数民族转向汉人社会，由此掀起了汉人社会研究的热潮。

众所周知，1965年以前，《民族学研究所集刊》基本没有汉人社会文化研究方面的文章。1965—1982年，关于汉人社会研究的文章有46篇之多，关于汉人社会的民族志专著也陆续出现，如王崧兴的《龟山岛：汉人渔村社会之研究》(1967)被评价为"当时中国学者最早的一本有关台湾汉人社会的'科学'民族志报告"[③]。越来越多的研究者把工作重点从台湾少数民族转向当地汉人社会。在这个热潮中，陆续实施了三个集体研究计划，一是台湾农村社会发展，进行了花坛乡、九如乡、竹山乡的调查；二是台湾北部地区社会文化变迁，调查了万华、关渡、大溪、龟山四个社区；三是浊水大肚溪计划(后简称浊大计划)，其中最有价值的是在台湾汉人社会研究上具有关键性地位的浊大计划，正如李先生所言："台湾人类学界在这段时期的工作，在研究对象上从高山族的研究转入汉族社会文化的研究，也就是从研究异文化进而探讨自己的文化。"[④]这段话道出了台湾汉人社会研究的热潮，正是对费先生《江村经济——中国农民的生活》所撬动的国际人类学从研究原始社会向研究现代社会转向的回应。在这个热潮中，台湾出版了一大批有关汉人社会研究的著作和论文。[⑤]台湾汉人社会研究的滚滚热潮，势必会冲击李先生的学术方向。

其四，是在哈佛访学时受导师的影响而致。对此，李先生的自述说得很清楚。他说：

[①] 马威：《台湾人类学的汉人社会研究》，《中南民族大学学报(人文社会科学版)》2007年第4期。
[②] 张海洋：《1949年以来的台湾民族学(中)》，《广西民族研究》1999年第3期。
[③] 黄应贵：《王崧兴先生的学术研究》，黄应贵、叶春荣主编：《从周边看汉人的社会与文化：王崧兴先生纪念论文集》，台北：台湾"中央研究院"民族学研究所，1997，第235—258页。
[④] 李亦园：《民族志学与社会人类学：台湾人类学研究与发展的若干趋势》，台湾《清华学报》1993年第4期。
[⑤] 张海洋：《1949年以来的台湾民族学(中)》，《广西民族研究》1999年第3期。

做完南澳泰雅族研究之后，我开始认真思考是否应该把研究的目标从异文化转到自己的文化来的问题。前面说到我在哈佛读书的时候，接触最多的Dubois教授很注重华侨问题的研究，而导师Pelzel先生则是汉文化研究专家，因受他们的影响，我在学校时就已兴起研究自己汉族文化的念头，常以费孝通先生的《江村经济》和田汝康先生的《砂劳越华侨》等著作为范本而作思考。所以我在1962年春天就开始规划如何着手于东南亚华侨社会以及台湾汉人社会文化的研究工作。①

李先生在上述四种学术力量的引领、冲击、示范和推动下，水到渠成地走进了汉人社会研究的学术领域。

二、李亦园先生从华人社会看中国

一个学者的研究历程有一个变化和发展的过程。李先生1998年在广西大学发表《台湾汉民族研究的回顾与前瞻》的讲演时说道：

这样的领域的发展，我们也有从"汉族"进入到"华人"，从"华人"进入到"华侨"，或者是从"汉族"进到"华侨"，从"华侨"进到"华人"。我自己在台湾乡下做了一年研究之后，又跑到马来亚，在马来亚半岛的南边一个小镇里住了9个月的时间，做了另外一次汉族的研究，企图把不同地区，尤其是在国土之外的华人的研究汇集在一起，使汉族的研究范围更拓宽。……那里研究华侨、华人的情形，很有趣，那也是汉族研究的一部分。②

可见，在汉人社会研究中，李先生走的是先从海外华人社会看中国的路线。他回忆说：

我在1962年春天就开始规划如何着手于东南亚华侨社会以及台湾汉人社会文化的研究工

---

① 李亦园：《田野图像——我的人类学研究生涯》，济南：山东画报出版社，1999年，第23页。
② 李亦园：《台湾汉民族研究的回顾与前瞻》，《广西大学学报（哲学社会科学版）》1998年第6期。

作。1962年7月,我幸运地得到母校哈佛燕京学社支持的"东亚学术研究规划委员会"的补助,首途去砂劳越的首府古晋市做华侨社会的田野调查。……我在砂劳越做了五个星期的研究,其中在首府古晋市住得最久,约二十天,然后去诗巫住了一个多星期,又溯拉让河而上,到了小镇加帛及其附近。我的这趟砂劳越之旅原本也只是做一个前驱的调查,做了一个多月的探访之后,发觉田汝康先生做古晋的研究已很好,所以我自己比较偏向于做诗巫的研究,因为当地的福州裔华侨社群有很浓的方言群特色,但又因不懂福州方言而有犹豫不决之心,乃想到不妨到马来亚半岛再看看,也许可找到更合适做长期调查的地点。

……

1963年8月,我再度出国去东南亚,这一次是去马来亚的麻坡镇,一个柔佛州海边的小型镇集,去住了一个多月做初步调查,发现那是一个比较合适我做长期田野工作的地方,他们的方言是我的母语闽南语,我有一家亲戚住在该镇,镇上的华侨领袖们都与我的亲戚熟识,较易于发展初步的关系。我在一个月间的努力,已建立相当好的关系网络,所以我后来就决定放弃砂劳越的诗巫做调查的对象,改以麻坡为目标。不过我仍以一个多月在砂劳越初步调查的资料,写成一篇英文的论文[1],最后发表在庆祝我的老师李济先生的七十岁论文集里(1965)。[2]

在此基础上,1965年,李先生相继发表了《马来亚华人社会的社团组织与领袖形态》《东南亚诸国现代化的若干问题》等论文,这些成果被视为台湾东南亚华人研究的起点。1970年,其在麻坡镇进行田野工作的成果,第一本以中文发表的东南亚华人研究专著《一个移殖的市镇——马来亚华人市镇生活的调查研究》出版。此书是一部典型的民族志报告,内容涉及当地华人的政治、经济、社会、文化生活等领域,是海外民族志研究范式的滥觞,奠定了李先生在东南亚华人研究领域的学术地位。[3]

那么,李先生从华人社会是如何看中国文化的呢?

---

[1] 即 *The Dynamics of Dialect Groups among the Chinese in Sarawak*。
[2] 李亦园:《田野图像——我的人类学研究生涯》,济南:山东画报出版社,1999年,第23—26页。
[3] 曾玲:《李亦园教授与东南亚华人研究:人类学的视野与方法》,《华侨华人历史研究》2004年第1期。

李先生曾在《东南亚华侨的本土运动》一文中对自己进行海外华人研究做过一番阐释：

对研究文化人类学的人而言，中国文化是人类文化中"重要"而又"奇特"的文化；"重要"和"奇特"的意义并不仅指它具有五千年的记载历史和三十五万年的史前历史，也不仅指它代表全人类五分之一以上人民所共有的文化，同时是因为中国文化在许多不同的处境下提供不少的试验体——华侨社会，以供比较研究。从文化人类学的观点看，世界各地的华侨社会简直都是"中国文化试管"，这些试管都或多或少提供中国文化在若干新"变项"下的"函数关系"，因而使研究中国文化的人更能深入地了解其属性，这种"自备""文化试验场"的文化，显然是绝无仅有的。[1]

并总结云：

不同的外在压力和不同的时代，均可能产生不同的反应，这些不同的外在压力和不同的时代因素，便是华侨社会与中国文化主流相异的变数，详细比较这些变异，将是研究中国文化和它的海外试验场的人所乐于从事的。[2]

从表述中可以看到，李先生从华人社会看中国，对海外华人"试验场"的研究，又回到了中国文化的大框架下来，在这里完成了一次漂亮的转身。正如曹雨先生所言："先生的海外华人研究的意义，也正在于为中国文化研究提供了比较控制群意义上的不同变量下的对观参数。"[3]

32年后，李先生在北京2002年海外华人研究国际研讨会上做小结时明确地表述：

以我的论文中所提到的把海外华人看作是中国文化（汉文化）的实验室来看，把纯汉人文化的群体与多少受汉文化影响的群体在海外适应情况作比较，就很像两个实验体在作比较，其差

---

[1] 李亦园：《东南亚华侨的本土运动》，《李亦园自选集》，上海：上海教育出版社，2002年，第135页。
[2] 李亦园：《东南亚华侨的本土运动》，《李亦园自选集》，上海：上海教育出版社，2002年，第147页。
[3] 曹雨：《李亦园先生的海外华人研究述评》，《广西民族大学学报（哲学社会科学版）》2017年第5期。

异情况应是很难得的适应变迁现象,可以提供了解汉文化及少数民族文化的本质。

无论如何,在背景因素上最重要的还是我们研究的主要对象,就是华人自己。也就是以中国文化为背景资料的部分还是最重要的一个层次。那么,这个层次我觉得能够大家合理地配合在一起加以重新给予意义的思考,也是非常重要。昨天王赓武教授谈到的,我觉得他比较赞成用文化的立场来看华人的问题。我自己的想法也认为华人的文化是一个对自己的主要的研究对象,大家都具有华人文化的背景,到了各个不同的环境底下,去看它怎样地变迁,这就是用社会科学所持的实验态度来看问题。[1]

在此,李先生对从华人社会如何看中国的问题讲得非常明晰,简言之,从华人社会看中国就是要看中国文化,不仅看中国文化在不同环境下的变迁,还要看中国文化对当地会产生什么作用。这应该是李先生研究华人社会看中国的意义所在。确实,在研究目的上,李先生把海外华人当作中国文化的实验室来看待,但与其他以"文化调适"论考察研究东南亚华人的人类学者相比,他在研究过程中更强调华人在不同环境下所显示的适应形态的全面性研究[2]。正如李先生在2002年所言:

在台湾,人类学家的研究,也有相当进展的地方,就是追求汉族最基本的文化特质。为什么会一直成为一族,不但成为一族,而且还有很多海外的移民(华侨、华人),他们完全成了别的国家的公民了,但他们还是汉族。这些汉族在不同的环境之下,怎样保存他们共同的文化特质,又怎样去适应不同的环境。这在别的民族当中,除了犹太人之外很少有这样的例子。不但在国内很多,在海外也很多。在海外还维持汉族的特质,这在文化比较上的意义就不一样了。[3]

因此,在全球化的今天,在有太阳的地方就有华人的格局中,在构建人类命运共同体的

---

[1] 李亦园:《关于海外华人研究若干问题的思考——在2002年海外华人研究国际研讨会的小结》,《广西民族学院学报(哲学社会科学版)》2003年第1期。
[2] 曾玲:《李亦园教授与东南亚华人研究:人类学的视野与方法》,《华侨华人历史研究》2004年第1期。
[3] 李亦园:《二十一世纪中国人类学的关怀与祝愿》,《贵州民族学院学报(哲学社会科学版)》2000年第4期。

理念下，李先生从华人社会看中国学术思想的价值显得弥足珍贵。

三、李亦园先生从中国看汉人社会

从中国看汉人社会的研究是李先生倾力经营的学术之"园"。所谓从中国看汉人社会就是从中国文化看汉人社会，或者说是在中国文化的视阈中去看汉人社会。了解李先生田野工作史的学者都知道，他从中国看汉人社会的研究是从考察泉州厝开始的。他在《我的人类学研究生涯》中回忆道：

而我自己也觉得假如能先有一段在台湾农村的研究经验，再去华侨社会工作，也许在理论上是更合适的，因为在那时代我们都受台大的另一位老师陈绍馨教授的影响，喜欢把台湾的汉人社会和海外的华人社会看做是传统中国社会的实验室或实验试管一样，可以作为相互比较的对象……

我在台湾选择田野地点时，就特别注意要选择一个与马来亚那个小镇在方言性质上相近的地方，后来我们选择了彰化海边的一个村落，距离鹿港镇不远的水尾泉州厝。我于1964年9月，由我当时的研究助理陈中民君（他后来成为美国俄亥俄州立大学人类学系主任）陪同前往泉州厝村内，从9月到翌年的4月，先后在村内住了八个月，后来又再回去补充调查近二个月，所以全部做研究的时间约十个月，那是最愉快的一次田野工作，而所得资料与经验也一直是后来我探讨中国民间文化的主要基础。

……我在泉州厝做研究时，因为特别注意他们的宗教活动，所以跟村庙中的一个神媒群很熟识，后来也结为好朋友，到现在第二代的子女们还有往来。因为跟这些称为"童乩"的神媒们接触最多，资料所得也最丰富，所以后来我发表的论文有很多是属于这方面的研究；事实上，我研究生涯中民间宗教信仰成为最重要的一个领域，即是从此时开始的。[①]

---

① 李亦园：《田野图像——我的人类学研究生涯》，济南：山东画报出版社，1999年，第26—28页。

确实，李先生从中国看汉人社会的研究正是从泉州厝开始的。此后，李先生重要的汉人社会考察有1983年对新竹市的宗教寺庙近一年的"地毯式"的田野考察；1989年后近30次在大陆的田野考察，并发表了许多论著，相关的有《文化与行为》(1966)、《信仰与文化》(1978)、《师徒、神话及其他》(1983)、《人类学与现代社会》(1984)、《文化的图像——文化发展的人类学探讨》(上册，1992)、《文化的图像——宗教与族群的文化观察》(下册，1992)、《文化与修养》(1996)、《人类的视野》(1996)、《宗教与神话论集》(1998)等。可见，在李先生汉人社会研究的园地中结出了丰硕的学术之果，内容广泛涉及汉人社会的家族、宗教和民间文化等方面。李先生对汉人社会研究的最大贡献，是寻求一条与传统的中国文化经典研究或"大传统"的哲理思维相异的治学道路，从民间文化或从"小传统"文化来研究汉人社会。他认为，人民大众的生活方式以及他们的所思所欲、他们生活的一切也代表中国文化的一部分，欠缺对这些草根文化的了解，总是难以窥视中国文化的全体。李先生从中国看汉人社会的研究以"汉人民间信仰系统及仪式行为"和"中国文化体系特质"两个领域最为著名。

他关于汉人民间信仰研究的基本特点是"以小见大""由俗论精"和"以精见博"。数十年来，他以民间信仰为主题的论文很多，早期的论文讨论民间信仰的理念和仪式、分析民间信仰对于个人心理平衡和社会和谐的重要功能。20世纪八九十年代以来的论文则多以民间信仰的变化及其对台湾社会文化变迁的关联、因果为主题。1988年，李亦园提出著名的"李氏假设"[①]，以台湾民间信仰及其仪式行为中所表现出来的汉人通俗文化的特色，探讨存在于小传统里促进台湾企业文化和经济发展的因素。由于该理论校正了一般社会学家只重视大传统的偏失，为将来研究同类课题的学者开辟了一条重要的研究途径，因而被学者们誉为颇有启发的"李氏假设"，从而明晰了中国文化对汉人社会的规范性。

李先生对汉人社会研究的开拓和贡献是巨大的，虽然他谦虚地说："我对台湾人类学研究的影响就是把对其他民族的文化研究引入汉族研究，引入研究自己本身的文化。如果说对汉族的研究多少有些意义与贡献，那就是把对中国文化研究的领域拓宽了，可以说是以小

---

① 李亦园：《台湾民间宗教的现代化趋势》，《李亦园自选集》，上海：上海教育出版社，2002年，第210—211页。

传统的研究为基础，逐步把对汉族的研究延伸到了对大传统，从下而上的研究。"①但实际上李先生的贡献是创建了汉人社会研究的新范式，开拓了汉人社会研究的一个新时代。②

四、结语：从汉人社会研究看对全人类的关怀

李先生的汉人社会研究开始于20世纪60年代在台湾泉州厝农村的田野考察，并将人类学研究领域拓展到汉人社会。在从华人社会看中国与从中国看汉人社会中，从民间文化或小传统中找到了自己独特的人类学视角，既看清了中国文化的特质，又看清了中国文化对汉民族的规范性。在李先生的心中装着对人类命运的关怀。

在华人研究中，李先生在2002年举行的海外华人研究国际研讨会上强调说：

应该注意到它的人文意义，也就是要顾到文化价值的问题，在这一点上，即使要从全球化的观点来看，也不仅仅是全球化而已，更进一步是要从全人类这个族群的立场来看问题。……我们不但要看出中国文化在不同的环境之下怎么样变，更要想到华侨、华人把中国文化带到侨居地，对当地可产生什么作用，也就是要看看中国文化对整个人类往前发展，21世纪以后发展的贡献有多大，这一点对一个研究人的知识分子来说是很重要的。……换而言之，我们研究华人，华侨在世界各地移民，其间不仅仅是要看出它怎么样变，同时要看出中国文化在变迁过程当中对于世界人类长远的道路上有什么用处，有什么可以贡献，这才是作为一个人文研究者应有的责任。

要把中国文化的优点变为全人类共有的优点，而这些优点的传播要靠海外的中国移民，包括少数民族人民来传播出去，这样才是一个兼具社会科学与人文学者的态度。我们除开追求规律之外，也应该追求一种对人的价值的坚持，一种朴实的价值应该贡献给全人类，使它能够对人

---

① 徐杰舜问，李亦园答：《人类学要关心人类的未来——人类学学者访谈录之十五》，《广西民族学院学报（哲学社会科学版）》2002年第2期。
② 刘安全、李亦园：《李亦园：从小传统看大世界的人》，陈其斌等主编：《人类学的中国大师》，哈尔滨：黑龙江人民出版社，2009年，第318—356页。

类整个种族的永续存在得其利益，这样的想法我觉得是把华人、华侨的研究更引到有意义的道路去。①

在李先生看来，这样做正是华人研究对整个人类发展应有的贡献。

在汉人社会研究中，李先生试图通过研究发现一个传统中国，正如美国著名人类学家克利福德·格尔茨（Clifford Geertz）那样"在乡村做研究"，所观照的当然包括中国问题，还关涉到更普遍意义上的文化议题，特别是总结出文化意义上的"中国性"。换言之，李先生所期盼的在汉人社会中研究中国的努力，既是一种汉人社会研究，也是一种中国研究。2002年，我在采访李先生时，他说到：

对全人类，对人类学家来讲又是一个重要的问题。人类学家不但要对个别的文化、个别的族群进行研究，更要把整个人类看成为一个"生物群体"来看待，这就是人类学家与其他的社会科学家所不同之处。②

所以李先生曾批评"本土化就是台湾化"，说道：

在台湾，有人认为本土化就是台湾化，这话完全是错误的。很多人不知道，所谓台湾的本土本来就是中国，台湾没有自己的文化。但台湾有若干地方文化，比大陆一些地方的文化还要中国式。所谓本土化实际上是中国化。③

在李先生眼中，有两点是"中国性"的根本，一点是：

---

① 李亦园：《关于海外华人研究若干问题的思考——在2002年海外华人研究国际研讨会的小结》，《广西民族学院学报（哲学社会科学版）》2003年第1期。
② 徐杰舜问，李亦园答：《人类学要关心人类的未来——人类学者访谈录之十五》，《广西民族学院学报（哲学社会科学版）》2002年第2期。
③ 徐杰舜问，李亦园答：《人类学要关心人类的未来——人类学者访谈录之十五》，《广西民族学院学报（哲学社会科学版）》2002年第2期。

如果把中国的汉族看成是不同试管里的药物，特别是那些在海外的环境——在新加坡、在泰国、在缅甸、在美国、在欧洲，就像在不同的试管里，基本的材料都是一样，都是汉族，虽然在国际不同的文化环境里发生了变迁，但又有一些基本的东西没有变。所以汉族的研究有着特别的意义。①

另一点是：

我们本钱雄厚：我们有这么多民族，又有世界上最大的民族，有各种不同地区的差异，还有很多人侨居海外，这样的材料是别的民族所没有的。相同的根，但是有不同的环境。还有很多少数民族，可以作为旁证，合在一起做研究，对理解中国文化及全人类的文化有着极重要的意义。②

站在中国文化的立场上，李先生放眼世界呼吁道：

我们特别呼吁四种重要的人文关怀应该给予优先的重视，那就是：他人的关怀、民主的关怀、文化的关怀与全人类的关怀。我们迫切地希望全人类的不同族群都能重视这些极具关键性的人文关怀，但是我们更殷切地期盼这些人文关怀能从我们自己的社会做起，而且能从自己文化的宝库里发掘可为新世纪全人类所用的人文思维，藉以促进世界社会的共荣共享，就如耶鲁大学汉学家史景迁博士(Jonathan Spence)最近在《新闻周刊》(Newsweek)所写的，寄望于黄帝子孙能在他们的祖先于第十二世纪创造人类文化高峰的九百年后，再轫始另一次文化的高峰，并为人类的前途开拓全新的境界。③

确实，李先生心中非常明白，要实现对全人类的关怀，从汉人社会研究出发，必须明白

---

① 徐杰舜问，李亦园答：《人类学要关心人类的未来——人类学学者访谈录之十五》，《广西民族学院学报(哲学社会科学版)》2002年第2期。
② 李亦园：《二十一世纪中国人类学的关怀与祝愿》，《贵州民族学院学报(哲学社会科学版)》2000年第4期。
③ 李亦园：《新世纪的人文关怀》，《广西民族学院学报(哲学社会科学版)》2002年第1期。

"有了文化之后,用文化发明的东西来帮助人类思考……作为一个中国的人类学家更应该用中国文化的传统来对这些问题进行重新思考"[1]。他举例说:"台湾及华裔的人类学家都应该注意到中国文化特别的观点所谓'和而不同'以及'致中和'等观念,这点是特别有意义的,因为有和而不同或'致中和'的观点,就能容忍不同,而保持多元文化的特性,如此才能长远延续光大。"[2]在这种学术背景和态势下,"在全球化的趋势下,如何让人类全体共同追求互利共荣的族群一体感,又能互相尊重族群间个别文化特色的优势演化意义,是全人类都应有的关怀"。[3]今天,我们纪念李亦园先生逝世一周年,一方面是怀念他这颗永远闪耀在海峡两岸上空的人类学之星,另一方面更是为了学习和继承李先生的学术思想,共同推进汉人社会研究,推进中国人类学发展,以加强中国人类学家对全人类的关怀,为构建人类命运共同体理念的实现贡献智慧和力量。

【参考文献】

1. 庄英章:《谈人类学家的台湾汉人社会研究》,张炎宪主编:《历史文化与台湾》,台北:台湾风物杂志社,1988年。
2. 石峰:《论人类学家艾尧仁的"传统汉人社会"研究》,《西南民族大学学报(人文社会科学版)》2013年第11期。
3. 黄向春:《"流动的他者"与汉学人类学的"历史感"》,《学术月刊》2013年第1期。

注:本文曾发表在《中南民族大学学报(人文社会科学版)》2018年第4期。

---

[1] 李亦园:《新世纪的人文关怀》,《广西民族学院学报(哲学社会科学版)》2002年第1期。
[2] 徐杰舜问,李亦园答:《人类学要关心人类的未来——人类学学者访谈录之十五》,《广西民族学院学报(哲学社会科学版)》2002年第2期。
[3] 徐杰舜问,李亦园答:《人类学要关心人类的未来——人类学学者访谈录之十五》,《广西民族学院学报(哲学社会科学版)》2002年第2期。

"致中和"与体性民族志的关系
——李亦园先生的中国文化之"致中和"观

彭兆荣　江西泰和人，四川美术学院中国艺术遗产研究中心首席专家；
厦门大学人类学系教授、博士生导师，人类学研究所所长；
国家重大课题"中国非物质文化遗产体系探索研究"首席专家；
人类学高级论坛学术委员会主席团主席

吴芳梅　湖北恩施人，贵州财经大学工商学院旅游学系教师

　　李亦园先生是华人世界著名的人类学家之一，在海外华人研究、汉人社会文化研究、台湾少数民族研究等诸多领域卓有建树，闻名遐迩。先生知识渊博、著述颇丰，一生公开发表学术论文数百篇，著有《文化与行为》《一个移殖的市镇：马来亚人市镇生活的调查研究》《信仰与文化》《马太安阿美人的物质文化》《南澳的泰雅人——民族学的田野调查与研究》（上、下册）、《山地行政政策之研究与评估报告书》《东南亚华人社会的研究》（上、下册）等经典作品，为世人留下了丰厚的学术遗产。终其一生，最为著名的是先生倡导的"致中和：三层次和谐均衡"理论，是他追求"通则"的典范。[①]

[①] 李亦园：《生态环境、文化理念与人类永续发展》，《人类生存与生态环境·人类学高级论坛2004卷》，哈尔滨：黑龙江人民出版社，2005年。

一、李亦园先生的"致中和"观

"致中和"既观照中国传统的宇宙观,又强调中国传统农耕文明背景下"天人合一"的认知原则,也注重中国文化务实和实践的特性。"致中和:三层次和谐均衡"理论模式的架构包括三个系统,即人与自然、人与社会、人与自我的和谐与均衡,这是中国传统文化均衡和谐的最高目标。《中庸》云:"喜怒哀乐之未发,谓之中;发而皆中节,谓之和。中也者,天下之大本也;和也者,天下之达道也。致中和,天地位焉,万物育焉。"[1]李道纯从"体用"的角度进一步解释"中"与"和"的关系:"中"是"未发",即为"体";"和"是"已发",即为"用"。"未发",谓静定中谨其所存也,故曰"中";存而无体,故谓"天下之大本"。"发而中节",谓动时谨其所发也,故曰"和"。发无不中,故谓"天下之达道"。"致"为践行、到达之意,即人在践行中持"中"以求"和",取"和"以显"中",从而达到"中和"之境界,才是最理想的状态。[2]"致中和"是人适应世界、追求"永续发展"的最好方式。李亦园先生的"致中和:三层次和谐均衡"理论模式构建如图1所示:

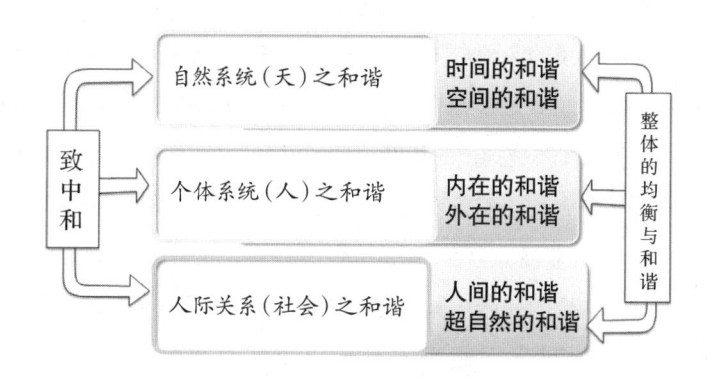

图1 "致中和"宇宙观理论模式建构[3]

---

[1] (宋)朱熹:《四书章句集注》,北京:中华书局,1983年,第18页。
[2] 王彤江:《李道纯的"致中和"思想》,《中国宗教》2013年第4期。
[3] 李亦园:《生态环境、文化理念与人类永续发展》,《人类生存与生态环境·人类学高级论坛2004卷》,哈尔滨:黑龙江人民出版社,2005年,第24页。

一是自然系统(天)的和谐,即"天人和一"的思想,这是中国人从古就有的崇高目标。自然系统的和谐与均衡包含时间和空间两方面:一方面,追求时间和谐的观念表现在把个人的生命与宇宙时间相联,如在中国传统文化中中国人做事情都会寻找良辰吉日,实际是在追求与宇宙时间的均衡,即追求与自然韵律的和谐。[①]如今算命卜卦追求时间和谐的传统信仰似有更流行的趋势。另一方面,追求空间和谐的观念在中国人生活中根基深厚,是中国文化的一大特色。

二是个体系统(人)的和谐,又分为内在和外在和谐两个子系统。内在和谐主要指人体内阴阳的均衡与和谐。如中医主要用来调养人身体的内在均衡。中医通过脉搏、手脚温度或是舌苔来判断人体质的"冷、热"程度,再通过中药或是"冷、热"食材来平衡身体,维持人体内部的阴阳均衡和谐,进而保持健康。三是人际关系(社会)的和谐,亦分为人间的和谐和超自然的和谐。[②]前者主要关注伦理关系,《说文解字》中解释说:"伦,从人,辈也,明道也;理,从玉,治玉也。"[③]因此,伦即人伦,指人的血缘辈分关系,此乃费孝通先生的"差序格局"人际关系;伦理,即调解人际关系的条理、道理、原则,以此形成伦理道德观念,来规范人与人、人与社会的行为。整个社会的人际关系皆以"己"为中心,从自己推出去的一轮轮同心圆,根据亲属关系的亲疏愈推愈远,也愈推愈薄,形成复杂的群己和谐的稳定关系。[④]至于超自然的和谐,主要是指健在的人与家庭过世人员的关系上,二者被看作是一个整体,只有都达到和谐均衡才是真正的和谐。如民间信仰中最重视的祖先崇拜仪式等,是为了维持过世的人在宗族中合理的位置或是借助仪式弥补人们慰藉心理的遗憾与不安。

三层次的和谐均衡并非孤立存在,而是"天—地—人"三维的整体统一。只有三层次的整体和谐,才能达到永久性的和谐均衡境界。然而,"致中和"除了表述"天人合一"的宇宙观,强调"天—地—人"的和谐关系外,还与我国古代的罗盘和指南针存在关联。指南针的雏形称为"司南",也就是所谓的"立表"。在商代甲骨卜辞中,常用"立中"。据萧良琼的研究,

---

① 李亦园:《生态环境、文化理念与人类永续发展》,《人类生存与生态环境·人类学高级论坛2004卷》,哈尔滨:黑龙江人民出版社,2005年,第24页。
② 何星亮:《李亦园的文化观与文化理论》,《广西民族学院学报(哲学社会科学版)》1999年第3期。
③ (汉)许慎:《说文解字》,北京:中华书局,1978年。
④ 费孝通:《乡土中国生育制度》,北京:北京大学出版社,1998年,第26—27页。

"立中"即"立表测影",①为我国商周时期用以测量时间和方位的仪器,即日晷之类。"立中"所包含的"中""致中"不啻为"天人合一"之核心概念;其与科学与占卜糅在一起,难分泾渭。器具亦多为巫师贞人所操纵,用于祭祀占卜之用。

中华文明概其要者:"天人合一",天—地—人成就一个整体,相互依存。其中"天"为至上者,这不仅为我国乡土景观的认知原则,亦为中华文化区隔"西洋""东洋"之要义。西式以人为本,以人为大、为上。东瀛以地、海为实,虽有天皇之名,实罕有"天"之文化主干。中华文明较之完全不同,天地人一体,天(自然)为上、为轴心。"天"化作宇宙观、时空观、历书纪、节气制等,融化于农耕文明之细末。

庄子《齐物论》中谈到"天地与我并生,万物与我为一"②"天人合一""天人感应"等,是三位一体的构造。季羡林先生认为,中国文化的特点在于天与人配合,所以"天人合一"是中国文化对人类最大的贡献。③"天人合一"既是我国传统的认知纪要,也是现实生活的反映,《黄帝四经》如是说:"黄帝曰:夫民仰天而生,侍(待)地而食。以天为父,以地为母。"而人世之事,无论君臣、父母、官民,"顺天承运"是首要之务,讲究"天时地利人和",所谓"天因人,圣人因天;人自生之,天地形之,圣人因而成之"。(《国语·越语》)

"致中和"涉及到我国传统的时空制度——宇宙观,即通过"天象"(空间)以确定"地动"(时间)之宇宙论,《淮南子·原道训》云:"纮宇宙而章三光。"

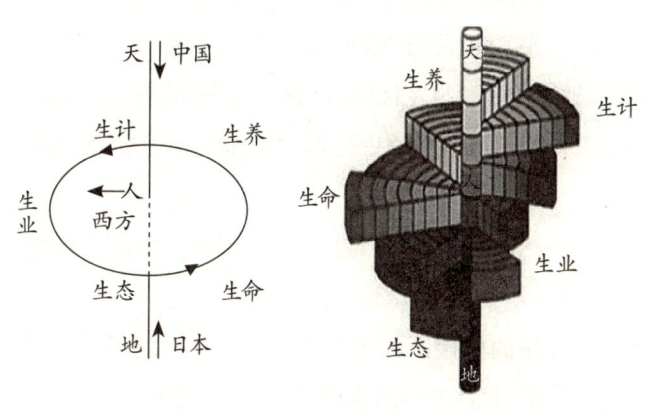

图2 "中和—生生"主圭图

---
① 萧良琼:《卜辞中的"立中"与商代的圭表测景》,《科技史文集》(第10辑),上海:上海科学技术出版社,1983年,第27—44页。
② 王尔敏:《先民的智慧——中国古代天人合一的经验》,桂林:广西师范大学出版社,2008年,第71页。
③ 季羡林:《"天人合一"新解》,《传统文化与现代化》1993年第1期。

高诱注:"四方上下曰宇,古往今来曰宙,以喻天地。"这一圭旨也成为乡土景观的基本构造:中轴表示以天地人为主干的宇宙观、价值观和实践观。"五生"围绕着主轴形成相互支撑、支持的协调关系,如图2所示:

中和者,"天地人"所系也。古时凡有重要的事务皆由天决定,形同"巫"的演示形态。中华文明之大者、要者皆服从天——自然。首先,"天",空(空间)也。其次,传统的农耕文明最为可靠的二十四节气与之有涉,时序、季节、时令等与之相关,实地也。地之四时实为天象之演,《书·尧典》:"敬授人时。"再次,"天地"之谐者:人和,故中国传统文化之景观可概括为"天地人和"。

事实上,我国古代的"中和"与测天勘地的技术有关,司南即其中之一种。司南在古代是一种用天然磁石琢成的勺形指向器。司南除了指勺形指向器外,还是指南车、指南舟和报时刻漏的代称,唐以后改称为"指南"。[1]司南作为我国古代科学的伟大发明,早已为世界所公认;作为一种具有科学性质的器具,司南还被引申为"指导""准则"等含义。[2]然而,在传统的认知和表述中,司南却常常为"仙人"所操使。1988年,江西临川出土的墓葬中,有张仙人俑一式二件,此俑"眼观前方,炯炯有神,束发绾髻,身穿右衽长衫,左手抱一罗盘,置于右胸前,右手紧执左袖口。座底墨书'张仙人'"。该俑俨然一位地理阴阳堪舆术家。"立司南"来源于殷商甲骨文中的"立中"和战国时期的"立朝夕",意思都是立表以测影。[3]

二、"中和均衡"原则下的体性民族志

我国的体性民族志与西方的二元对峙关系迥异,正是遵循"天地人"之"中和均衡"的原则,认为中国文化"天地人"三才、三维、三位的形制为文化体性的根本,并以"王""参""品"为关键词,提出文化体性的概念;"道(王)—相(参)—体(品)"贯通贯彻,如图3所示:

---

[1] 闻人军:《考工司南:中国古代科技名物论集》,上海:上海古籍出版社,2017年,第203—204页。
[2] 闻人军:《考工司南:中国古代科技名物论集》,上海:上海古籍出版社,2017年,第244页。
[3] 闻人军:《中国古人是怎么发明指南针的》,《北京晨报》,2017年3月26日。

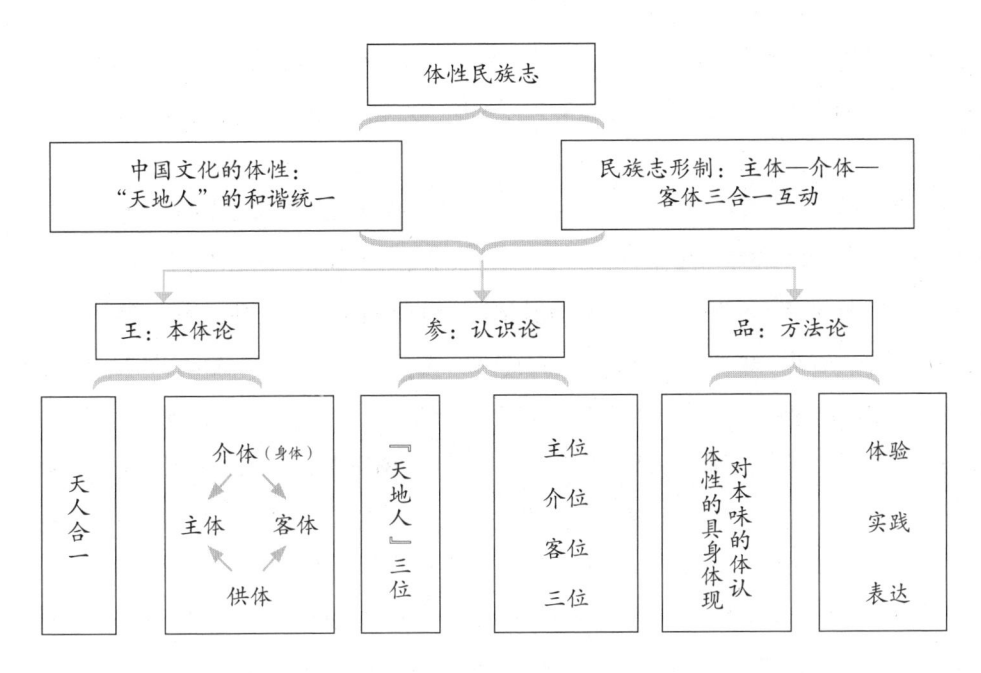

图3 体性民族志的解构

体性民族志中的"体性"一词，根植于中国传统文化，强调"体""用"结合。"体"，《广雅》释：身也；结构上分析，"体"从人、从本，"以人为本"即为"体"，强调生命的体验。"用"即用身体去实践和表达中国文化之"性"。"体"和"用"看似二元，实则不能分开，因为中国所有文化都是用身体实践和用生命体验。所以，"体性"一方面强调的是对身体行为、对对象的认知，对主客体的生命价值的体认；另一方面也包括特殊的身体表达方式，即知道中国文化是什么，就要把它体验出来，再到生活中去实践和表达。"体性"与民族志之关系，具体以"王""参""品"，分别从本体论、认识论和方法论进行诠释。

"王"——道者（天理道德），是本体论。中国文化独特的天人合一，是中国文化对人类最大的贡献。[1]中文里的"王"（天、地、人）即为典型，它是"三元"的贯通、相缀、中和。在我国传统的价值体系里，人的性命（天命、命运等）都是"天地人"整体的一部分。古代的"王"（天地人之"三才"贯通）即为代表。《说文解字》："王，天下所归往也。"孔子曰："一

---

[1] 季羡林：《"天人合一"新解》，《传统文化与现代化》1993年第1期。

贯三为王。"凡王之属皆从王。①所以，"王"也是具有天赋和特殊能力的人。商周时代，王常与贞人（巫）同事沟通天地之务。"巫"有"王"的意思。世界民族志的远古资料在对"巫—王"同构的特点上几为普世，②然，强调身体感官，假以"聪明"，为王、为圣、为君者，惟独中国传统表述鲜明。中国的文化面貌当为"天文—地文—人文"的统一，认知和表述体性也只能是"主体—客体—介体"的三合一互动，与西方民族志所贯彻的二元结构迥异。

"参"——相者（主客互动），"参"属认识论，中国文化是三位一体，所谓"参"（叁），是"天人合一"在天、地、人之间的一个介体形制。参，金文𣊮、🝔（意指三颗星，即叁宿星座），而🝕（指星相师），表示用仪器观测天象叁宿星座，本义指长者仰观天星，以辨识方位。篆文𣊮承续金文字形𣊮。隶书参将篆文的"星"晶写成厽𣊮。《说文解字》释："参，曑和商，都是星名。"字形采用"晶"作边旁，🝕作声旁。𣊮即"参"的合体字。我国古代天文学及民间所说的"参宿"指猎户座（ζ、ε、δ）三颗星，也称"三星"（特指）；亦可指其他数组三颗相接近的星（泛指）。"三星"还有"天作之合"的意思。《周易·系辞下》有："仰则观象于天，俯则观法于地。"所以，在中国的文化体性中，其文法形制为"三位"，即主位—客位—介位三位一体形制。从实践层面分析，中国的天人合一少不了"参"的作用，它打破了"圣""俗"之界限，在日常生活中参与践行；从行动者分析，"参"与身体紧密相关，强调身体的参与、实践、经验和表达。在实践中，身体作为主客体的综合体，帮助主客体共同参与、相互沟通、体验、表达，使得主客体充分融合，形成一体。故在田野调查中，对应的民族志也是三位：主位、介位（身体）、客位。

"品"——体者（实践特性）。"品"之"体味"因此作为一种接近上述意义的方法（论）被选择，并可视为体性的"具身体现"（embodiment）——中国式的特殊表述，即符合传统的认知方式，符合传承性知识来源，符合日常惯习性方法。"体味"强调对"本味"的体认。中国的文化体性特别强调"反哺"，中国文化体系中的"反哺"性质和特点包含着与天地自然的友好共生关系（独立⟵⟶互惠）相一致；包含着传统农业伦理的秩序，即父母养育孩子，孩子赡养父母（养育⟵⟶反哺）相体贴。在中国的传统社会里，代际传承的生物链条和文化传

---

① 许进雄：《许进雄古文字论集》，北京：中华书局，2010年，第289页。
② J. G. Frazer: *The Golden Bough*, London: Macmillan Publishing Company, 1947.

承的文化链条无不遵循"反哺"原则。费孝通先生把西式家庭模式总结为"接力模式",中式"反馈模式"(又叫反哺模式)与西式的"接力模式"存在较大差异。[①]"反哺"在中国文化中强调的是一种"循环"和"生生",关系到"家"的永续发展、亲属制度的继嗣性、赡养传统中的给予和喂养方式等,维持了社会的完整性结构以及与天地自然的和谐共生关系,因此强调的是多元中的"整体"。而西方的"天""地""人"关系强调的是一种线性接力,凸显整体下的"多元"。所以,在中国"反哺"文化语法下,体性民族志是建立在"生生"的循环观之上的三位一体的和谐统一。

当然"王""参""品"三个汉字不是泾渭分明的本体论、认识论和方法论,其中有互通和圆融,遵循"天—地—人"的和谐均衡原则,具体表现为认识、实践、表述相融合的知识主体,即文化体性。因此,遵循中国文化法则的体性民族志也应是三位一体的互动,即主位、介位、客位三合一互动。体性民族志是对中国传统文化"致中和"宇宙观的一次体验、运用和创新,是对李亦园先生"致中和:三层次和谐均衡"理论模式的进一步丰富与拓展。两者间的关系如图4所示:

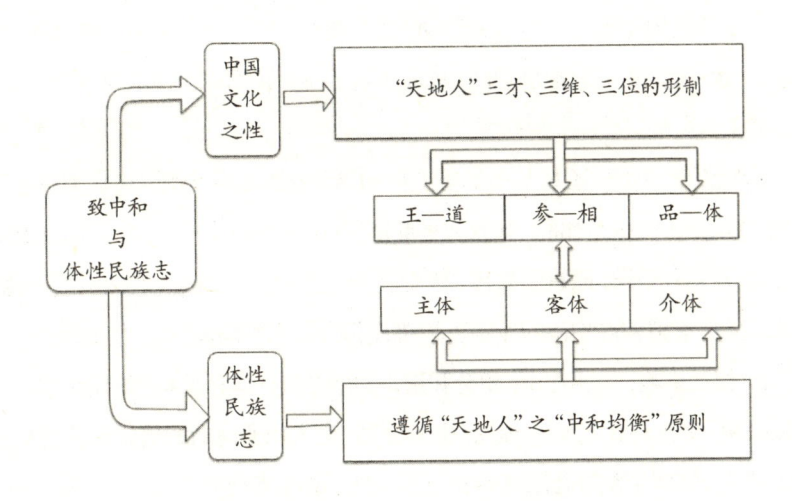

图4 "致中和"与体性民族志之关系

[①] 费孝通:《家庭结构变动中的老年赡养问题——再论中国家庭结构的变动》,《北京大学学报(哲学社会科学版)》1983年第3期。

诚然，李先生的"致中和"宇宙观，综合西方文化及中国文化观念的基本差异，创立适合中国人和中国文化研究的理论和方法，用以解释全人类的文化与行为，实现真正的中国化最终目标。在这一理论原则指引下，体性民族志进一步将理论和方法运用于社会实践，创立了中国民族志的新理论和新方法，证实了中国的民族志为何不是西方的二元结构，而是主体—客体—介体三合一互动。它是中国本土的、适合田野实践的、与众不同的理论范式，既展示了学术传承中所积累的智慧和经验，又深刻地表述了推进中国化或本土化研究及传承前人本土民族志研究的学术脉络，为中国民族志在世界舞台上争得了一席之地，完美展示了异文化和本文化之间互译和沟通的可能性。

结 语

"致中和"宇宙观既是指导人类实践的理论范式，亦是人类追求永续发展的基本原则。这一理论模式的三层次，即人与自然、人与自我及人与社会，将社会和文化分成三个子系统，每一个子系统规制着人类的行为活动，使人类在"体""用"中国传统文化时，顺规律而动。《周易·豫·彖》曰："天地以顺动，故日月不过，而四时不忒，圣人以顺动，则刑罚清而民服，豫之时义大矣哉！"[①]

意在强调无论是天地，还是圣人都应遵循和谐均衡的运作原则。天地万物莫不应该各居其位，宇宙如此，人类也是如此。如果人类脱离了自己应该所处的位置，即违背原则处事，则整个系统就会失去平衡，原有的秩序、原则就会失去效应。又因人的活动既有他律，也有自律，所以只有在遵循和谐均衡的原则下积极发挥人的主观能动性，"裁成天地之道，辅相天地之宜"，[②]相互影响，互相作用，相合和谐，才能达到整体和谐均衡的最高境界。李亦园先生的"致中和"宇宙观模式既是理论，也是原则，让人们通向新的理论和获得新的知识的同时，又以宇宙法则施于人的道德修养和行为实践，最终实现天人合一。但是如何重塑"致

[①] 费孝通：《家庭结构变动中的老年赡养问题——再论中国家庭结构的变动》，《北京大学学报（哲学社会科学版）》1983年第3期。
[②] （唐）李鼎祚：《周易集解》，北京：中国书店，1984年。

中和"宇宙观使之为现代社会所用,将成为中国学者为之努力的一项重大任务。

"致中和"宇宙观的价值不仅体现在解释中国新传统文化现象等方面,更在于重塑"致中和"宇宙观的旧理念,创新更多的理念和方法,并加以证实。体性民族志是在遵循"中和均衡"理论与原则下建构的,从"致中和:三层次和谐均衡"的角度解释我国本土化的民族志"是什么"和"为什么"的问题,客观真实地回应了中国民族志发展中不曾对西方民族志足够理解的原因,同时也为中国民族志如何前行的问题提供参考。其研究取向和理论范式不同于国内外学者对民族志的研究,体性民族志在继承前辈科学献身的精神、综合前辈创立的理论和方法的基础上,敢于探索和创新,为中国人类学的本土化研究提供了一个全新的视角和典范。

"致中和"的文化生态论
——纪念李亦园先生逝世一周年

林敏霞 人类学博士,浙江师范大学文化创意与传播学院副教授,硕士研究生导师

一、引言

李亦园先生是人类学大家,既能高屋建瓴、深入浅出地介绍人类学的基本理论和方法,又能从本土社会田野以及中国传统文化中汲取养料,对话和反思现代社会、西方文明乃至已有的人类学理论,被学界尊称为"李亦园式"的人类学者。[1]

李先生把人类学作为一种视野和方法,潜移默化地融入到研究对象中,对诸如伦理、生态、法律、饮食、戏剧、宗教、医疗、管理、工业等应用人类学问题进行了广泛深入的研究。他是最早在台湾清华大学开设应用人类学课程的人类学者,前后开设过5次,对人类学与现代社会关系产生了很大的影响。[2]李亦园先生的人类学世界中深植着中国传统知识分子经世致用的情怀,既怀揣着对人类学学科发展和使命的思考,又关心人类文明走向,提倡"人类学要关心人类的未来"。李先生以人类学特有的知识书写方式展示了中国传统知识分子"为天地立心、为生民立命、为往圣继绝学、为万世开太平"的情怀。

其中,对于人类生态文明或者文化生态的人类学思考是李亦园先生学术思想的重要组成部分。2004年笔者参加了在银川举办的主题为"人类生存与生态环境"的中国人类学高级论坛,有幸在论坛上目睹了先生之风采,那是笔者第一次见李先生,不想却也是最后一

次。论坛上，先生做了《生态环境、文化理念与人类永续发展》的主题发言，并和与会学者进行了深入广泛的讨论和交流。论坛后来形成的《生态宣言：走向生态文明》便是在李先生主题发言的基础上形成的，成为中国人类学界关怀人类生态和永续发展的一份掷地有声的宣言。

时至今日，生态问题依然是人类面对的最严峻的挑战，先生的发言意义非凡。笔者以《"致中和"的文化生态论》为题，研读和梳理了先生与文化生态相关的思想和观点，探讨了其在生态人类学以及生态问题上的意义和价值，虽挂一漏万，但勉强以兹纪念和缅怀。

二、"致中和"文化生态观的形成和表达

有关生态理念的思想可以追溯到"文化特化"这一人类学概念，李先生以中西文化理念之对比，揭示了西方文化宇宙观导致过度特化所带来的生态灾难，最终从中国传统文化中汲取理念，结合人类学的研究方式，提出了"致中和"三层面均衡理论，参与"人类生态文明建设和去向"这一应用人类学领域的问题的讨论和解决。

一个概念：文化特化

"文化特化"这一概念是李先生在介绍"生物演化和文化演进"时特别提到的，同时成为他思考"人类生态文明建设和去向"问题的一个关键的概念和起点。

人类学根据生物体不同的适应方式，将生物分为特化物种和泛化物种。"占据（或被迫占据）一个不变环境并以特殊方式利用环境中资源的物种通常被称为'特化'物种；而占据多种环境并能以若干特定方式利用资源的物种称为'泛化'物种"[3]。毫无疑问，在这种分类下，人类属于"泛化"物种，不仅在生理层面很少拥有特化的生理器官，而且能以若干方式占据多种环境和利用资源。然而，人类之所以在生理上没有产生特化，究其原因在于人类具有创设文化以适应特定环境的能力，并且当自然环境在某一限度内产生变迁的时候，人类也能通过改变文化来适应自然环境的变化。

李亦园先生继承和发展了人类学关于生物演化和适应的研究,并提出了"文化特化"的概念。在1996年发表的《人类学的理念与方法》一文中,李先生指出文化是人类的"体外器官",作为体外器官的"文化"包括"可观察的"三个层面:物质或技术文化(包括衣食住行所需之工具、现代科技)、社群和伦理文化(包括道德伦理规范、典章制度、律法)、精神或表达文化(包括艺术、音乐、文学、戏剧、宗教)。上述三个层面的"体外器官"是人类在"克服自然或者适应自然,并借以获得生存所需"、为"维持人类团体或社会生活和谐"、为"表达自己心中的各种感觉与情感,或是为了安慰自己、克服心中种种'魔障'"而产生的[4],它们帮助人类适应环境以及环境的变迁而生存、繁衍和发展。当一般的生物只能通过自己的身体来适应自然环境的时候,人类可以用自身创设的被称为"文化"的"体外器官"作为人类适应环境的利器和工具,"减低了身体适应的重要性"[5],很大程度上使人类在身体上避免了显著的生物性特化。

然而,人类以自身智慧创设文化来提高适应的能力和扩大适应的范围,并不等于文化不受自然演化规律和力量的制约。事实上,人类创设某一文化来适应特定环境的行为,恰恰意味着人类的"特化"。李先生指出,"如果人类一直过分依赖某些特定的文化设施或文化内容,最后也可能造成整个文化的僵化而丧失了演化上的优势"[6],这就是李先生非常强调的"文化特化"的概念和现象。对科技的过分依赖已经造就了人类文化的僵化,这一点在电影《机器人总动员》中已经得到了充分的表达。

由此可见,先生借助生物界存在的器官"特化现象"(specialization)而提出人类体外器官的特化,即"文化特化"。自然界中的生物对某种特别的环境适应使得它们的某类器官特化发展,以至于无法重新适应环境的变迁而走向灭种。李先生曾多次用生物界诸如北美洲大角鹿等的"特化"所导致的种族灭种现象,说明"文化特化"的危险性,呼吁"和生物体一样,文化也必须讲究内容的多样性与发展的多元性,使文化的内容不断地能更新而保持活力,这样,整个人类的种族才有前途"[6]。

李亦园先生1996年提出"文化特化"概念的时候,尚未全面阐述其文化生态之理念,但这一概念作为一个理论基点,为李先生从中西文化对比的角度批判现代西方的生态观,引领

21世纪新的生态文明和观念奠定了基础。一定程度上，这个概念是先生"致中和"文化生态理念的一个先导。

两套文化理念：连续性的宇宙观与断裂性的宇宙观

2004年，在银川召开的"人类生存与生态环境"中国人类学高级论坛上，李先生作为论坛顾问和特邀嘉宾发表了主旨演讲《生态环境、文化理念与人类永续发展》。

李先生先以历史长时段的宏观视角，探究了人类文化与环境的互动的过程，他把这个互动过程分为三大阶段：即采集狩猎的阶段、"产食革命"（Food Production Revolution）阶段以及近现代以来的工业革命阶段。这三个递进发展阶段呈现出的是人类越演越烈的"文化特化"过程。尤其是工业革命以来，人类社会走向了一个特别的道路，"不但特化，而且反过来破坏、污染、强夺其他人类的资源，而引起很大的灾害。工业革命不仅继续改变了生态，而且在发展与破坏之间引起矛盾"。李先生借用张光直先生有关中西方两大文明分别呈"连续与断裂"形态的宇宙理念，对此现象进行了分析。他指出，工业革命加剧"文化特化"以及对环境的破坏的根本原因在于西方文明之断裂性的宇宙观和文化理念，即西方文化理念强调"'制天'而不'从天'、重竞争征服而漠视和谐、无限制利用物质而欠缺循环与回馈观念，已造成全球环境、气候、生态的极大危机"[7]。

反观中华文化，长期以来"我们认为自己跟宇宙是一体的，是连续的，与整个宇宙在一起，不管是天、地、虫、草都跟我们是一体的，牵一发而动全身；我们的立场是要与自然保持和谐、互相尊重"[7]。中国与西方两大文明从肇基起便已基本为这两种截然相反的原则和理念所支配。当今生态问题的关键在于西方断裂的、以"制天"为目的的宇宙观在向全球扩展，由此产生对自然生态侵略性和盲目性的征服与改造。因此，从东方寻求文化智慧，来弥补这一危机，是必然需要考虑的途径之一。中国连续的、"崇天"的宇宙观在李亦园先生笔下具化为"三层面均衡"具体的生活方式。

三个层面均衡："致中和"

早在1993年，李先生便已经通过对台湾、马来西亚等华人日常生活、宗教仪式、人情世事、家庭伦理及人际行为准则等进行人类学调查研究，构架出了一套中国文化的基本原则，并将之命名为"致中和"的宇宙观。

这套"致中和"[6]的宇宙观构架由三个层面上的共通均衡和和谐所构成，以先生自己的话来总结：

> 这个三层面均衡和谐系统只是中国人信念中总体和谐的三步骤，但是它却在纵的形式上勾连了中国文化中大传统与小传统两部分，在小传统的民间文化上，追求和谐均衡的行为表现在日常生活上最多，因此总体的和谐目标大都限定在个体的健康及家庭的兴盛上面；而在大传统的绅士文化上，追求和谐均衡则表现在较为抽象的宇宙观以及国家社会的运作上，而"致中和"的概念则成为最高和谐均衡的准则，这也就是《中庸》所说："喜怒哀乐之未发，谓之中，发而皆中节，谓之和。中也者，天下之大本也；和也者，天下之达道也。致中和，天地位焉，万物育焉。"[6]

可以说，李先生从人类学大小传统的视角入手，利用民族志材料，引用《中庸》的"致中和"理念，探讨其在大小传统不同层面的存在和表现形式，既符合人类学的研究方式，同时又深耕于中国传统文化。李先生的目的在于把这种传统文化中的和谐观念"引导转化成为现代社会之所需"[6]。现代社会的种种冲突，一则是人与自然的冲突，二则是人与社会的冲突，三则是人与自己的冲突，李先生所提出的"致中和"三层面均衡和谐系统，恰好对应了现代社会这三种矛盾冲突的文化理念。

1993年写作这篇极具原创性和里程碑式的文章时，李先生尚未将之与当今生态危机直接关联，他把和谐看作是一种境界和目标，而不是一种工具和手段，考虑到当今世界之种种冲突和灾难，李先生希望寻求合理的程序、制度化下的协调来实现这一社会目标。"但是如何重塑'致中和'旧理念使之成为现代社会所用，却也是要大加努力的一项任务。"[6]一直到了2004年银川会议上的主题发言，李先生才把"致中和"三层面均衡的宇宙观与当今生态危机之应对进行了直接的联系。

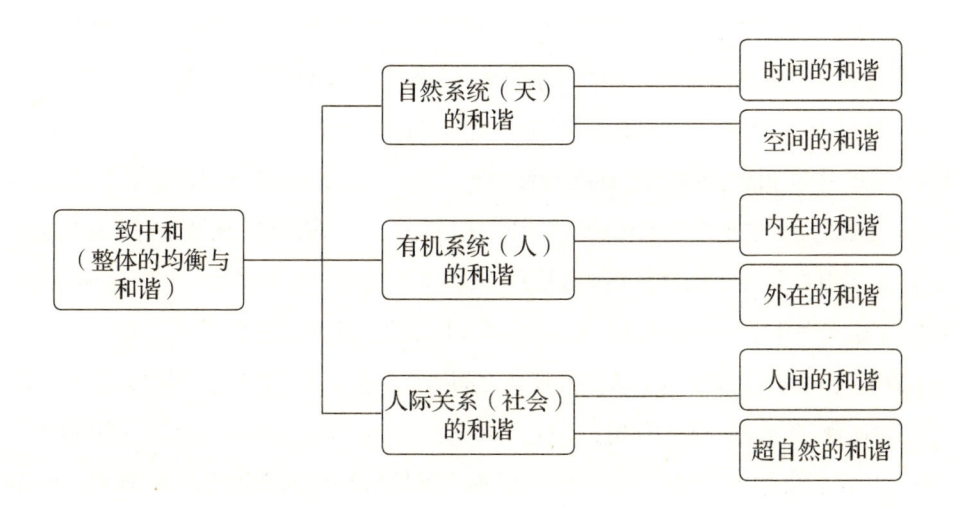

```
                          ┌─ 自然系统（天）  ─┬─ 时间的和谐
                          │   的和谐          └─ 空间的和谐
致中和                    │
（整体的均衡与 ───────────┼─ 有机系统（人）  ─┬─ 内在的和谐
和谐）                    │   的和谐          └─ 外在的和谐
                          │
                          └─ 人际关系（社会）─┬─ 人间的和谐
                              的和谐          └─ 超自然的和谐
```

李先生在发言的最后一部分重新引述了中国文化三个层面"致中和"文化理念，以此来说明中国人追求三个系统的共同和谐是一种连续宇宙观的体现，是应对当今生态危机的一套"文化生活典范"。

三、"致中和"文化生态观的意义和价值

李先生从文化特化到连续性的宇宙观与断裂性的宇宙观对比、再到以"致中和"三层面追求均衡和谐的宇宙观应对当今的生态危机，秉承了人类学从文化入手来探讨和解决问题的传统，在生态人类学领域和生态问题治理上具有重要的价值和意义。

（一）以文化理念为本位的生态人类学思考

在生态人类学的发展过程中，出现过两种不同的倾向。一种是20世纪70年代以生物学生态系统概念来进行生态研究的生态系统学派，他们把人视为生态系统的一个组成部分，强调生态系统内部的物质交换，具有浓厚的生物学色彩。另外一种研究倾向是对"人类中心主义"的批判，认为当今生态问题的实质是人们在功利层面、伦理层面和哲学层面的"人类

中心主义"所致，前者"把人们自己对周围世界的文化理解置于微不足道的地位，把生态人类学从社会科学领域拿出来纳入自然科学的生态学领域"[8]；后者在对"人类中心主义"批判中，同样也忽视了形成"人类中心主义"的本质原因在于近现代以来的社会—文化危机。[9] 反观李亦园先生以中西方文化理念的差异性对比入手，不同的文化理念对待自然的方式，导致不同的生态问题，这正是从文化的视角出发来看待人类生态问题。他既没有走纯生物系统性的"生态中心主义"，也没有单纯地批判"人类中心主义"，而是坚持从文化入手探讨生态问题，论述文化理念与生态危机之关系，强调文化观念对于环境的作用。

正如李先生指出："吾人认为人类与环境之间的互动关系其关键在于文化理念，也就是宇宙观、价值观、价值取向等的作用。"[7]因为西方是"制天"的文化观念，导致近现代以来，工业社会和资本社会对自然环境的无度开发；而中国是"崇天"的文化理念，因此在5000多年的历史中，尽量保持与自然和谐共处，甚至因为预见过度发展技术会给社会带来流弊，而表现出对科学技术发展的某种程度的遏制①。换而言之，在中国传统的文化理念中，有着对"文化特化"演化的防范意识。

人类学不是一门技术性学科，因此从技术性角度进行生态研究并非其强项。去理解不同民族的文化，发现文化之于生态的关系和意义，从文化中寻求生态危机发生之原因和解决之办法，才是人类学对生态问题应有的贡献所在。国内的生态人类学家指出"只能从文化的视角出发，去认识和应对人类社会所面对的一切生态问题"[10]。正是在这个意义上，李亦园先生通过对中西方文化理念的对比，来阐述不同的宇宙观和价值取向对于人们所生活环境的作用，是从根本上为当今生态问题的发生寻求到了文化根源；与此同时，也再一次论证了文化本位的生态问题的研究才是人类学这门学科的应有之道，放弃文化本位的生态研究，也就等于放弃人类学学科特有的研究和思考方式。

---

① 梁枢在评价李亦园《生态环境、文化理念与人类永续发展》一文时所描写的一段话："西方的学者常常笑话说，你们中国人好笨，发明青铜器却不用来生产。我们中国人不是笨，我们中国人从那个时代开始就是希望跟自然和谐；我们不愿意用很有用、很有效的东西来破坏自然；从那个时候开始我们就是这样。我们认为自己跟宇宙是一体的，是连续的，与整个宇宙在一起；不管是天、地、虫、草都跟我们是一体的，牵一发而动全身；我们的立场是要跟自然保持和谐，互相尊重。我们当然知道用青铜器来生产比较有效，产生更多食物，但多不一定是好。这一点从那时候开始就是我们的基本宇宙观。"（梁枢：《来自人类学者的声音——麦子·苏美儿·大角鹿》，《光明日报》，2004年7月1日）。

（二）为生态人类学二元对立的冲突提供化解之道

生态人类学产生于西方，有着深刻的西方二元论的思想和文化传统，包括环境决定论、环境可能论、文化生态学、文化唯物主义等在内，都和西方身与心、行与思、自然与文化二元对立思想观念交织在一起。到了20世纪90年代，人类学内部出现的反思思潮之一便是"对现代主义的割裂身与心、行与思、自然与文化的二分法展开进攻；攻击者认为这种二分法弥漫于整个学科（以及一般的西方科学思想）"[8]。

在此背景下，英戈尔德等西方生态人类学者致力于寻找一种可以化解人与自然、人文学科与自然学科二元对立的途径，苦苦寻思"人本身究竟是作为生物有机体，还是社会文化的产物"[11]。

然而，从中国传统文化去观照西方的这番努力，能清晰地显示出西方文化对学者们思维方式的限制。在中国"天人合一"的宇宙观中，"天"（自然）和人本来就是生养、赞化、共运的关系，人与自然是整一、协调、有机关系，天人本就是同源一体的。

西方学者为寻找如何化解"二元对立"而苦恼，李亦园先生的"致中和"三层面均衡理论，用细致的民族志材料提供了一套完美的和谐统一的理念和方法。天干地支、十二生肖、生辰八字、阴阳五行、风水堪舆是人与自然在时间和空间上的和谐统一；食物药材的冷热均衡、姓名上的五行均衡是个人系统的内外的和谐；日常五伦和仪式崇拜系统则是人际关系和谐之追求。[12]

正如李先生自己所指出：

传统伦理的基本立场是追求整个系统的和谐，这个和谐不仅是人与人的和谐，同时也包括个人内心的和谐以及与自然、超自然的和谐，所谓"天人合一"的境界是也……传统"天人合一"的观念立足于不把自然看作是征服的对象，不把自然看作是取之不绝的宝藏，实是很合乎现代生态均衡的观念。这种观念合理的发展，对于如何维持人类社会与环境之间相互支持而不破坏的行动，以及如何推广利用可以再生能源的计划等，可能有很大的助益。[13]

如果说，当代生态人类学在寻求"主体一元化和谐的生态结构、主客耦合并进的生态关系、天人圈态良性循环的生态自由"[14],那么李亦园先生的"致中和"文化生态论无疑是一个很好的答案。

(三) 在政治生态学视角上的批判意义

按李亦园先生的"致中和"文化生态论的表述逻辑,首先要回答的一个问题是:既然西方"制天"的文化理念对生态具有恶性的破坏作用,无法实现永续发展的目标,为何时至今日西方制天的价值观念会成为主导?且这一文化理念依然在全球扩张?

这一问题的回答可以与20世纪80年代以来的政治生态学联系在一起。这一理论范式把生态变迁与资本主义扩张、殖民主义、不平等发展、消费主义等政治经济学要素联系在一起,"建构了'自然—社会—政治'的分析框架"[15],有效地揭示了文化和生态多样性萎缩的原因。李亦园先生并未给文化生态论贴上"政治生态学"的标签,但其有关生态思想的论述内含了20世纪70年代以来西方所兴起的政治生态学的思想,即对资本主义和消费主义的批判。

资本主义精神"把挣钱看做生活的最终目的和最高美德"[16],驱使人们在基本的需求得到满足后仍然非理性地累积金钱,寻求发展,无视自然的极限。资本主义的消费文化以形式主义经济理论为基础,假定不断追求更多的利润和更高的消费是人类的天性,因而以技术进步为支撑可以无限追求"发展"。与此同时,跨国公司和媒体广告有效地实现了文化霸权,把西方资本主义"发展"与"消费"文化理念作为主流价值观向全球推广[17]。在此背景下,非西方社会、乡村等"落后"地区成为资源和剩余价值的来源地,并在"发展"和"进步"的名义下蒙受文化多样性丧失和生态退化的代价,甚至也丧失了自己关于生存之自然环境的话语权。另一方面,人类的文化选择通常"有鲜明的利己趋向"、把"社会性需要凌驾于自然需要之上,……往往是生态灾变酿成的祸根"[18]。由此可见,外在的资本主义扩张、殖民主义、不平等发展、消费主义、文化霸权等因素及客观刺激、内在人类文化选择上的"短视",一起促使了当今生态问题的全球化。

李亦园先生"致中和"的文化生态论,虽然没有直接以"政治生态学"的标签来标榜,然而李先生通过对中西方文明之"连续"和"断裂"的历史性比较,深刻剖析了西方现代资本主义"制天"的文化理念,指出其强调竞争与征服,漠视与自然、社会以及文化的和谐,对物质资源的无限制的利用,本质上揭示现代资本主义生产方式对自然环境的压迫与掠夺,成为批判和解释现代生态危机的一种表述。

(四)促成了中国人类学《生态宣言:走向生态文明》的形成

在现实层面上,李亦园先生的"致中和"文化生态论直接促成了中国人类学界首个《生态宣言》的形成。2004年在银川召开的主题为"人类学与生态文明"中国人类学高级论坛上,李亦园先生的永续发展观与叶舒宪的发展是政治神话观点针锋相对,从而引发了整个论坛关于"发展与不发展"的激烈讨论。会场的热议促使论坛组织在场的学者连夜加班起草人类学的生态文明宣言,并在论坛上讨论通过,随后见诸多家报刊。李亦园先生"致中和"的文化生态论是这份《生态宣言》的核心和基础内容,如《生态宣言》首条指出:"生态危机导因于人与自然的关系失衡,其直接原因出自以征服自然为目标的文化理念。这种文化理念的核心是'制天',即对生态系统的盲目征服和粗暴改造。"[19]

《生态宣言》不仅是中国人类学高级论坛标志性的学术文件,也是中国人类学学者就人类的生态问题发出的中国声音(论坛时任秘书长徐杰舜教授评)。正如《光明日报》所评论:"面对现实世界的问题与危机,人类学所发出的声音总是很独特,总会产生超出学科自身的影响,总能触动很多'业外'人士的思想神经,从而引起社会不同阶层、不同群体人们的关注。"[20]

这些成绩值得人类学学人的认同和自豪,与李亦园先生"致中和"的文化生态论的思想观点以及其对人类发展持之以恒的关怀密不可分。从某种层面而言,如果没有李亦园先生在论坛上的主题发言和对讨论的推动,就没有这份人类学界的《生态宣言》。

结 语

毋庸置疑,"致中和"的文化生态观是治理当代生态危机的一剂良方,诚如约翰·博德利所言,作为可"习得"和"共享"的象征信息的文化,是人们借以改善生存的生活方式和理念[21]。李亦园先生从中国社会中发展出来的"致中和"文化生态论,可以指导和引领人们的行为,借以改善现有被商业文明所控制的人们的生活方式和理念。

记得数年前,在某次纪念性的研讨会上,一位学界的前辈对笔者说:对学者来讲,对他最好的纪念是学术性的探讨,是在其学术的总结继承上进一步向前探索和研究。李亦园先生在人类学领域的建树丰硕,晚辈学浅,在先生逝世一周年之际,勉择其一隅探讨,虽挂一漏万,但表末学对先生的缅怀之情,并砥砺前行。

【参考文献】

[1] 徐杰舜、彭兆荣:《我非我与"学术浪子"——人类学者访谈之三》,《广西民族学院学报(哲学社会科学版)》1999年第4期。

[2] 徐杰舜问,李亦园答:《人类学要关心人类的未来——人类学学者访谈录之十五》,《广西民族学院学报(哲学社会科学版)》2002年第2期。

[3] (美)拉尔斐·比尔斯等著,骆继光、秦文山等译:《文化人类学》(第1版),石家庄:河北教育出版社,1993年,第123页。

[4] 李亦园:《李亦园自选集》,上海:上海教育出版社,2002年,第10、11页。

[5] 李亦园:《文化与修养》,北京:九州出版社,2013年,第207页。

[6] 李亦园:《人类学的理念与方法》,《李亦园自选集》,上海:上海教育出版社,2002年,第7、228、235—236、238页。

[7] 李亦园:《生态环境、文化理念与人类永续发展》,《广西民族学院学报(哲学社会科学版)》2004年第4期。

[8] (英)凯·米尔顿:《多种生态学:人类学,文化与环境》,《国际社会科学杂志》(中文版)1998年第4期;《人类学的趋势》,北京:社会科学文献出版社,2000年,第319页。

[9] 丁立群:《人类中心论与生态危机的实质》,《哲学研究》1997年第11期。

[10] 罗康隆:《生态人类学的"文化"视野》,《中央民族大学学报(哲学社会科学版)》,2008年第4期。

[11] Tim Ingold: *The Perception of the Environment*, London and New York: Routledge, 2000.

[12] 李亦园:《从民间文化看文化中国》,《李亦园自选集》,上海:上海教育出版社,2002年,第228—235页。

[13] 李亦园:《人类的视野》,上海:上海文艺出版社,1996年,第240页。

[14] 袁鼎生:《生态人类学的当代发展》,《广西师范学院学报(哲学社会科学版)》2005年第3期。

[15] 罗意:《政治生态学:当代欧美生态人类学研究范式的转向》,《云南社会科学》2017年第1期。

[16] (德)马克斯·韦伯著,于晓、陈维纲等译:《新教伦理与资本主义精神》,西安:陕西师范大学出版社,2006年,第101—107页。

[17] Leslie Sklair: *Sociology of the Global System*, Baltimore: Johns Hopkins University Press, 1991.

[18] 杜薇、尹绍亭:《文化选择与生态危机》,《吉首大学学报(社会科学版)》2007年第2期。

[19] 中国人类学高级论坛:《生态宣言:走向生态文明》,《人类生存与生态环境(人类学高级论坛2004年卷)》,哈尔滨:黑龙江人民出版社,2005年。

[20] 梁枢:《来自人类学者的声音——麦子·苏美儿·大角鹿》,《光明日报》,2004年7月1日。

[21] (美)约翰·博德利著,周云水、史济纯、何小荣译:《人类学与当今人类问题(第五版)》,北京:北京大学出版社,2010年,第4页。

注:本文曾发表在《青海民族研究》2018年第3期。

注重活态与过程的文学
——李亦园先生对文学人类学的开拓贡献

谭　佳　中国社会科学院文学研究所副研究员，文学人类学研究会副会长
徐新建　四川大学文学人类学专业博士生导师，
　　　　人类学高级论坛副秘书长、学术委员会主席团主席

引　言

　　受"西学东渐"影响，汉语学界至今仍处在创建适合本土国情的现代学科体系的进程中。近百年前，北京大学等校园精英引导的"歌谣运动"不但带动了民俗学、歌谣学、神话学及民间文学等新学术范式的萌生，而且引发了意义深远的"眼光向下的革命"。[1]自那以后，学术领域的文学与人类学迈向了漫长的跨学科关联。这一关联的重要意义和大致路径——尤其是20世纪上半期的兴起演变，如今已有不少论述。[2]但对此进程在20世纪后半期的深入推进，尤其是以人类学为基点的理论开拓，尚缺乏充分述评。笔者尝试以人类学家李亦园的贡献为例进行关注和跟进。一如2011年"中国文学人类学理论与方法研究"会议体现的那样，作为新兴交叉学科，中国文学人类学的研究起点和过程展示了学科的"跨域"和"重

---

[1] 赵世瑜：《眼光向下的革命》，北京：北京师范大学出版社，1999年。
[2] 萧兵：《世界村的新来客——"走向人类、回归文学"的文学人类学》，《江苏社会科学》2000年第2期；徐新建：《民歌与国学：民国早期"歌谣运动"的回顾和思考》，成都：巴蜀书社，2006年；苏永前：《20世纪前期中国文学人类学实践研究》，北京：中国社会科学出版社，2017年。

勘",亦即借助20世纪末以来最重要的"人类学转向"来重新勘测中国文学和文化传统。①

一

李亦园先生与当代中国的文学人类学学科发展关系密切,在20世纪后半期两岸三地及多学科交往互动背景下,堪称从人类学角度切入的重要开拓者。

作为根基深厚的人类学家,李亦园被誉为汉语学界民族学和人类学的突出代表,具有深远影响和人格魅力。李先生很早就开启了文学的人类学研究,提出过许多开创性论断。他在20世纪60年代初带领完成的南澳泰雅人口头传统研究,不仅标志着以特定理论为基础的本土民族志的诞生,而且在从人类学角度阐释口语文学的意义上,堪称开拓了新的范本。②

李亦园于1975年发表《从文化看文学》一文,阐释各种文学类型中口语与书写的对等并置,不但比较二者的异同,而且提出了口语文学在"调适心理需求"等方面胜于书面文学的重要论断。③由此出发,他提出了对西方"文学"(literature)正统定义的质疑,从"口头文学"(oral literature)的出现揭示了"文学"一词的内在矛盾。因为按照西语本义,literature指的是The production of literary work,即"撰写工作的产品"。李亦园认为,西方以往的literature定义,把"口头文学"排除在外,体现出浓厚的文化偏见,应当纠正,办法之一便是引入人类学视野和方法,突破旧有束缚,建立新的"文学"观。对此,在1998年撰写的文章里,李亦园做了专门阐述。他说:

人类学家认为如此自限于书写形式的定义,不但使文学的形式与内容自我缩小,而且也不能拓展文学作品的许多动态意义,以及书写与口语形式之间的互动关系。④

---

① 谭佳:《"中国文学人类学理论与方法研究"会议综述》,《文学评论》2011年第4期。
② 李亦园:《祖灵的庇荫——南澳泰雅人超自然信仰研究》,《台湾"中央研究院"民族学研究所集刊》1963年第15期。
③ 李亦园:《从文化看文学》,《中外文学》1975年第2期。
④ 李亦园:《民间文学的人类学研究》,《民族艺术》1998年第3期。

接下来，李亦园又把口头文学放置到与民俗、祭仪等关联的系统中加以呈现，勾勒出更为整体的文化图示：①

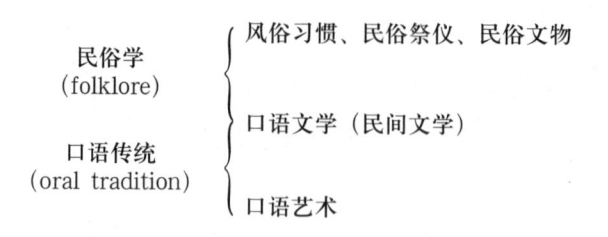

```
民俗学         ┌ 风俗习惯、民俗祭仪、民俗文物
(folklore)    │
              ┤ 口语文学（民间文学）
口语传统       │
(oral tradition) └ 口语艺术
```

此种论述的正面含义是提出了文学人类学的新文学观，其中不但强调对文学"动态意义"的关注，同时倡导考察口语与书写的互动关联。在学科创立意义上，李先生的这番论断，比菲尔兰多·波亚托斯（Fernando Poyatos）等在美国发起的"迈向文学人类学研究"呼吁早了10多年。1983年，第11届国际人类学与民族学大会（ICAES）在加拿大举行，波亚托斯等组织了文学人类学专题讨论，提出"以对不同文化之叙事文学的人类学式的使用为基础"，开展跨学科的文学人类学研究。他们虽然从人类学立场出发，强调了语言与副语言等的关联，而且倡导跨入与文学叙事相关的宗教、仪式、节庆等文化事象之中，但关注的对象仍局限于文字文本与书写符号，缺少把口头传统涵盖进来的动态观照和整体把握。②

1997年，李亦园先生应邀出席在厦门举办的中国文学人类学研究会首届年会，在会上宣读的论文以《文学人类学的形成》为题，阐发了该学科诞生的时代背景、重要意义及主要特征。以对民间文学的关注为例，李亦园指出，以往的文学研究虽或多或少有所涉及，但由于方法与观念所限，在程度上远不及人类学那么重视和深入；在人类学的关注里，文学不但在民间广泛存活，而且类型繁多、样态生动，大大超越了精英文学的书面界限。为此，文学人类学的研究获得了极大扩展。通过李先生的论述，这样的扩展至少表现为三个方面：

1. 范畴扩大：研究对象突破西方现代式"文学"定义下诗歌、小说、散文和戏剧的"四

---

① 李亦园：《民间文学的人类学研究》，《民族艺术》1998年第3期。
② （加拿大）Fernando Poyatos: *Literary Anthropology: A Aew Interdisciplinary Approach to People, Signs, and Literature*, Amsterdam: John Benjamins Publishing Company, 1988；菲尔兰多·波亚托斯：《文学人类学源起》，徐新建、史芸芸译，《民族文学研究》2015年第1期。

部类"限制,延伸到"神话、传说、故事,甚至咒语、歇后语、俚语、寓言、谚语、谜语、祷词、歌谣等口传的东西";

2. 立场多元:用人类学的文化多元立场克服各种"自我中心"观产生的文化偏见,以平等的视角开展对不同族群及类型的文学比较;

3. 动态转向:从限于书写文本的研究模式转向关注活的、动态的文学,把文学视为人类交往的展演过程。①

从人类学理论和方法对文学研究的介入来看,上述扩展中"动态转向"最为重要。其不但把文学视为静态的写和读,而且视为动态的展和演,也就是看成生活世界中多重参与者的交往实践与互动过程。为此,李亦园做了十分完整的阐述比较。他先是对文学家与人类学家的文学研究进行对比,然后又对人类学内部的传统研究与当代演变加以区分,强调文学家及人类学的传统研究注重文学的作品和形式,而现在的人类学家更多地着重于作品形成的过程(process)。相比之下,"一个着重于研究作品本身,一个着重于研究作品形成的过程,这是关键的区别"。②李亦园进一步把文学过程与仪式展演连为一体,强调面对现实的实证调研,也就是人类学的田野考察。田野调查的目的,是使人类学家不仅能够收集不同类型的文学文本,而且可以"听见讲故事,看见听的人的表情和反应,同时研究这些现象"。而且,此处所说的"文学过程"不仅包括被观察对象——如民间口头文学的内部交际,还包括人类学者在田野考察中与文化持有人的主客互动。为此,李亦园作了详尽的阐述,他指出:

实地田野调查、访问与采集,重要在于得到第一手资料,但是更重要的是在采集的过程,过程是一个动态的现象,无论是作者、听者、读者、接受者都可以与采集者有互动的现象出现,这一互动的过程正是当代人类学田野研究的关键概念所在。③

---

① 李亦园先生发言录音整理后分别由多家杂志刊发。参阅《文学人类学的形成》,《中外文化与文论》1998年总第5期;《文学人类学笔谈(三则)——文学人类学之我见》,《辽宁大学学报(哲学社会科学版)》1998年第4期。
② 李亦园:《文学人类学笔谈(三则)——文学人类学之我见》,《辽宁大学学报(哲学社会科学版)》1998年第4期。
③ 李亦园:《民间文学的人类学研究》,《民族艺术》1998年第3期。

正是由特定的人类学视角出发,上述现象被概括为"口头传统"(oral tradition)或"口语文学"(oral literature);而文学作品的形成过程,则被称之为"展演"(performance)。①通过对理查德·鲍曼(Richard Bauman)等美国民俗学、语言人类学者论点的介绍及引述,李亦园解释说,"所谓'展演'指的就是一种沟通(communication)与表达(expression)的方式",②继而阐发说:

在展演过程中,讲述者、听众、研究者,经常是一种演话剧一样的表演。讲述者不仅仅是在讲故事、神话,而且是一种表演,把他内心的东西表达出来,而听众可以反对、修改、改写,是一个双向沟通的过程。③

以上述阐释为基础,提出了文学人类学的"文学展演观"与"文学过程论"。在《从人类学看民间文学》一文里,李亦园通过题为"民间文学的展演"专节,对这种"文学展演观"作了重要阐发。他先是指出口语文学最引人入胜之处在于展演(performance),强调这一点正是当代人类学者、民俗学家、戏剧学家研究文学时最为着力和最出成果的所在,接着阐释说:

这种方式最适合于口语文学的传诵,因为口语文学既然是口传的,就不受到固定书写版本的束缚。因此,如何用语言,以及语言以外的方式来表达与传递就成为很重要的因素,以展演的观念来探讨口语文学的传诵过程,也就成为当代研究口语文学的主流。④

---

① 李亦园:《文学人类学笔谈(三则)——文学人类学之我见》,《辽宁大学学报(哲学社会科学版)》1998年第4期。
② 李亦园:《民间文学的人类学研究》,《民族艺术》1998年第3期。李亦园在介绍中把理查德·鲍曼称为"对展演研究最用力者",并引述了鲍曼的核心论点,即把"展演"视为口头艺术中最主要的沟通表达方式。与此对应,大陆学者2000年前后译介了鲍曼的展演理论,并将其置于民俗学论域加以传播和运用。参阅杨利慧、安德明:《理查德·鲍曼及其表演理论——美国民俗学者系列访谈之一》,《民俗研究》2003年第1期;(美)理查德·鲍曼著,杨利慧、安德明译:《作为表演的口头艺术》,桂林:广西师范大学出版社,2008年。
③ 李亦园:《文学人类学的形成》,《中外文化与文论》1998年总第5期。
④ 李亦园:《民间文学的人类学研究》,《民族艺术》1998年第3期。

正是基于这样的理解，李亦园阐述了创立文学人类学的学科意义，不但呼吁文学家和人类学家沟通、互动，"发展文学人类学的领地，研究过程，研究展演"，而且表达了对这种研究的乐观信念，指出"文学人类学研究一旦进入文学的过程、展演、沟通这一范畴，发展空间是很大的"[①]。

20世纪80年代末期，中国大陆的文论界曾广泛关注艾布拉姆斯（Meyer Howard Abrams）阐述的"文学四要素"，即作家、作品、读者和环境。[②]艾氏的提法看起来结构完整、视野宏大，仿佛突破了任何单以作家、作品或读者为中心的偏狭，但若与文学人类学视野中的"文学展演观"与"文学过程论"对照，仍显得机械、平直和静止，没有将文学视为生活世界的交往过程，因而看不见文学中的动态实践。

二

在大陆首批刊登李亦园文学人类学论述的期刊之一，正是文学人类学研究会参与主办的《中外文学与文化》。记得刊发缘由一是回应1997年厦门会上彭兆荣、叶舒宪之约，一是得到主编曹顺庆教授的热情鼓励。那时的骨干不过是一批四十出头的中青年，自1994年在中国比较文学"张家界年会"的青年论坛上提出要用人类学方法阐释文学后，一直得到乐黛云、孙景尧等前辈的肯定和支持，但当时尚未读到李亦园先生有关从人类学研究文学的论述。在相互陌生的情况下，由调入厦门大学工作不久的彭兆荣教授投石问路，以新创建的中国文学人类学研究会名义向彼时已名声远扬的李亦园发出邀请。没想到他欣然接受，不但亲自参会，并且撰写专文，阐述文学人类学的要义及其学科远景。

20世纪80年代，文学人类学得以在中国大陆复兴重建，最初的参与者局限于文学理论界，除了少量的文艺批评家外，大多来自比较文学圈，人类学家甚少。李亦园先生的加入不

[①] 李亦园：《文学人类学的形成》，《中外文化与文论》1998年总第5期。
[②] 对于艾布拉姆斯的文论贡献，李赋宁教授给予了高度评价，认为艾氏的文学研究方法既传统又科学，能把历史、传记、校勘、训诂与美学、心理学有机地结合在一起，因此"具有极强的说服力和启发性"。参阅（美）M. H. 艾布拉姆斯，郦稚牛、张照进、童庆生译：《镜与灯：浪漫主义文论及批评传统》中译本序，北京：北京大学出版社，2004年，第1—2页。

仅带来了海峡彼岸的信息,重要的是引入了更为开阔的人类学视野。这样的学术结合不但为文学的人类学研究拓展疆域,也为传统的人类学范式打开了通往象征与诗学的新天地。自那以后,不断有两岸人类学者将目光由以往的亲属制度、社会变迁转向故事歌谣,转向活态的口头传承、仪式展演。①很大程度上,史学界后来蔚为壮观的"口述史"研究也由此带动,称得上文学人类学的催生产物。②相比之下,把文学与人类学结合在一起的整体研究,最为突出的意义还是对文学的观念突破,超越固有的文本与文字中心,视文学为活态存在,关注其在生活世界里实际发生的多向参与,是不但考察静态的作品,而且注重动态的文学交往、文学功能与文学过程。

作为跨越20世纪的本土人类学家,李亦园的文学人类学研究秉承了"五四"新文化运动倡导的"到民间去"的俗文学路线,同时发扬了导师凌纯声、李济等前辈开启的实证传统。所谓实证传统,就是深入实际,直面活态的文学过程,依照专门的科学方法进行田野考察。

20世纪60年代,李亦园结束在哈佛大学留学后回到台湾,深入南澳、金洋两村田野调查,主持对泰雅人"民间文化"的专项研究,发表了聚焦当地民众口头传统的考察报告。泰雅人是李亦园在台湾自邵人、排湾人和阿美人之后深入考察的第四个族群。据李亦园的回忆,南澳的田野考察所花时间最长、条件最艰苦,但因与村民日常生活最接近,所以得到的资料最宝贵,作为外来的考察者也"最能体会他们的想法"。因彼此交往的感情深厚,村里的长老还给李亦园起了泰雅人名字"Takun Li"。③

有关台湾岛民流传神话的研究迄今已有100多年的历史。日本学者山田仁史认为这些研究留下了不少有待继续深入的话题。如今,从文学人类学视角来看,李亦园主持的泰雅人神话研究,包含四个方面的突出贡献:

第一,依照民间口头传统自身的特点,对被称为"口语文学"的体系作了具体的类型区分,将它们在"神话"总目下细分为具体的神话(Myth)、传说(Legend)和故事(Fairy-tale)

---

① 此类型的相关研究成果很多,参阅林淑容:《从梦、神话到仪式展演:中国贵州侗人的自我意象与象征形构》,《文化遗产研究》2013年总第3辑;毛海莹:《江南女性民俗的文学展演研究》,北京:中国社会科学出版社,2015年。
② 定宜庄、徐新建等:《口述与文字:谁能反映历史真相?》,《光明日报》,2002年7月18日。
③ 李亦园:《田野图像——我的人类学研究生涯》代序,济南:山东画报出版社,1999年,第1—48页。

等不同类型,突破了以书面文学模式硬套或肢解口头传统的束缚;

第二,强调对民众的活态文学进行功能分析,也就是把文学视为特定文化的象征体系,因而注重分析神话、传说及故事等民间口语文学与民族文化中其他因素的结构关联;

第三,由此把文学置于民族文化的整体之中,进一步考察民族文化的共同体成员经由文学所共享的宇宙观、价值观及行为准则,从而获得对该群体文化特征的认知与评介。

第四,以文化多元和对等态度看待"少数民族"文学,依照人类学方法及客观化立场,列入包括汉族在内的"中国文学"与"中国文化"的结构之中。①

首先,将特定人群的口头传统视为既独立又完整的系统,继而再进行内部的具体细化,不但突出了当地民间文学的自在特点,又冲破了精英文学话语所垄断及宰治的文本中心观,即所谓的诗歌、小说、散文、戏剧四大部类,从而开拓出雅俗共赏且更为完整的总体文学:

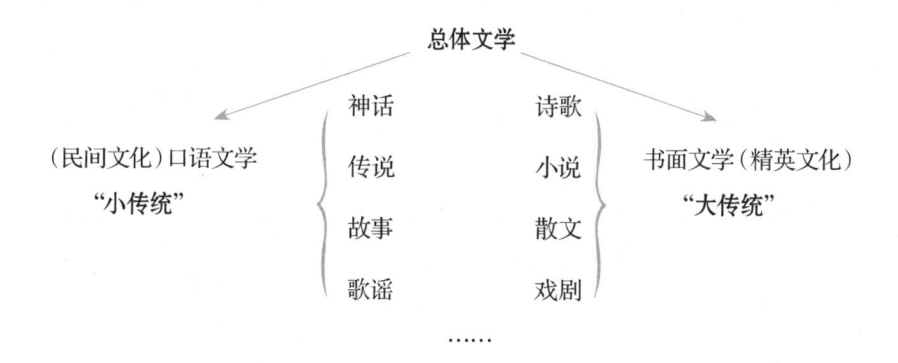

```
                        总体文学
           ↙           ↓      ↓           ↘
                      神话    诗歌
  (民间文化)口语文学    传说    小说    书面文学(精英文化)
      "小传统"        故事    散文        "大传统"
                      歌谣    戏剧
                       ……
```

这样的划分并置,体现了李亦园对人类学界有关"大—小传统"提法的理解和发挥,即在面对上下分层的社会时,把不同阶层视为整体,同时考察彼此间的区分和关联,继而辨析他们的相互交叉与互动。扩大到整体的中国社会,从垂直的立场把中国文化看成"由上层的士绅与下层的民间文化所共同构成"的整体,②强调通过对民间不同文学的发现与拓展,去"克服主流文学的优势力量"。③沿着这样的理路,李亦园总结说:"人类学家即使研究有

---

① 李亦园:《南澳泰雅人的传说神话》,《台湾"中央研究院"民族学研究所集刊》1963年第15期。
② 李亦园:《从民间文化看文化中国》,《中国文化》1994年第1期。
③ 李亦园:《从民间文化看文化中国》,《中国文化》1994年第1期。

文字社会的'小传统'或'民间文化',也很普遍地偏重于口语文学的采集与分析研究,甚至进而探讨文字与口语之间的交互关系。"①

正是这样的阐发为后来大陆文学人类学学者重启对"大小传统"的论争做了学理铺垫。二者都将民间口传与精英书写视为整体,列入相互并置的"大—小传统"结构之中,只是秩序相反:一方把精英文字书写视为"大",把民间口传视为"小";另一方则刚好颠倒过来。②

其次,在第二与第三点的结合上,通过对南澳泰雅人神话传说的功能研究,李亦园得出了关于民间文学社会意义的个案总结,指出"泰雅人的超自然信仰是以祖灵rutux为中心,rutux是宇宙的主宰",由此形成从观念到行为的价值体系,即:

1) 宇宙是固定有序的;
2) 人在宇宙间是处于被动的地位;
3) 人类社会是宇宙的一部分,所以也是固定有序;
4) 人应遵循宇宙和社会的规律以维持均衡次序。③

以上分析,实际是从象征与信仰相互关联的角度,对该族群的口头文学作了全面深入的人类学阐释。不仅如此,这样的阐释还借助人类学所倡导的"主位"立场,提升了对泰雅人行为模式的换位理解。

最后,在对待作为非汉人群的"少数民族"文学与文化特征上,李亦园采取了文化对等的多元立场。在他的分析中,我们看到的对比是:依照神灵主宰一切的普遍信仰,泰雅人认为世俗的人只能各尽其事,剩下的都交由神灵决断,因而在神灵决断的阶段可以纵情享乐。对于由信仰和观念的不同而导致行为上的差异,李亦园没有以其他文化的价值——如"敬鬼神而远之"的儒家——为标准提出质疑,而是从泰雅人自身的文化立场出发,提出了意

---

① 李亦园:《民间文学的人类学研究》,《民族艺术》1998年第3期。
② 有关大小传统的区分并置在大陆学界引起了广泛的争论,涉及问题及参与学者超出了文学人类学范围。参阅徐杰舜、梁枢等:《原生态文化与中国传统》,《广西民族大学学报(哲学社会科学版)》2011年第1期;叶舒宪等:《重新划分大小传统的学术伦理》,《社会科学家》2012年第7期。
③ 李亦园:《南澳泰雅人的传说神话》,《台湾"中央研究院"民族学研究所集刊》1963年第15期。

义深远的反问：面对泰雅人的如此纵乐，"我们能说他们的狂欢泥醉、高歌达旦是不对的吗"[①]？在正面阐述文学人类学的学科意义时，则把民族文化"没有高低差别"的判断强调为人类学的基本立场，目的在于"形成真正的多元文化观"。[②]这样的表述与费孝通1988年在香港中文大学发表的"多元一体"观遥相呼应，形成两岸人类学者看待多民族中国之文化整体的代表性观点[③]，同时也为后来的学者从文学人类学角度开展多民族文学与文化的研究开创了先声。

《南澳泰雅人传说神话》主要将流布在南澳乡村民中的民间讲述进行收集汇总，而随后发表的《祖灵的庇荫——南澳泰雅人超自然信仰研究》，则对泰雅民歌与族群文化的紧密关联作了结构与功能的深入揭示。通过被称为"基本仪式"与"辅从仪式"的结合，著者李亦园使泰雅人的"民间文学"得以在完整的文化结构中呈现，从而显示出其所具有的展演特征和现实功能。如对于穿插于"播种祭"中的祝告辞，作者首先以对仪式场景的详细描述为铺垫，接着把由泰雅母语、汉语直译和意译的对照段落置入其中，然后才引申出相关的理论分析，呈现出文学展演与文学过程相关联的整体再现，体现了文学人类学的经典范式，值得完整转引：

播种祭称smius temoox，由gaga首领maraho gaga主持。播种前一日各家备酒及鸡肉至maraho gaga家中，当日黎明，maraho gaga带了圣粟穗gaxak velakis以及祭酒祭品等前往自己的旱田。到达旱田后即在田地中间竖立一细竹枝tinok，在竹枝旁又放置白色石头kiatœiŋ tumux一块和松香树皮hajoŋ一片。把这些东西安排好，然后即开始把小米撒种于其周围，并用小锄匀土盖之。最后取出祭酒祭品供于祖灵。[④]

以上描述可视为对泰雅人"民间文学"赖以生长之文化舞台或剧场的细致描绘，其中尤

---

① 李亦园：《南澳泰雅人的传说神话》，《台湾"中央研究院"民族学研究所集刊》1963年第15期。
② 李亦园：《文学人类学的形成》，《中外文化与文论》1998年总第5期。
③ 费孝通：《中华民族的多元一体格局》，《北京大学学报（哲学社会科学版）》1989年第4期。
④ 李亦园：《祖灵的庇荫——南澳泰雅人超自然信仰研究》，《台湾"中央研究院"民族研究所集刊》1963年第15期。

其对口头文类的选择作了清楚的"剧情"提示,即与农耕播种相关联的特定时间和场地。唯有这些文化前提完整具备之后,被以往不少学者误以为可随意摘取成碎片的"歌辞"才正式登场。报告描绘说:

把这些东西安排好,然后开始把小米撒种于其周围,并用小锄匀土盖之。最后取出祭酒品供于祖灵,并祝告曰——

(泰雅语与汉语直译):
nanu misu tepiasan nenikun kai,
我把你　撒种　(食)作物
Pisu hkiatœiŋ,　pisu kajoŋ, pisu vinok,
变　　白石　　松香　　竹
Pkijosu sə-siau majah.
进　　边　田

(汉语意译):
我来撒种谷物,
使像石头之大,使像松香之味,使像竹子之粗壮,
使长满田边![1]

以上段落的完整描绘,能使读者较直观地见到生活世界的文学场景,由此了解当地泰雅人传诵、展演"口头文学"的动态过程及其与祖灵信仰的内在联系。

后来,借助对荣志诚、蒋斌及胡台丽等一批我国台湾和新加坡学者的案例点评,李亦园对文学与人类学相互应和的"文学展演观"与"文学过程论"作了进一步论说。[2]20世纪80

---

[1] 李亦园:《祖灵的庇荫——南澳泰雅人超自然信仰研究》,《台湾"中央研究院"民族研究所集刊》1963年第15期。
[2] 李亦园:《民间文学的人类学研究》,《民族艺术》1998年第3期。

年代改革开放以后,李亦园支持人类学家王秋桂联手两岸学者开展"傩戏与傩文化"的大规模考察研究,可以说把包含着文学过程论及文学展演论等新理论、新范畴的文学人类学话语推向了田野实证之中。[1]笔者曾应李亦园、王秋桂的邀请加入其中,不仅到台北参加过傩文化的专题讨论会,并在《民俗曲艺》发表了论述侗族大歌、苗族祭祖及布依葬礼与穿青庆坛的多篇论文,既参与了两岸学者的交流互补,从台湾同行那里增长了许多学术见识,更拓展了自己在后来将文学与人类学紧密关联的治学之路。2004年四川大学负责筹办两岸第八届饮食人类学国际研讨会,并在会议期间组织研究生对到会的英国人类学家杰克·古迪进行专访,就口语文字的区分与联系展开了交流。[2]笔者应王明珂教授邀请,参加他主持的"英雄祖先"课题,从文学人类学角度反思蚩尤与黄帝的故事表述,从而把李亦园开启的文学与人类学两岸交往,提升到了更为深入的合作对话阶段。[3]

三

从20世纪人类学与文学的交叉与关联看,海峡两岸经历了不同的演变之路。大陆在1949年后一度排除了人类学,"五四"歌谣运动时期开创的雅俗结合传统仅留给狭小边缘的"民间文学"次学科延续,而且逐渐偏重于以阶级斗争为纲的思想性、革命性和意识形态性,人类学方式的文学研究几乎断裂,无论对作家的书面文学还是民众的口语传统,都不再关注从文本到社会结构的完整面貌及其各具特征的多元价值。因此,直到20世纪80年代后,文学人类学在大陆重新复出时,大部分参与者差不多都出自于文学理论界,尤其是注重跨文化研究的比较文学圈,而人类学领域却见不到积极回应,一方面忙于确立应有的学科地位,一方面急于回归村落民族志的微型全景,因此对似乎过于"高雅""单一"的文学采取了

---
[1] 朱建明:《台湾"中国祭祀仪式与仪式戏剧"研究计划及其影响》,《中华戏曲》1997年第1期;黄克武访问,潘彦蓉记录:《李亦园先生访问纪录》,台北:台湾"中央研究院"近代史研究所,2005年,第351页。
[2] 徐新建:《天府之宴——第八届中国饮食文化国际学术研讨会简述》,《广西民族学院学报(哲学社会科学版)》2004年第1期;(英)杰克·古迪、梁昭:《口传、书写和文化社会》,《重庆文理学院学报(社会科学版)》2011年第2期。
[3] 该项目的相关成果参阅王明珂《英雄祖先与兄弟民族》,台北:联经出版公司,2006年;徐新建:《"蚩尤"和"黄帝":族源故事再检讨》,《广西民族大学学报(哲学社会科学版)》2008年第5期。

消极的回避。台湾学界以人类学为根基的文学研究则延续了自凌纯声、芮逸夫发表《松花江畔的赫哲人》《湘西苗族考察报告》等田野成果以来的学脉传承。今后概述当代中国的文学人类学发展历程时，理应将以李亦园为代表的成果和贡献纳入其中。

1934年，凌纯声在史语所辑刊发表被誉为中国民族志开创性丰碑的《松花江下游的赫哲族》考察报告。①报告篇章由"赫哲文化""赫哲语言"和"赫哲故事"构成，故事占了总体分类的三分之一。在具体展开时，不仅用国际音标和五线谱记录赫哲民歌唱词、收录口语讲述的19则完整故事，并将其与汉民族的经典诗文及周边相邻民族的流传故事进行比较，阐释赫哲故事的本地色彩（local color）及其中包含的"中国文化"等重要议题。对于收录目的，凌纯声从人类学角度强调了故事与文化的紧密关联。他提出：

> 读一个民族的故事，虽不能信为史实，然总可以得到些关于他们的文物、制度、思想、信仰等各方面的知识，对于他们的文化就能有更进一层的了解，这就是我们记录赫哲故事的宗旨。②

作为刘半农的入门弟子，凌纯声此番论述承前启后，向上延续着"歌谣运动"的俗文化研究路径，往下则带动了由其学生李亦园等进一步推进的人类学的文学关怀。多年后，李亦园高度评价凌纯声赫哲族考察的重大意义，把《松花江下游的赫哲族》称为"中国民族学研究上的第一本科学民族志"，③同时以自己能接着撰写出战后首部以特定理论为基础并被视为典范的台湾民族志而自豪。这样的学术承继是如何做到的呢？用李亦园学术总结的话来说，那就是担当学术"开拓者"（pioneer），既敢于开天辟地，又善于启后承前。④因此，不难理解作为凌纯声学生的他，何以能够在20世纪后半叶从人类学出发，引导出那么多重要学

---

① 祁庆富：《凌纯声和他的〈松花江下游的赫哲族〉》，《中南民族大学学报（人文社会科学版）》2004年第6期。
② 凌纯声：《松花江下游的赫哲族》（下册），《台湾"中央研究院"历史语言研究所单刊甲种之十四》，1934年，第282页。
③ 李亦园：《凌纯声先生对中国民族学之贡献》，《台湾"中央研究院"民族学研究所集刊》1970年春季第29期。
④ 李亦园在访谈中回忆自己这么多年的学术研究生涯，"大半所做的都是开拓性的工作"；而之所以形成这样的学术性格，"可以归因为早年都是扮演一种开拓者（pioneer）角色的影响"。参阅黄克武访问，潘彦蓉记录：《李亦园先生访谈录》，台北：台湾"中央研究院"近代史研究所，2005年，第89—90页。

术议题、计划与成果了。

转眼之间，学术往事都成了历史。结合起伏跌宕的跨世纪历程来看，20世纪90年代李亦园先生出席在厦门举行的首届中国文学人类学年会，称得上两岸不同代际的学者，以不同的起点和方式在文学与人类学交叉路口的再度相遇和相知。以这样的交叉汇集为基础，文学人类学的中国之路才叶茂根深。在大陆一方，不但接二连三地引进张光直从考古学视角对青铜器皿的符号解读，出版乔健以人类学理论对印第安颂歌的专题论述，[①]参与王秋桂牵头组织的傩戏考察，及至介绍王明珂、胡台丽、林素蓉等对两岸多个族群"祖先故事""神话表演"及"歌谣传承"的考察阐述。而在台湾，不但文学与人类学相关联的双向互动延绵不断，与大陆学者的交流对话也日益深入，其中突出的事例是2013年在台北、台中和台南举办的促进合作的人类学高级论坛，论坛期间还由潘英海教授组织对花莲山区赛德克族群作了实地考察。对笔者而言，那次的考察内容即为作为影像作品的《赛德克·巴莱》与现实人群之历史记忆及口传表述的对比关联，重点是人类学视野中的文学表述。[②]在很大程度上，电影《赛德克·巴莱》的面世及影响，不正与李亦园从人类学角度对文学、艺术做的分析相对应？1998年发表在大陆《中国比较文学》杂志的文章，李亦园强调了文学艺术的心理功用，将文学视为"被抑制的心理需求的升华"及人类追求"完美心理的本性表现"。[③]

遗憾的是，2013年的人类学高级论坛李亦园因病没有出席，未能到会指导并与大家交流。不过他特地致函会议，对两岸学界的深入交流表示贺喜，同时对前景寄予厚望。

如今，作为新兴交叉学科的文学人类学已在两岸学界日益壮大，把文学视为文化展演及动态过程的看法得到越来越多的学人认可。李亦园先生在20世纪后半叶提出的重要论断不能不说难能可贵，这些先知卓见广为传布，影响深远。那时的大陆学界，文学研究才从"文革"极左劫难中复苏不久，与社会学、心理学等一道被判为"资产阶级学问"的人类学更是步履蹒跚，对学科的命运前景尚难以预料。

在这样的时代背景下，李亦园对于文学人类学的贡献具有不容置疑的开拓意义，从学

---

① 乔健：《印第安人的诵歌》，桂林：广西师范大学出版社，2004年。
② 张洪友：《一曲捍卫赖以生存的神话的悲歌——评〈赛德克·巴莱〉》，《百色学院学报》2012年第6期。
③ 李亦园：《从文化看文学》，《中国比较文学》1998年第2期。

科发展史说，堪称影响深远的文学人类学家。依照笔者观点，其对两岸后来的文学人类学研究的"文学展演观"与"文学过程论"产生了突出影响。

行文至此，仿佛对于文学人类学的整体研究来说，李亦园的聚焦偏重民间、口语传统和少数民族，对于书面的作家文学似乎关注不够。其实不然。仔细阅读李先生与文学人类学相关的文章便会发现，他早已注意到了对雅俗之间——所谓"大小传统"的相互打通。例如，从文学对民族文化所起的社会功能出发，李亦园指出口语文学和书写文学的共同特点，即都"以象征的手法来达到调适心理的目的"。不分民间口传还是作家书写，"文学家经常藉他的直觉体会出一个民族的心声，他不但体会，而且用象征的手法把这种心声表达出来，这就是文学对于社会最主要的意义。"由此，李亦园提出了以人类学为基点的文学评价原则，即：

一个文学家成功与否的一项重要的标准，应该是他能否体会出并道出一个民族的心声，而一个真正伟大的文学家，不但能道出民族的心声，而且是敢在横逆的境遇下冒着生命的危险道出民族的心声。[①]

这就是李亦园阐述的总体的文学人类学观。

如今，在两岸学者共同开拓的文学人类学路上已有日益增多的同道在继续探索前行。无贵无贱，无长无少。道之所存，师之所存。李亦园先生则表述为一种期待深远的愿景，即"文学和人类学都因文学人类学而拓展"。[②]

文学关涉人类，人类学也是文学。彼此功能互补，皆为活态，都是过程。仅以此文连通彼岸，追忆文学人类学的开拓者李亦园。

2017年10月草，2018年6月改

注：本文曾发表在《青海民族研究》2018年第3期。

[①] 李亦园：《从文化看文学》，《中国比较文学》1998年第2期。
[②] 李亦园：《文学人类学走向新世纪》，《淮阴师范学院学报（哲学社会科学版）》1998年第2期。

对话的人类学：以费孝通先生与李亦园先生交往为例

赵旭东 中国人民大学人类学研究所教授、博士生导师
李育珍 中国人民大学人类学研究所博士研究生

一种有生命力的人类学应该关注活着的人的思想表达，即对话的人类学。曾经的不见人的人类学，也是不见有对话的人类学。由费孝通先生和李亦园先生共同开创的彼此之间保持学术对话的传统，是对话人类学的典范。全球化进程的发展、互联网的出现，人流、物流、信息流加速，造成世界文化呈现碎片化的形态。面对这样一种多元变动的文化，需要通过对话避免文化上的自我中心主义及缺乏真正思考和比较的文化相对主义。因此，费孝通将"对话"引入人类学，养成了一种新风气，也开创了对话人类学。需要费孝通和李亦园之间的这种对话传统，更需要跟所有人、人群保持对话关系的对话人类学的出现，一种共知共觉，自然也是互惠人类学的再发现。对话的人类学应该成为一种人类学研究的范式，一代代人类学的后学应该传承下去。

一、问题的提出：人类学对话的典范

人类学是一种人类学者通过田野工作以理解"他者"，并以民族志的形式呈现"他者"文化的学问。在曾经不见人的人类学中，民族志只是单一描述的作品，而不是活着的人的思想表达，也是不见有对话的人类学。然而，人类学显然不是研究纯粹的物或纯粹的物质世界，而是研究彼此有着差异却与我们有着一样心灵存在的人和他们的文化作品的。"人类学

研究的是人,而人又是研究者"。[1]124

巴赫金的对话理论以人的存在为中心和出发点。对话理论认为,"对话作为人的存在本质"。[2]人是有血肉情感的生命体,渴望与他人对话,在对话与交流中,人的思想不断更新,真理不断涌现,生命不断充实和完善。人与人对话产生的效果,不仅是两个人之间思想的交流,也是个人进入社会创造文化的过程,因此,通过研究对话可以达到理解人的文化性、社会性的效果。人类学在孤独的田野之外,应该采取一种对话的交流与互动的姿态。那么,人类学是否具有一种内在的对话性? 有生命力的人类学,是否应该是一种对话的人类学?

大陆著名人类学家费孝通先生和台湾著名人类学家李亦园先生之间的对话交往,可谓是对话人类学的一个典范。李亦园对自己和费孝通对话交流所产生的效果给予了极高的评价:"费孝通可以说是我的私塾老师……以后在海内外各地见面开会研讨很多次,终至成为忘年之交,他对我这个后辈的鼓励和指导,实在不下于我早年的老师李济和凌纯声两位先生。"[3]他们相差21岁(他们初次会面时,费孝通当时已70岁,李亦园只有49岁),相识25年,跨岸相会20多次,思想的对话绵延不断,两人共同缔造了两岸交流的一段佳话。

由于两岸的隔绝,大陆和台湾的人类学开始沿着不同的方向发展。20世纪60年代,大陆人类学在研究对象上侧重于汉族乡村社区的调查,研究目的趋向于实用,关注现实问题,并渐渐出现自我中心主义倾向,"对中国传统文化研究得较深,对中国的国情摸得透,对实际了解,因而在结合实际发展为现代化服务的社会学方面,是处于领先地位的"。[4]台湾人类学倾向于历史学派,研究对象以非汉族的少数民族为主,带有较强的学院派理想色彩,更注重于解释历史、重建过去。值得注意的是,美国当时掀起一股研究汉人社会的热潮,以达到了解"中国社会结构之目的"。[5]台湾人类学在研究方法上、观念上与理论上受西方理论影响较大。"学风受西方理论的影响较大,弱点是对国内的情况不熟悉,调查得不够,因而不够结合实际"[4]。这样一种过于偏向于欧美人类学观念的价值选择,使台湾人类学走向一种实质化的自我认同的建构,两岸人类学彼此之间对话稀疏。

对于此种尴尬局面,重启以费孝通和李亦园之间的对话为典范的对话的人类学,既可以纠正大陆人类学的过度自我中心化,又可以避免台湾人类学不知大陆人类学的新发展而落入欧美人类学的追随者和照搬者的轨道上去。费孝通和李亦园之间,对话的一方提出宏论，另一方则深入追问讨论，彼此激荡，乐在其中。费孝通从最初提出的迈向人民的人类学，到中国的现代化问题的反思，再到"文化自觉"概念的提出；李亦园从汉人社会的研究，到科际整合，再到"致中和"宇宙观三层面和谐均衡模型架构的提出，他们之间的对话交流功不可没。

二、"致中和"宇宙观架构的提出

"致中和"是中国文化的精髓，即追求均衡与和谐。为达到最高均衡与和谐的境界，要在三个不同层面上（个人系统、自然系统、人际关系系统）共同获得均衡与和谐。个人系统要维持健康需要注意"冷""热"以及"阴""阳"等的和谐，具体表现为从食物、药物、补品等方面调理，确保内外均衡。自然系统讲究的是人与自然的"天人合一"，之所以把自然系统放在人际关系系统之前，是因为李亦园在收集民间宗教信仰与仪式部分资料时，认识到"天人合一"思想对中国人心灵的重要性，是中国人最基本的思维方式。人际关系系统中的和谐依靠伦理维持，正是民间信仰所强调的维持家族之间、与祖先之间、邻居和社区之间的和谐关系。李亦园认为中国人的行为和思想都受到"致中和"这一文化法则的影响，他们在日常生活中追求的个人身体健康、家族兴旺是和谐均衡目标的具体体现。

李亦园研究汉族民间信仰与仪式所形成的试图解释中国文化内在结构的模式，把大传统和小传统钩连在一起的理论构架"致中和"。它"'是从民间文化基础上建构的理论模式''是一套解释中国传统文化为什么的理论模式'；同时它是'既能解释社会运作的规则，又能适用于研究小传统和大传统的一套理论'"[6]。

李亦园"致中和"一体性文化价值的提出，源于汉人社会文化的研究，受益于实事求是地探索符合本土研究的途径，借助于西方的模式构架呈现，从研究对象到研究范式方面都受到了费孝通的启发和影响，李亦园说："我多少是在费先生的鼓励和指导之下在最近这几年，理出一个初步的框架，以要说明中国文化最深层的，内在的法则。"[7]

首先，在研究对象方面，李亦园受费孝通本土文化研究的启发转向汉人社会文化研究，并促成了第二次汉人社会研究的高潮。"20世纪60年代开始，逐渐形成以华南为中心（台湾、香港、广东)的第二次汉人社会研究的高潮"。关于如何实现研究的转向,李亦园谈到:"我在学校时,就已兴起研究自己汉族文化的念头,并常以费孝通的《江村经济》和田汝康的《砂劳越华侨》等著作为范本而作思考。"[1]123李亦园开展汉人社会文化的研究取得了一系列成果:《台湾汉人家族的传统与现代适应》[8]174详细说明台湾汉人家族的观念在现代化过程中所出现的种种适应的变化;《近代中国家庭的变迁——一个人类学家的探讨》研究了解汉人社会的时候选择从家庭或家族入手,并认为坟墓风水仪式等是中国人在现代化环境下的亲子关系和世系关系的另一种演变和表达形式;《台湾民间宗教的现代化趋势》描述民间宗教里出现了功利、现实和积极的因素,也出现了捍卫传统宗教伦理的教会,现代化社会里宗教出现多元化趋势以满足人们各层次的需要。进入汉人社会研究后,李亦园有关农村社会调查所得的资料,尤其是民间信仰与仪式部分,成为"致中和"理论重要的资料来源。[9]

其次,在研究范式方面,李亦园呼吁人类学研究不要停留在过去传统民族志的研究范式上,与费孝通打破定点研究的传统,探索出从乡村到市镇、到大区域乃至全国的研究路径颇为相似。李亦园意识到,中国的社会及行为科学长期以来模仿西方,缺乏自己的个性与特色,因此他在研究对象本土化的基础上,进一步推进本土化的研究。"据我自己的了解,一个学科研究的本土化或本国化,不但应该研究的内容要是本地的、本国的,而且更重要的是也要在研究的方法上、观念上与理论上表现出本国文化的特性,而不是一味追随西方的模型"。[10]李亦园在本土化的研究过程中探索出一条从民间文化或从小传统研究汉文化的道路,并提出了著名的"李氏假设",这种研究范式为"致中和"理论的研究做好了铺垫。

再者,李亦园的"致中和"理论与费孝通的"多元一体"民族观可以互补。1995年,在第一届社会人类学高级研讨班上,费孝通指出:"在我国的传统文化里有着重视人文世界的根子,自然世界要通过人文世界才能服务于人类,只看见自然世界而看不见人文世界是危险的。这一点在人类进入21世纪时一定会得到教训而醒悟过来。那时埋在东方土地里的那个重视人文世界的根子也许会起到拯救人类的作用。"[11]李亦园发现的"致中和"理论恰是在挖掘传统文化里人文世界的根子。中国文化中一直有容纳、吸收不同文化的传统,费孝通在此基础上提炼出"多元一体"的民族观。其实,这种容纳、吸收的多元一体基本思维体系是中国历史上不断综合环境调适与资源互补所形成的"和谐均衡"的宇宙观长久作用的结果。

在北太平庄面对面的重要晤谈中,李亦园明确指出,"致中和"是对"多元一体"的民族观的浓缩,"我觉得费你所说的'多元一体'的民族观,就是前面所说的依此而伸展出来中国文化的'和谐均衡观'"[12]。由此可知,"致中和"宇宙观三层面和谐均衡模型的发现是他们两人对话所取得的一项重要成就。

三、从现代化问题反思到"文化自觉"的提出

费孝通与李亦园都十分看重中国传统文化的现代价值,重视对于中国历史的研究和传统文化优秀成分的发掘,从中提炼出有利于现代化发展的东西。围绕如何认识中国文化及在世界秩序的构建中作出贡献,两人以"现代化与中国文化"国际研讨会为契机,展开了一系列的对话。

1980年,费孝通与李亦园初次开始正式对话,意识到人为的阻隔对于个人发展和学术发展的限制,决心大胆冲破台湾当局制造的藩篱,在第三地开展两岸的学术会议,为两岸学者的交流和相互了解及友谊的建立提供更多的机会,从而为两岸关系的缓和与发展作出了贡献。

1981年,费孝通与李亦园、金耀基等港台著名学者共同倡导并发起了第一届"现代化与中国文化研讨会",到2005年陆续举办了八届,研讨会的地点也从香港延伸到了大陆和台湾。现代化与中国文化的关系是海峡两岸暨香港地区研究者共同关心的大问题,在各届研讨会前他们商定出每一届的核心主题,主题涉及"中国传统文化对现代化的影响"(第一届)、"中国家庭及其变迁"(第二届)、"中国宗教伦理与现代化"(第三届)、"中国人的观念与行为"(第四届)、"社会科学的应用与中国现代化"(第五届)、"走向21世纪的中国社会学与人类学"(第六届)、"科技发展与人文重建"(第七届)、"文化的差异与共存"(第八届),探讨在现代化的背景下如何认识中国传统文化,以及中国传统文化对现代化的影响和发挥的作用。

李亦园与费孝通在第一届、第二届"现代化与中国文化研讨会"上,以婚姻家庭的变动为切入点展开对话。在现代化的过程中,社会发生了巨大的变化。"这种变迁在家庭形式

上表现得最为明显,因为家庭是最基本的社群单位"[8]191。因此,费孝通在题为《再论中国家庭结构的变动》的演讲中指出,"由于强调子女对父母的赡养义务,反馈模式可以说是中国亲子关系的特点"[13]。虽然随着现代化进程的发展,从形式上小家庭数量增多有向西方模式接近的趋向,但在法律和伦理层面却增强了反馈模式的传统模式的接续力。在《三论中国家庭结构的变动》的演讲中,费孝通指出,联产承包责任制的推广,对传统的家庭结构产生了一定的冲击,但主干家庭的凝固力依然处于主导地位,"主干家庭的凝固力和分化力正在相持状态中,凝固力略高于分化力"[14]。李亦园在《台湾汉人家族的传统与现代适应》中,借助台湾新竹有关家族仪式与祖先崇拜的田野资料,进一步说明台湾汉人家族组织在现代化过程中所出现的种种适应性的变化,但归根到底都是"以便延续香火"[8]190。李亦园的《近代中国家庭的变迁——一个人类学家的探讨》一文认为:"家族组织及相关仪式行为的变迁,不论幅度多大,但仍然是根据一些基本构成原则在作弹性的运用。"[15]"台湾汉人家族组织在边疆移民的情境下虽然表现出许多'权宜'性的适应方式,但不论什么样的'权宜'办法,都仍然未超越传统家族组织的几个基本原则,只不过是对不同原则给予不同程度的强调而已"[8]174-175。由此可见,现代化过程中社会家庭或家族的许多外在形式虽然发生了种种变迁,但是进一步剖析会发现,支配中国人日常生活和行为的观念和原则并没有变,这些都可以看作是传统文化传承与改革的具体事例,是中国传统文化适应现代化的有力证据。

1988年,在主题为"中国宗教伦理与现代化"的第三届研讨会上,费孝通在题为《论梁漱溟的文化观》的发言中指出,梁漱溟的文化体系论认为不同的文化体系会有各自的人生观,也有各自发展的客观顺序;而Ruth Benedict的文化格式认为:"生聚在一起的共同生活的人群在长期历史过程中所形成的生活方式自成体系并且具有其特殊的格式。"费孝通进一步从整体加特点的文化观上将这两者结合起来,强调在认识自己的文化体系特点的同时,也要认识到其他文化体系的特点;在发展进程中,应善于在现代化的社会背景下,挖掘不同文化中的优秀部分加以继承并改进,以适应现代化的发展进程。此外,费孝通还引出了一个新问题,即"在当今的世界上文化传统不同的人们已经生活在一个分不开的经济体系里,怎样能形成一个和平共处的世界秩序"[16]。其实这也是他之后不断探索的一个问题。

对话的一方费孝通提出宏论，另一方李亦园则就宗教与现代化进行具体探讨。李亦园指出，随着现代化的发展，一方面，"台湾民间宗教趋向功利主义的方向"[17]202，宗教出现多元化的变迁趋势；另一方面，维持传统宗教的力量也在不断地强化，"其复振的目标是传统社会的道德伦理，企图借这种复振对抗现代社会的功利主义趋势"[17]208-209。此外，李亦园认为，不能以西方的宗教观来看待中国人最基础的信仰与仪式，因为"白马固非一般的马"，却也是马的一种。这恰与费孝通的整体加特点的文化观相呼应。

1993年，在第四届研讨会上，李亦园就上届研讨会上费孝通提出的如何对待传统文化的问题，作了《传统中国宇宙观与企业行为》的主题演讲。他解释了传统宇宙观在现代企业中所发挥的作用，试图说明传统文化中的几条原则仍支撑现代企业的运营，这可谓传统文化传承与改革的具体案例。

费孝通在这次研讨会上就"怎样能形成一个和平共处的世界秩序"问题做了《个人·群体·社会——一生学术历程的自我思考》的发言。他从个人的学术历程开始反思，进而扩大到学科、国家直至全世界的文化思考。其反思并不局限于历史之内，而是在了解传统的前提下，寻求不同人文类型和平共处的途径。由此，他提倡不仅应研究社会结构，还要研究活生生的人，应致力发掘中国几千年发展起来的关于人、关于中和位育的经验，贡献给当今的世界[18]。

费孝通与李亦园通过一系列"现代化与中国文化研讨会"展开对话，彼此激荡。正如费孝通在第七届"现代化与中国文化研讨会"上感叹到："这个系列性的'现代化与中国文化研讨会'……给了我很大的鼓舞，给了我多方面的启发，使我常有'吾道不孤'之感。"[11]费孝通明确地认识到，现代化进程中文化传统不同的人们生活在一起，构成了"多元一体"的现代社会；中国传统文化在诸如婚姻家庭、宗教伦理等领域中发挥了重要的作用，人们应该注重对传统文化优秀成分的发掘，同时应该认识到不同的文化体系各有特点，要看到其他文化的优秀传统。由费孝通和李亦园共同开创的保持学术对话的传统，开启了两岸人类学之间的实际思想交流，从对中国的现代化问题的反思，迈向"文化自觉"。

先后举办了六届的"中国社会文化人类学高级研讨班"，践行了人类学家之间"对话"的原则，并引发了费孝通与李亦园双方在一个更高境界中实现真正引领性的思想交流。费孝通在第一届研讨班上明确指出："高级研讨班，就高在这dialogue上，高在对话。"[11]该研讨班以"对话"促进海峡两岸暨香港地区中国人类学家共同推进中国人类学的进一步发展。"这次研讨班为促成东亚国家和地区人类学家之间的对话，促成我国几代人类学家之间的对话，促成讲员和学员之间的对话，进而促成国内各教学单位、科研单位以及各地区中青年学者之间的对话，发挥了积极和良好的作用"[19]。通过对话找出自己的不足，通过对话相互交流，通过对话提升自己，从此人类学开启了对话的新风气。

正是在这种"对话"的氛围下，1997年第二届中国社会文化人类学高级研讨班上，费孝通以《重读江村经济序言》为引子，展开了对文化自觉的理论阐释，他指出："文化自觉是一个艰巨的过程，首先要认识自己的文化，理解所接触到的多种文化才有条件在这个已经在形成中的多元文化的世界里确立自己的位置，经过自主的适应，和其他文化一起取长补短，共同建立一个有共同认可的基本秩序和一套各种文化能和平共处、各舒所长、联手发展的共同守则。"[19]这是费孝通第一次正式提出"文化自觉"的概念，并以此来表明该研讨班的目的，且认为反思和对话是行之有效的方法[20]。在研讨班上，李亦园从宗教人类学的视角对"文化自觉"进行了具体的阐释，探讨了中国人中最为基层的信仰、符号与制度体系，揭示了文化理解中的宗教、仪式与象征分析的重要意义[19]。

1998年，在第三届中国社会文化人类学高级研讨班上，费孝通作了题为《读马林诺斯基〈文化动态论〉的体会》的讲演，认为全球一体化是历史的前景，人类的历史是分散、孤立的人群逐步由分而合的过程。国家与国家、民族与民族、种族与种族、宗教与宗教等之间的相互接触越来越频繁，使原来分立的人文世界逐步向一个"地球村"转变。为了加强对文化转型的自主能力，取得适应新环境、新时代文化选择的自主地位，费孝通开出了"文化自觉"的药方。"文化，我叫它是个人造的人文世界。这个人文世界是我们的祖先和我们自己造出来的。……我觉得人类的文化现在正处在世界文化统一体形成的前夕。要形成一个统一体而又尚未形成，要成而又未成的这样一个时期，就表现出了'战国'的特点。这个特点里边有一个方向，就是多元一体的世界文化的出现。我们要看清楚这个方向，努力为它准备条件"[11]。同期，李亦园作了题为《社会科学中国化与本土化》的演讲，与费孝通提出的"多元一体的世界文化"的议题相呼应。李亦园认为，人类学研究或社会科学的本土化，其最终的目的并非只是本土化而已，这一点是非常重要而需要特别提出的。本土化研究重要的目的固然是不要被西方理论与方法牵着鼻子走，进而发展本国自己的方法、观念与理论。然而，既要避免落入纯粹而不自知的欧美人类学的追随者和照搬者的轨道上去，又要避免过度自我中心化。他明确提出，社会科学中国化与本土化的最终目的在于建构可以适合全人类不同文化、不同民族的行为与文化理论。

1998年6月，李亦园到北京北太平庄拜访费孝通，并就他们一直关心的中国文化和构建未来世界秩序等问题展开了一场深刻且有意义的对话。相比费孝通和英国人类学家利奇试图展开的那场对话人缺场缺席的对话而言，费和李之间是一种对话双方真正在场的真实性对话。一方是在行，也是在访；另一方则是在听，也在说，相互形成一种"实"的共在。而彼此交谈的结果便是共同的知，更是共同的觉。这正是费孝通与李亦园之间对话的真正价值所在。

这次面对面交流的对话式的晤谈，可谓是对前阶段探索的总结和延续，成了两岸文化学术交流的一件大事。谈话的内容以《中国文化与新世纪的社会学人类学费孝通、李亦园对话录》为题在《北京大学学报》1998年第6期上发表。《新华文摘》1999年第3期以《中国文化与新世纪的社会学人类学》为题将谈话记录全文转载。在此次对话中，李亦园对费孝通已取得成就总结道："一个是在实践的方面，怎么使中国的经济和社会更进一步地发展，成为一个强盛的国家；一个是在理论的方面，怎么使整个人类和平共处、相互合作、走向天下大同的发展前景。"[12]进而提出期待费孝通在这两方面的进一步发展。

费孝通反思自己能在实践方面取得成就是受到中国文化的影响。"'志在富民'是受益于'从实求知'的科学态度。一切从实际出发。'实'就是实际生活，就是人民发展生产、提高生活的实践。从'实'当中求到了'知'之后，应当再回到人民当中去"。这些思想主要由于"知恩图报"和"学以致用"的文化传统发挥作用的，并反思到尽管自己主张从实求知、理论联系实际，但还不够"实"。"我是自觉地把自己放到农民里边去。可是实际讲起来，还不是真正农民的心理。我的本质还不是农民，而是大文化里边的知识分子，是士绅阶级"[12]。费孝通说的"从实求知"的"实"并不一定是实地调查，以前从事"富民"的研究都是这样一种"只见社会不见人"的"实"，而真正的"实"是要找到社会实体下面的"人"，人的"自我感觉"也就是费所说的"人文世界"的核心。

在本土文化面临解体和消失的困境下，李亦园认识到费孝通"多元一体的文化观"具有重要的现实意义。西方文化具有用理性的逻辑将客观世界转化成为一种文明的特性，如吉登斯所描述的"今天的世界是一个单一的世界，拥有整齐划一的经验框架"[21]。其中存在潜在的危险。从生物演化规律的角度看，只有保持其基因特性的多元化，"避免走入'特'（specialization）的道路"[12]，方能适应环境的变化，而避免最终走上灭绝的道路。人类是生命形态的一种，不但其生物性的身体要保持多元性，而且人类所创造出来的文化，也受生物演化规律的约束，应保持多样性的状态以备有朝一日环境巨变时的重新适应之需。提倡多元一体的文化观，即费孝通的"美美与共"，是为了避免人类文化最终走上灭绝的道路，使人类全体文化永续存在。

李亦园接着追问道："在中国人的生活经验当中，在中国的文化秩序当中，哪一些可以提供给将来在21世纪生活的人们，有益于他们懂得容忍别人，谅解别人，欣赏别人，形成一些大家愿意共同遵守的基本规则，超越东西方的界限？"费孝通以一个充分体现时代色彩而又影响广泛的史实"一国两制"为例，说明"有一个中国文化的本质在里边，它可以把不同的东西合在一起"。"一国两制"不仅有政治上的意义，同时还有文化的意义，即不同的东西是能相融相处的。"一国两制"的实现让人们看到，"在世界文化的发展过程中，不同的制度有和平共处的可能性，可以出现对立面的统一"。这种思想引入到民族，就形成了"多元一体"的民族观，引入到世界就是构建"天下大同"的世界观。李亦园更加明确了"致中和"是对"多元一体"的民族观的浓缩，"我觉得费你所说的'多元一体'的民族观，就是前面所说的依此而伸展出来的中国文化的'和谐均衡观'"[12]。在东亚经济危机当中，之所以中国成了一个稳定全局的角色，除了经济、财政等因素外，还有文化的因素。中华文化的"致中和"对21世纪的人类文化的发展具有重要意义。

通过这次会晤，费孝通与李亦园在诸多方面达成了共识，认为要善于把各个文化中有利于人类和平共处的东西提炼出来，推己及人变成世界性的好东西。如中国文化的和谐均衡观延伸出来的"多元一体格局"，对中国民族关系构建及世界文化关系的构建都具有重要意义。全球化过程中的"文化自觉"可以理解为在世界范围内构建"多元一体格局"的文化关系。

四、"对话"的人类学与互惠的人类学

人类学是文化比较之学,而对话则是文化间进行比较的一种问题发现的重要来源,人类学显然不是研究纯粹的物或纯粹的物质世界,而是研究彼此有着差异但却有着一样心灵存在的人和他们的文化作品。人类学具有一种内在的对话性。

根据美国人类学者Ruth Benediet的文化格式可知,每个个人、人群、民族、国家都有自己的特性。因此,他们都有自己存在的价值,同时也存在着自己无法突破的局限,而通过"对话"可以寻找突破口,提升自我。"对话是参与对话者(双方或多方,包括显性对话者和隐性对话者)平等地表达(包括有声表达和无声表达)自己内心的思想和情感的过程。在这一过程中,对话的内涵不断向纵深和宽广处发展,对话中的每一个成员都能够从中获得新的思想和情感"[22]。一种有生命力的人类学,应该是一种对话的人类学。

自举办"现代化与中国文化国际研讨会"以来,作为两岸人类学的代表,费孝通和李亦园就以平等的身份展开持续交流对话成了忘年交,促进了各自的学术研究:费孝通通过对话从最初提出迈向人民的人类学,到中国现代化问题的反思,再到提出文化自觉概念;李亦园则在这种交流中发现了"致中和"的一体性文化价值的存在。这种对话的精神与传统让他们彼此构建了互惠往来的关系。"互惠关系从来都是带有一种根本性意义的,它是真正可以被彼此之间相互感染的一种人际关系,即它是传递性的且不会真正中断的"①。这种互惠的形式无意之中能让他们之间的友谊更稳定和密切,让他们的关系进入一种良性循环,相互往来,彼此激荡,乐在其中。

费孝通和李亦园所展开的对话不仅促进了双方的学术研究,同时也促进了两岸人类学的发展。两岸隔绝的局面妨碍了双方对话的互惠往来,不利于人类学的发展。他们展开了持续不断的对话,搭建起了两岸学术交流的桥梁,对促进两岸关系友好发展发挥了积极作用,构建了一种互惠的往来。在大陆的人类学影响下,台湾人类学研究对象转向汉人社会文化研

---

① 赵旭东:《一带一路视野中的互惠人类学》,第四届"二十一世纪人类学论坛"的主题发言;赵旭东:《互惠人类学再发现》,《中国社会科学》2018年第7期。

究,并形成第二次汉人社会研究的高潮,丰富了汉人社会的研究[①]。台湾本土化研究的开展及现代化与中国文化国际研讨会推进了大陆陆续召开本土化相关会议,并出版了《人类学本土化在中国》一书,就本土化如何实现达成共识,即"要实现人类学的本土化,作为人类学者必须对中国文化有相当深厚的修养,而且对国际人类学界的学术规范也要有所了解,在应用方面需要长期的经验积累"[23]。认为本土化的最终出路是"首先要形成对自己传统的文化自觉,坚守自己的传统才不至于在全球化时代自我迷失,步别人后尘,但又绝不是固步自封的国粹主义,中国人类学研究的本土化最终出路应是走向世界"[24]。大陆人类学丰富的田野成果有利于台湾人类学了解自己的文化,而台湾人类学的先进理论和方法也会进一步加速大陆人类学的科学化。"对话"让两岸的人类学有了更多共同关心的问题,彼此之间互相依赖,互惠往来。这种对话的传统与精神对当下的两岸人类学而言,仍旧有着积极构建彼此关系的意义。

此外,人类学界从举办"现代化与中国文化研讨会"到"中国社会文化人类学高级研讨班"再到"人类学高级论坛",对话贯穿其中并发挥了重要作用。"对话"被引入人类学,开创了一种新风气,共同促进人类学的发展。每个成员通过"对话"找出自己的不足,通过"对话"相互交流,通过对话提升自己,费孝通在第一届高级研讨班上明确指出:"高级研讨班,就高在这dialogue上,高在对话。"北京大学中国社会文化人类学高级研讨班取得了显著的成就,"实现了中国人类学跳出边缘的跨越"[25]。对话的人类学加强了彼此的互动交流,越来越受到人们的关注,人类学界"对话"的诉求也越来越强烈。

由费孝通和李亦园共同开创的彼此保持学术对话的传统,开启的不仅是两岸人类学之间的实际思想交流,更重要的是超越了一般意义上的"文人相轻"的俗见,而在一个更高境界实现真正有引领性的思想交流,这是莱布尼茨意义上的一场"光明的交易",是在差异之间搭建起一座可以沟通的桥梁,彼此在这种交流沟通中各有所得,在对话中实现互惠。

---

① 麻国庆:《汉族的家族与村落:人类学的对话与思考》,《思想战线》1998年第5期。文中指出一些研究台湾社会的人类学者发现,台湾所处的条件相同,却不见单姓村或大型的地域宗族组织。许多台湾学者的成果表明,早期台湾移民的主要社会组织,不是以血缘联系为基础的亲属团体,而是以地缘为认同标志的"祖籍群"。

五、讨论与结论

　　相比费孝通和英国人类学家利奇试图展开的那场对话人缺场的缺席的对话而言，费孝通与李亦园之间是一种双方真正在场的真实性对话，是彼此可以面对面交流的对话式晤谈。通过对话，李亦园转向汉人社会文化研究，并取得了《台湾汉人家族的传统与现代适应》《近代中国家庭的变迁——一个人类学家的探讨》等成果；打破西方研究范式的传统，探索出了一条从民间文化或从小传统文化研究汉文化的道路，并在宗教研究方面取得了突出成就，完成《说宗教，谈文化人类学的观点》等；采用了"从实求知"的研究态度，发现了"致中和"的一体性文化价值的存在。在对话中，费孝通提出应该注重对自己的传统文化优秀成分的发掘，并使其适用于现代社会的发展；指出要避免过度自我中心化，认识到不同文化体系各有特点，并欣赏其他文化的优秀传统；另外，便是把各个文化中有利于人类和平共处的东西提炼出来，推己及人变成世界性的好东西，在世界范围内构建"多元一体格局"文化关系的"文化自觉"。李亦园的行与访，费孝通的听与说，共同谱写了人类学史上"对话"的典范。

　　人类学是文化比较之学，而对话是文化间进行比较的一种问题发现的重要来源。费孝通与李亦园之间的对话之所以能成为典范，是因为它具备了对话的基本特征，"对话作为人的存在本质，具有平等性、差异性和思想性的基本特征"。首先，平等性是确保差异性和思想性的存在的前提，只有平等才能让对话的双方都得以表达、被倾听、被理解，并能得到从他者的立场上作出的回应，而非一方强势，而另一方归顺处于无语的状态。初次见面，费孝通虽已是著名的人类学家且比李亦园年长21岁，但是以平等的身份进行交流，随后更是成了忘年交。其次，差异性是文化多元性的表现，"对话的双方必须具有不同的声音和观念"[26]。费孝通和李亦园由于两岸的隔离而缺失了对话的机会，使得本应该时时交流的思想变得疏远产生了差异，但这也为两人对话得以展开创造了条件，各自被隔离开来的不同背景下的生活经历，经过长时间的积淀后让双方都具有各自的特征，当他们再次对话的时候，往往能通过认识对话的"他者"来反观"自我"，进而"寻求对自己业已十分熟悉的事物获得一种有可能真正出现的基于文化自觉的超越性理解以及问题意识的敏感性提升的陌生感"[27]，基于这种超越性的、自我突破式的思维习惯，对话的双方都激发出一种极具创造性的思想力量。再次，思想性是对话得以不断向纵深和宽广处发展的必要因素，只有思想的交流，对话的双方才能达到互补，彼此激荡，乐在其中。此外，人类学的对话还应特别强调扎实的田野工作，因为"人类学的成长不是在教科书里，也不是在课堂上，而应该是在田野"[28]。费孝通和李亦园都是在丰富的田野经验的基础上，对文化才有了深入的研究，所以他们在北太平庄的会晤是在一个更高境界中实现的真正引领性的思想交流，彼此在交流沟通中各有所得。

这种对话的精神或传统并不会也不应该因为两位伟大人类学家的过世而被人所遗忘。费孝通与李亦园之间这种实实在在的"对话"是中国人传承学术传统的独特方式。他们可以说是一种"学术意义上的共同体和连续体，学术研究的文化就是由一代代学者通过这样的方式构建起来并传承下去的"[27]。通过"对话"这种传承学术传统的独特方式，费孝通和李亦园完成了这种学术的接力，越来越多的学者将会借助"对话"的形式完成学术上、思想上薪火相传的责任。

随着全球化进程的发展，"我们处在一种紧迫性的'数字化生存'的生活世界中"[27]，由于人流、物流、信息流在全世界范围内快速流动，文化也因此变成碎片化，而不再是乡土中国稳定性的、不变的传统的文化。面对这样一种多元变动的文化，我们需要通过对话去避免文化上的自我中心主义以及缺乏真正思考和比较的文化相对主义。因此，我们需要费孝通和李亦园之间的这种对话传统，我们更需要可以跟所有人、人群保持一种对话关系的对话人类学的出现。一种共知共觉，自然也是互惠人类学的再发现。对话的人类学应该成为一种人类学研究的范式，一代代人类学的后学应该传承下去。

【参考文献】

[1] 李亦园：《我的人类学研究生涯》，《田野图像——我的人类学研究生涯》，济南：山东书报出版社，1999年。

[2] 李健、吴彬：《论巴赫金的对话理论》，《皖西学院学报》2003年第3期。

[3] 吴远鹏：《人类学大师的信念和心怀——读李亦园先生新著〈鹳雀楼上穷千里〉》，《闽台

文化交流》2007年第4期。

[4] 胡国华：《费孝通港行纪谈》，《岁月的河：名流纪实》，广州：南方日报出版社，2012年，第206页。

[5] 马威：《台湾人类学的汉人社会研究》，《中南民族大学学报（人文社会科学版）》2007年第4期。

[6] 曾玲：《李亦园教授与东南亚华人研究：人类学的视野与方法》，《华人华侨历史研究》2004年第1期。

[7] 李亦园：《我的人类学观：说文化》，《田野图像——我的人类学研究生涯》，济南：山东画报出版社，1999年，第23页。

[8] 李亦园：《台湾汉人家族的传统与现代适应》，《李亦园自选集》，上海：上海教育出版社，2002年。

[9] 李亦园：《口述历史李亦园先生访问纪录》，台北：台湾"中央研究院"近代史研究所，2005年。

[10] 李亦园：《人类学研究本土化在中国》序，《李亦园自选集》，上海：上海教育出版社，2002年，第448页。

[11] 潘乃谷：《费孝通教授和"现代化与中国文化研讨会"》，《西北民族研究》2005年第3期。

[12] 费孝通、李亦园：《中国文化与新世纪的社会学人类学——费孝通、李亦园对话录》，《北京大学学报（哲学社会科学版）》1998年第6期。

[13] 费孝通：《家庭结构变动中的老年赡养问题——再论中国家庭结构的变动》，《北京大学学报（哲学社会科学版）》1983年第3期。

[14] 费孝通：《三论中国家庭结构的变动》，《北京大学学报（哲学社会科学版）》1986年第3期。

[15] 李亦园：《近代中国家庭的变迁——一个人类学家的探讨》，《李亦园自选集》，上海：上海教育出版社，2002年，第169页。

[16] 费孝通：《论梁漱溟的文化观》，《群言》1988年第9期。

[17] 李亦园：《台湾民间宗教的现代化趋势》，《李亦园自选集》，上海：上海教育出版社，2002年。

[18] 费孝通：《个人·群体·社会——一生学术历程的自我思考》，《北京大学学报（哲学社会科学版）》1994年第1期。

[19] 周星、王铭铭：《发扬文化自觉，坚持田野研究第二届社会文化人类学高级研讨班综述》，《广西民族学院学报（哲学社会科学版）》1997年第2期。

[20] 费孝通：《反思·对话·文化自觉》，《北京大学学报（哲学社会科学版）》1997年第3期。

[21] （英）安东尼·吉登斯，赵旭东等译：《现代性与自我认同》，北京：生活·读书·新知三联书店，1998年，第5页。

[22] 邢秀凤：《语文课堂对话艺术》，长春：东北师范大学出版社，2005年，第5页。

[23] 高崇，邹琼：《从本土走向全球的中国人类学——1999人类学本土化国际学术研讨会综述》，《广西民族学院学报（哲学社会科学版）》1999年第4期。

[24] 徐义强：《人类学本土化探索历程评述——以吴文藻、费孝通和李亦园为主的讨论》，《青海民族研究》2011年第4期。

[25] 徐杰舜：《中国人类学学科的恢复与发展》，《怀化学院学报》2007年第10期。

[26] 周倩平：《巴赫金"对话"理论初探》，《阴山学刊》2012年第1期。

[27] 赵旭东：《何以仍旧要纪念费孝通先生？》，《西北师范大学学报（社会科学版）》2017年第5期。

注：本文曾发表在《中南民族大学学报（人文社会科学版）》2018年第5期。

跨越海峡的人类学之情
——纪念李亦园先生

周大鸣 湖南湘潭人,中山大学社会学与人类学学院教授、博士生导师,教育部"长江学者奖励计划"特聘教授,人类学高级论坛学术委员会主席团主席

李亦园先生离开我们一段时间了,这段时间很多人从各种角度来纪念、缅怀李先生,我的出手比较慢,想组稿一组学术的文章来纪念他,这组文章从汉人社会、民间信仰、台湾高山族、海外华人等角度研究李先生的学术贡献。作为一个栏目的主持人,我也想从以下几个方面来谈谈看法:第一个方面就是自己同李先生的交往,第二个方面主要谈谈李先生在台湾做出的贡献,第三个方面是李先生对推动大陆人类学的发展所做的贡献。

一、我与李亦园先生的交往点滴

我很早就知道李亦园先生,20世纪80年代我们进学校学习的时候,要写人类学的论文,我们都喜欢看《台湾"中央研究院"民族学研究所集刊》,这些集刊里面经常会有李先生的文章。我第一次见李亦园先生大概是1994年4月,那时候庄英章先生组织了一个海峡两岸农村社会变迁的会议,庄先生邀请我参加。我记得当时我要去台北市中心,庄先生说那你就坐李先生的便车去吧,这是我第一次跟李先生正式接触。准备上车的时候我就犹豫,到底是坐前面呢,还是坐后面呢?我就问李先生:"我合适的位置是什么?"李先生说坐车确实是个礼仪,他说要看是什么人开车,如果是朋友开车,你是客人,你应该坐在他旁边;如果是

专职司机开车，你应该坐在后面；当然如果是两夫妻，那么人家两夫妻肯定应该坐在前面，这个是坐车的礼仪。当时从台湾"中央研究院"到台北市中心，我一路上都在跟李先生交谈，这是第一次近距离地跟他聊天。

李先生对大陆来的学者都非常热情，他在台北世贸中心顶楼请大家吃饭。那个时候我们还没有见过这样的场面，这种会所餐厅都是会员制的，不能拿现金买单。李先生每次都穿戴非常严谨，西装革履，还要排座次，哪个人坐哪个位置，他都很认真地安排。后来这个活动基本上成为惯例，凡是大陆学者来台北参加学术会议，李先生都会请大家吃饭。我也记不清到底跟李先生有过多少次来往，因为自从1994年以后，我连续去了很多次台湾，每次到台湾都会跟李先生联系，去拜访他。我也去过李先生家里，我记得先生家里有特别多的书，他还专门在台北买了一套大面积的房子来放他的藏书。

跟李先生接触下来，我觉得他特别的平易近人。1994年，我还是年轻的学者，当时我在台湾参加学术会议，我跟李先生说想去台湾新竹清华大学那边，去拜访一些在1949年之前来到台湾的老兵，其中包括从我老家湘潭过去的老兵、同乡以及一些大陆朋友。他主动说他在台湾清华那边有一套房子，那段时间他不在清华上课，可以把那套房子借给我住。之后我就在台湾清华大学分配给李先生的那套公寓里面住过一段时间，我记得庄孔韶先生好像也在那里面住过。这件事给我印象非常深刻，当时李先生还兼任台湾清华大学人文社会学院的院长，这么一个"大牌"的教授居然这么平易近人，让我特别敬仰。

此后，大陆跟台湾的联系越来越多，在国家教委有关部门和北京大学的支持下，社会文化人类学高级研讨班顺利举办，其中第一届、第二届研讨班李先生都作为教员来大陆讲课。2004年，中山大学80年校庆，我专门邀请李亦园先生作为中山大学特邀主讲嘉宾参加了校庆系列活动，其中包括在全校作了一个主旨演讲。后来我在一些大型的活动中也跟李先生见过面。例如乔健先生70大寿在花莲举办族群与族群关系的学术会议，李先生也去了。从大陆去花莲必经台北，李先生在台北请所有大陆学者吃饭。饭后大家到他书房参观，一起照相。时过境迁，先生的音容笑貌一直在我的脑海中浮现。

二、李亦园先生对台湾人类学的贡献

从一个"岛外人"的角度看台湾及其人类学的发展，我认为李先生是一个承前启后的人物。当凌纯声、芮逸夫、李济这批老先生相继退休以后，李先生成为了一个很重要的中坚人物。他从美国哈佛大学研究生毕业以后回到台湾，开始致力于台湾人类学的研究。他曾经担任过台湾"中央研究院"民族学研究所副所长、所长，后来被选为台湾"中央研究院"院士和台湾"中国民族学会"会长。

李先生在担任要职的同时，在台湾积极推动人类学机构的建设。他不仅在台湾清华大学、台湾大学做过兼职教授，还在台湾清华大学创办了人文社会学院，并创办了人类学研究机构，邀请海内外教授讲课任教，推动了台湾清华大学人类学的发展，台湾大学和台湾清华大学成为人类学研究的重要力量。在这之后，其他大学如台湾政治大学、台湾交通大学的人类学机构相继建立，都离不开李先生的贡献。

其次，他在台湾推动人类学的研究。因为他长期在民族学研究所做所长，在台湾清华人文社会学院做院长，培养了一批学生。他们在台湾做了一系列包括高山族、汉族的研究以及海外华人的研究，同时他和学生也来大陆做研究。李先生的很多研究都具有开拓性的作用，如他很早就开始做海外华人研究，他出版的关于马来西亚华人社区的研究著作比较早地推动了台湾东南亚研究的开展。李先生是海外民族志的一个很重要的倡导者，同时，李先生是汉人社会研究的重要推动者。人类学传统上是做少数民族研究的，包括李先生的老师如芮逸夫、凌纯声等，凌纯声早期做松花江的赫哲族研究，到台湾以后也做高山族的研究。李先生做汉人社会研究时还提出了自己的理论对话点。在民间信仰研究方面，他跟美国很有名的社会学家彼得·伯格对话，他说如果要研究中国，尤其是研究汉人社会，你不研究民间信仰，你只能了解中国的一半。因此李先生亲历亲为，在台湾组织了很多大型的民间信仰项目研究，包括从定量到定性结合的分析。他在做新竹寺庙研究时组织了很大的团队，每一个寺庙派一个观察员，按照统一的表格设计进行观察和记录，进行量化，从而勾勒出台湾民间宗教发展的图景。

虽然人类学是西方殖民时代的产物，从某种程度上来说是一个"外来学科"，但是李先生十分强调人类学的本土化。他在一些会议和文章里也提到，其他学科也许不存在本土化，但是人类学会存在本土化。意思是说人类学所研究的是一个很接地气的东西，尤其是研究不同文化的差异。因此，在不同的地域和文化中，用什么样的方法来研究它，用什么样的理论来解释它，都需要进行重新讨论及反思，也就是人类学的本土化。实际上几乎在所有殖民地社会，都曾经有过这样的反思，即帝国主义时期人类学家的那一套方法和体系，适不适合当前社会的研究和解释。在台湾的反思中，台湾学者对弗里德曼的宗族社会、宗族模式进行了"台湾经验"的检验。弗氏的理论认为，边陲地带、稻作农业和灌溉体系是促成宗族形成和兴盛的很重要的原因，但是台湾也具备这三个条件，台湾宗族却没有成为一个很重要的补充。因此，台湾当地学者提出信仰圈、祭祀圈的理论来解释台湾社会。

同时，李亦园先生倡导人类学的宏观研究。实际上他做的海峡两岸的比较研究，以及他跟张光直先生合作进行的浊大流域研究，都是在思考如何在人类学研究中，通过一个小的社区来进行一个大的社会解释。李先生不拘泥于传统，也不拘泥于人类学是做少数民族还是汉族，他的视野比较开阔，包容性比较强。他主张发展人类学的应用研究，这实际上是在推动企业跟各界的联系，我觉得这个想法非常棒。由此看来，李先生能在台湾学界成为很有影响的人物，并非偶然。

与那些将学术研究高置于神坛之上的学者不同的是，李先生强调学术研究的大众普及，强调人类学从科学的殿堂走向民众。他有好几个科普性的演讲集，都是用深入浅出的语言来讲文化，例如饱含了他一生研究精华的著作《人类的视野》，都是用很简单、通俗的文字来讲人类学的事情。此外，李先生主编的重要文集至今有深远的影响，李先生能成为一个有跨学科影响力的人物，与他对人类学知识的普及密切相关。

三、李亦园先生与海峡两岸的学术交流

李亦园先生不仅在台湾书写了人类学研究的新篇章，他在推动海峡两岸学术发展与交流方面，也做出了重大的贡献。他早年跟乔健先生合作，举办了一个中国文化与现代化的会议，该会议于20世纪80年代初期在香港举行，海峡两岸暨香港地区学人在香港聚会，当时费

孝通先生也是第一次参加。中山大学人类学系的梁钊韬先生当年也参加了这次海峡两岸暨香港地区中国文化与现代化的会议。

其次，李亦园先生推动了人类学海峡两岸的比较研究。李先生自己是泉州人，所以他率先推动闽台比较研究，他们与厦门大学、福州还有泉州的一些研究机构合作，主持了大型的研究项目，如华南的农村社会变迁，以及关于童养媳的研究等。由于这些研究通常都持续三到五年，所以这期间要举行学术研讨会，邀请大陆的学者去台湾参加学术会议。我印象特别深的是，我第一次去台湾的时候，要了一整套台湾"中央研究院"民族学研究所的出版物，包括民族学研究所的集刊，还有各种丛刊，我也问李先生要了一整套他自己的书来送给我们系的资料室。记得当时是庄英章先生的司机帮我从台湾邮寄回来，有十六七包，邮寄费不菲。所以在中山大学人类学系资料室，很早就有一整套从台湾"中央研究院"运送来的书，这要感谢他们。虽然邮寄费是我自己出的，但李先生觉得大陆学者不容易，专门给我在台湾政治大学和台湾"中央研究院"安排了两次讲座，用讲座费来弥补我的邮寄费。

费孝通先生从1995年开始推动大陆人类学的发展，他当时请李亦园先生、乔健先生、日本中根千枝先生以及韩国的金光忆先生来合作举行人类学高级研讨班。我们是研讨班第一届学生，我们的结业证书上面有李亦园先生、费孝通先生的签名。在1995年高级研讨班上，前辈们都说做人类学研究最好要有研究异文化的经历，所以高级研讨班一结束，我就去西藏做研究了。1995年高级研讨班以后大家都很振奋，全国的许多中青年学者都参加了这个高级研讨班。当我回到中山大学人类学系之后，还专门做过相关介绍，称"人类学的春天到了"。后来遇到了很多问题，李先生他们顾全大局，1997年人类学高级研讨班本来计划北京大学跟云南大学合作，在云南大学举行，后来因为一些原因，高级研讨班同时在北京和云南举行。李先生他们为了推动大陆人类学的发展，大冬天不辞辛劳，先在北京参加由费老主持的高级研讨班之后，他们海外的这一批学者又全部飞到云南，参加云南的高级研讨班。

对于李亦园先生来说，参加大陆举办的各种各样的人类学活动已经成为常态，包括厦门大学、中山大学举办的人类学会议以及全国各地的活动。由于李先生是名人，每到一地，除了要做演讲、坐主席台，还要致辞以及参加各种采访活动，非常辛苦，但是他都能做到。记得大陆的文学人类学、艺术人类学等会议他都来参加，李亦园先生对大陆人类学的贡献，大家是有目共睹的。

　　李亦园先生就是这样一位扎根学术与社会发展的学者，虽然今天他离开了我们1，但是他对中国人类学的发展所做出的不可磨灭的贡献以及他的学术思想会一直闪耀在人类学史册，薪火相传。

　　注：本文曾发表在《广西民族大学学报（哲学社会科学版）》2017年第5期。

未竟对话："文化中国"的新时代思考

孙振玉 宁夏大学政法学院教授、博士生导师

李亦园先生去了，先生的学术却不朽地活着。我与先生，缘分算不得多，也算不得深，真的是"一面之缘"，却不是没有意义的。2004年5月，徐杰舜教授倡导的中国人类学高级论坛在银川举办，主题是"人类生存与生态环境"，重要成果之一是发表了"生态宣言：走向生态文明"，这是一个体现"人类学使命和中国声音"的宣言。在这次论坛上，徐教授请来了彼此同门的李亦园先生和乔健先生，他们的夫人也来了，这是我唯一的一次机会，得以见到李亦园先生。先生还给我带来了他的《李亦园自选集》。2001年，我在台湾"中央研究院"民族学研究所做访问学者，适值7月13日北京申奥成功，在台期间曾流连于李亦园先生办公室门前，却未能与先生谋面。利用为这次纪念会议准备论文的机会，我通读了《李亦园自选集》。李亦园先生是一位智慧、勤奋、多产的学者，著述文章充满新意，赏读之余，收获颇多，令人油然起敬。自选集的"中国文化的人类学探讨"部分，先生自选了四篇文章——《从民间文化看文化中国》《社会结构、价值系统与人格构成：中国人性格的社会人类学探讨》《民间戏曲的文化观察》《和谐与超越：中国传统仪式戏剧的双重展演意涵》。在这四篇文章中，我见识到了先生之宏大叙事与见微知著的学术造诣。由于篇幅所限，笔者仅就先生提出的"中国文化三层次均衡观念的模型"发表一点启示与感想，这是一个名副其实的宏大叙事。

一、李亦园先生的文化人类学理解

1958年，李亦园先生获美国哈佛大学燕京学社奖学金，在人类学系留学2年。这期间，

与时任系主任的克拉克洪(Clyde Kluckhohn)和杜宝娅(Cora Bubois)女士有较多交往。或许是留学美国的缘故,李亦园先生对于人类学的理解,应该说基本上是美国式的。在自选集中,首篇就选择了写于1996年的《人类学的理念与方法》一文。这时,李亦园先生已是一位经验十足、著述颇丰的人类学家,对于人类学的理解,绝不是机械照搬,而是颇具心得。

李亦园先生在台湾大学时,考取的本来是历史学专业,两年后转入考古人类学专业。在这个专业的学习和实践中,他接受过专业的体质人类学与语言人类学训练,对他影响较大的,分别是时任系主任的李济教授和董同龢教授,跟董教授学习过用国际音标记音的方法。李亦园先生认同美国人类学的学科体系,赞同人类学应包括体质人类学、考古学、文化人类学或民族学、语言人类学四个分支学科。这是李亦园先生在《人类学的理念与方法》中所列举的,可以看出,这是他当年留学时的美国人类学概念。美国人类学后来也有新的学科认知,如总体上分为生物人类学(已不再是传统的体质人类学)和文化人类学两大部分,后者又包括古人类考古学、语言人类学和狭义的文化人类学(民族学)。无论如何,从李亦园先生一生的研究实践看,他基本上走的是文化人类学路线,兼或应用过英国的社会人类学视角。

这样,"文化"是李亦园先生用心更多的概念。"文化人类学是一门研究现代人文化的知识。在文化人类学中,最重要的一个观念就是文化概念"。李亦园先生对于文化概念的理解来自他本人的思考。他认为,人类学家使用的文化概念,应拥有多种不同的层次和意义。首先分为可观察和不可观察两大组成部分,其中,可观察的文化指"我们平常看得到,或者体会得到的文化",按其性质可分为三类:(1)物质文化或技术文化。这是为了克服自然或适应自然,借以获得生存所需而产生的文化;(2)社群文化或伦理文化。这是为了维持人类团体或社会生活和谐而产生的文化;(3)精神文化或表达文化。这是人类为了表达自己心中的各种感受与情感,或是为了安慰自己、克服心中种种"魔障"而产生的文化。[①]

李亦园先生所讲的可观察的文化,是指种种文化现象,不一定是现象学意义上的,但若从他强调"可观察"(可经验)这一点看,理解为现象学意义上的,也未尝不可。李亦园先生对于不可观察的文化的界定,显然是受列维—斯特劳斯结构主义影响的结果,因为它已深入到无意识结构问题。他这样讲道:"在所有'看得到'的文化后面还有一部分的文化是

---

① 李亦园:《李亦园自选集》,上海:上海教育出版社,2002年,第10页。

我们看不到、观察不到也很难感受到的。说得抽象一点,这些看不到的文化可以说是一种逻辑、价值或意义的系统,其功用就是用来整合所有三类'看得到'的文化。"[1]他以大概是来自语言学的启示,称"不可观察的文化"为"文化文法",这一点很奇妙。

基于对文化的这一认识,李先生认为文化人类学的性质,乃介乎社会科学和人文学之间,是两者兼而有之,并行的。所不同者,社会科学对于人类学的功用,是用来研究可观察的文化,人文学是用来研究不可观察的文化。他讲道:"所谓社会科学的研究,其目的和自然科学一样,是追求事物间的通则性或规律,它把文化当作一个具体东西,而尝试透过归纳综合以寻求因果关系的解释,其采用的方法大都是着重于量的表达。"[2]这里所展示的,在很大程度上,显然类似于实证的社会学的方法。他又讲道:"人文学的研究主要是探讨事物现象的原创性、表达性与独特性,而在方法上则重视对内在意义与价值的诠释,所以其表达方式经常是重于质的。"[3]这实际上是一种格尔兹所代表的文化解释的方法。

李亦园先生对于"文化"和"文化人类学"两个概念的理解,综合了人类学科学实证年代与文化解释年代的经验,对于他本人而言,更多的是经验总结。在我看来,李亦园先生在两个方面虽均有很大贡献,但更有启发意义的,是对文学或文化的解释与理解。

二、中国文化三层次均衡观念的模型

李亦园先生无论是在台湾族群文化、海外华人文化研究方面,还是在中国大陆文化研究方面,都是中国文化的积极思考者。他对于"文化中国"概念的思考,受杜维明先生启发,并是从民间文化小传统角度来进行的。杜先生的"文化中国"是一个宏大的概念,包括三个互动的象征世界:第一个实体世界由以华人居民为主体的中国(包括大陆、台湾和香港)和新加坡等构成;第二个由侨居海外的华人构成;第三个以学者、知识分子、自由作家、记者等的观念构成。李亦园先生的评价是:这是一个"从水平的立场来观察的模型,而且很显然的

---

[1] 李亦园:《李亦园自选集》,上海:上海教育出版社,2002年,第11页。
[2] 李亦园:《李亦园自选集》,上海:上海教育出版社,2002年,第12页。
[3] 李亦园:《李亦园自选集》,上海:上海教育出版社,2002年,第13页。

是一个从'大传统'而出发的概念,一个较着重于上层士大夫或士绅阶级的精致文化所构成的模型"①。李先生一生从事人类学研究,专业敏感性使他意识到,还可以从另一个立场来看待文化中国,这就是小传统的民间文化立场,这来自于李先生自有的中国文化观。

李亦园先生坚信,高层次的抽象概念经常是从许多具体的事实(日常生活)中抽离形成的,并认为以下文化特征对于中外所有华人都是共享的:某种程度的中国饮食习惯、中国式家庭伦理及其延伸的人际行为准则、以命相与风水为主体的宇宙观。②这些生活文化无有例外都是民间文化。李先生的目的,是要寻求这些民间文化现象背后的无意识结构,这属于人文学探讨的范畴,具有文化解释的意涵。与杜维明先生的水平立场相比较,这是一个"垂直"立场,是从垂直立场出发,而立足于民间文化的立场。

李亦园先生奉献的"中国文化三层次均衡观念的模型",追求均衡与和谐为其运作法则,用传统话语表述就是"致中和"。这一模型首先由三个层面构成,又各自由两个次层面展开:(1)自然系统(天)的和谐,包括时间的和谐和空间的和谐;(2)有机系统(人)的和谐,包括内在的和谐和外在的和谐;(3)人际关系(社会)的和谐,包括人间的和谐和超自然界的和谐。③整个模型是一个和谐统一体,追求的最高境界就是"致中和"。最早在1986年和1987年提出,曾在多种场合发布。

李先生讲道:"所谓三层面均衡和谐的体系,实际上是说明追求均衡和谐境界所必须的项目与步骤,换而言之,传统民间文化理想中的最完善境界,无论是个人的身体健康乃至整个宇宙的运作,都以此一最高的均衡和谐为目标,而要达到此目标,就是要三个层面的次系统都维持均衡和谐。"④在李先生看来,自然或天的和谐,具体要落实到时间和空间上,如做事在时间的选择上逢吉而动,逢凶而止;中国人修房搭屋要择风水宝地,不仅是时间要和谐,空间要和谐,时间和空间也要和谐。"维持与自然的均衡和谐,只有时间的因素并不完整,除非在空间的领域也维持同样的和谐,不然这一系统的和谐性就不

---

① 李亦园:《李亦园自选集》,上海:上海教育出版社,2002年,第13页。
② 李亦园:《李亦园自选集》,上海:上海世纪出版集团、上海教育出版社,2000年,第226页。
③ 李亦园:《李亦园自选集》,上海:上海世纪出版集团、上海教育出版社,2000年,第226页。
④ 李亦园:《李亦园自选集》,上海:上海世纪出版集团、上海教育出版社,2000年,第228页。

能令人完全满意。"①

关于人的和谐,李先生讲道:"在民间文化的系统里,维持个人有机体的和谐又可以分为内在实质的和谐与外在形式的和谐两方面。"②民间文化视个人有机体为小宇宙,既然是小宇宙,就要遵行阴阳之道,李先生认为,在饮食上,与冷热相关,若遇偏冷偏热,便要冷热进补,这是个人和谐的实质内涵。至于形式的和谐,李先生举了人的名字与五行的关系的例子,认为"相信个体的存在与五行因素的均衡有关,同时又相信个人的名字也是个体的一部分,所以当个体的五行因素有缺时,即可在名字上加上所缺的因素作为边旁,由此就相信可得到应有的均衡"③。

关于人际关系的和谐,李先生讲道:"人际关系的和谐向来是中国文化价值系统中最高的目标,所谓以伦理立国的意思即在于此。传统的伦理精神着重两方面的表现,其一是以家庭成员关系的和谐为出发,另一方面则延伸到家系的传承与延续。"④两者的区别在于,前者是"同时限的和谐",后者是"超时限的和谐",涉及活着的人和死去的人。"把现生与过世的家族成员都看成是一体,认为二者都得到和谐均衡才是真正的均衡,这是中国文化中人际关系最重要的特色,由于这个基本观念的根深蒂固,所以在民间社会中父系家族及其所代表的权威体系,也一直相当程度地维持着"。李先生以中国人盛行的祖先崇拜为例,认为由祖先崇拜延伸开来的种种超自然崇拜,构成了"一个人际关系系统在两个不同空间相互维持和谐的图像"⑤。所以,人际关系的和谐系统,包括人间的和谐与超自然界的和谐两种义涵。

三、思无止境:新时代的文化中国

文化与自然相对,是人类创造之物。人类创造文化是带有极大目的性和功利性的全体

---

① 李亦园:《李亦园自选集》,上海:上海教育出版社,2000年,第230页。
② 李亦园:《李亦园自选集》,上海:上海教育出版社,2000年,第232页。
③ 李亦园:《李亦园自选集》,上海:上海教育出版社,2000年,第233页。
④ 李亦园:《李亦园自选集》,上海:上海教育出版社,2000年,第234页。
⑤ 李亦园:《李亦园自选集》,上海:上海教育出版社,2000年,第235页。

行动。根本上看，是自然无法满足生存尤其是不断发展的需求，人类才有了文化创造，这是历久以来的永恒动力。文化一旦被创造，同自然一样，是一个带有自主组织与功能的有机体系，在内在机制作用下自行发展。文化与自然之间，始终是一个对立统一体，彼此既相互依存，相互转化，也相互矛盾，相互对立。文化发展，由原始简单变得越来越复杂，未来的复杂性更是难以想象，这就决定了我们对待文化的态度，绝不能简单处之，简单应对。

文化是复杂多样的，是一个矛盾统一体，内在差异与对立无处不在。文化是群体性的，重要功用之一是产生群体凝聚力，满足需要则是这一凝聚力得以产生并维护的基础。文化凝聚力与文化一致性不是必然相等的，文化一致性基础上的文化自信与认同，才是产生凝聚力的根本；不同文化之间，经由彼此互信与认同也能产生凝聚力。所以，无论是自信还是互信，认同才是根本的。新时代，党和国家强调中华文化的自信和认同，其原理概源于此。

杜维明和李亦园两位先生的模型，实际着眼的都是华人文化的一致性，而未涉及文化能够产生的凝聚力，也都是基于传统文化，而不是连续发展变化的现代文化。中华民族既可以是政治概念上的全体中国人组成的共同体，也可以是文化概念上的全体华人共同体。

从产生凝聚力视角来审视中国文化或中华文化问题，可以避免传统与现代的纠结，集中思考文化不断发展变化的本质。产生文化凝聚力，必然要有一个凝聚点，无论历史上，还是当代，文化中华的凝聚点，永远都是文化中国。在新时代，再来思考文化中国问题，就是一件非常有意义的事情。当然，这里所采用的产生凝聚力的视角，也是众多视角之一，也带有片面性，但问题的关键在于这一视角本身是否具有合理性，是否能够使人们借助于这一视角，揭示出所探讨问题的某种深刻本质。

中华文化凝聚力，是与新时代中国特色社会主义相关的问题。十九大报告指出："文化自信是一个国家、一个民族发展中更基本、更深沉、更持久的力量。必须坚持马克思主义，牢固树立共产主义远大理想和中国特色社会主义共同理想，培育和践行社会主义核心价值观，不断增强意识形态领域主导权和话语权，推动中华优秀传统文化创造性转化、创新性发展，继承革命文化，发展社会主义先进文化，不忘本来，吸收外来，面向未来，更好构筑中国精神、中国价值、中国力量，为人民提供精神指引。"这是一段非常精辟的文字，所描绘出来的，是一幅新时代文化中国的简洁而有力的图像。

根据我国社会主要矛盾是人们日益增长的美好生活需要与不平衡不充分的发展之间的矛盾(归结为"发展"的问题),以及作为发展的必要条件与体现社会主义社会本质的构建和谐社会的伟大目标(归结为"和谐"的问题),新时代的中国文化,其根本的价值精神当是"发展与和谐"。人类的精神不是凭空产生的,不是理论家头脑中生出来的,精神来源于生活实践,来源于实践行为,由此获得抽象,成为行为的综合表征。精神总是对生活实践行为的最高赞语;生活实践铸就了人类的精神品格。发展是经济社会的发展,归根到底是人的发展;和谐是人际和人与自然关系的和谐,也包括人或人格的内在和谐。如果可以尝试建立一个新时代文化中国的观念模型的话,具体如下表所示:

新时代文化中国的观念模型

发展与和谐	观念形态的文化	中国特色社会主义理论(核心价值观)
		革命传统文化
		优秀传统文化
	物化形态的文化	现代科学技术文化(社会主义先进文化)
		传统知识技艺
	个体人格的养成	内在人格精神
		外在人格能力

在这个模型中,观念形态的文化指的是纯粹的精神文化。其中,中国特色社会主义理论,是马克思主义中国化的产物,是中国共产党领导全国人民,在长期的革命、建设和改革实践中,创造的宝贵的精神财富,在国家意识形态中占有最高地位,是为中国人民提供的最高精神指引;社会主义核心价值观,则是社会主义社会伦理的集中体现。革命传统文化包括百余年来中国人民反抗外来侵略,进行无产阶级革命斗争而积累下来的宝贵的精神财富。

优秀传统文化包括优秀的中华传统文化，也包括优秀的各民族文化，这是中华民族长期的历史创造，在新的时代需要创新性发展、创造性转变。

物化形态的文化，不是纯粹的物质文化，而是物质化或客观化的观念性的文化。纯粹的物质文化只是器物而不是精神，与人们的物质存在有关。在物化形态的文化中，现代科学技术是最基本的，其中，现代生产力是最根本的，需要以改革创新为核心的时代精神不断推动其发展。中华民族在长期的历史实践中，创造并积累了无数的知识和技能，如中华医药文化、中华饮食文化、中华体育文化等，还有各式各样的传统技能。

文化是群体性的，不是个体性的。文化创造最终可以落实到每一位个体，但个体的创造必须为群体所选择、接纳、传承、弘扬，才能成其为文化。人民是历史的创造者，也是文化的创造者。人民是文化创造的无名英雄。文化与个体的关系，根本地体现为影响与被影响的关系。人的本质是社会属性，经由社会化过程，人格才得以形成，不同时代有不同的社会人格特征。自由全面发展的个体人格，是构建健康和谐社会的基础。作为新时代社会主义现代化建设者，需要有健康的体魄、向上的精神、创新的激情、先进的技能，内外兼修，才符合时代要求。

新时代文化中国的观念模型，是一个全面体系、整合体系、和谐体系，组成要素之间，相互依存、相互促进和发展。这个模型包含了国家、社会、个人三个层面，是贯通上下的。改革开放以来，中国社会经历了从传统到现代的转型，所以，文化中国的图像，一定会焕发出崭新的气象。

人类学中国化与中国特色人类学

田敏 中南民族大学民族学与社会学学院院长、教授

一

人类学作为西方在19世纪末期兴起的兼具应用与人文色彩的学科,源起于殖民时代西方列强的殖民统治需要,生长于生物进化论的理论土壤及其在人类社会文化研究中的运用。人类学学科建立后得到迅速发展,人类学家在非洲、澳洲、美洲、亚洲等世界各地,特别是在这些地区的部落、族群、传统社会中,开展了广泛的田野调查,为人类社会文化实践的指导与推动做出了卓越贡献,同时,人类学也成为学科体系中不可或缺的显学之一。

西方人类学自20世纪初传入中国,受到当时中国学人包括一些在中国的外国学者的高度重视,梁启超、孙学悟、陈映璜、李济等多位学者纷纷引荐与推介。在中国,1916年孙学悟在《学科》杂志第2卷第4期上发表《人类学概略》一文,正式使用"人类学"名称。随后,陈映璜所著《人类学》于1918年出版,对人类学的定义、语源、分类等进行简略介绍,详细地讨论了人类特征、分布、起源、身体、心理、社会进化等问题,该书在此后10年间再版8次。由于受到当时欧洲大陆通行的"民族学"一词的影响,中国人类学在发展早期,更多被表述为民族学。1926年,蔡元培先生的《说民族学》一文发表,成为人类学正式进入中国和人类学、民族学学科建立的标志。蔡元培1907年留学德国,曾在莱比锡研究民族学三年,回国后任北京大学校长期间,曾开设人类学讲座。1934年,他以院长的身份在"中央研究院"增设体质人类学,成立了人类学组。此后,在其推动下,人类学、民族学在众多高校与研究院所成为重要

的学科设置。除蔡元培外，同时期的凌纯声、商承祖、林惠祥等前辈也都为人类学、民族学学科的奠基与发展立下了开拓之功。

20世纪20—30年代，翻译推介西方人类学理论成为一项重要的工作，包括杨东莼、张栗原合译的美国摩尔根的《古代社会》，吕叔湘译英国马雷特的《人类学》，王南译芬兰人类学家韦斯特马克的《人类婚姻史》，李安宅译英国弗雷泽的《交感巫术的心理学》，吕叔湘译美国罗维的《初民社会》，杨成志译美国博厄斯的《人类学与现代生活》，费孝通译英国弗思的《人文类型》等，一大批西方人类学、民族学著作被译介到中国，为中国人类学的发展提供了重要土壤和参考。

二

人类学进入中国后，学科中国化是人类学在中国发展的重要趋势和学科诉求。人类学中国化的基本内涵在于，运用西方人类学理论与方法，对中国的问题进行人类学视角的研究，解决中国发展的现实问题，形成中国特色人类学学科体系，并以中国的材料说明和证明人类社会发展的普遍规律，发挥中国人类学对世界人类学乃至整个人类社会发展的独特贡献。沿着人类学中国化的发展路径，人类学在中国的学科实践，呈现出四次高峰。

20世纪30—40年代，人类学中国化的一个重要方向就是对中国少数民族的调查和研究。这期间，前辈人类学家在中国的少数民族地区开展了多次有影响力的田野调查，包括凌纯声在东北松花江下游赫哲族地区的调查、杨成志在四川凉山地区的调查、费孝通在广西金秀瑶族地区的调查、凌纯声与芮逸夫在湘西苗族地区的调查等，形成了《松花江下游的赫哲族》（凌纯声）、《云南民族调查报告》（杨成志）、《花篮瑶社会组织》（费孝通）、《湘西苗族调查报告》（凌纯声、芮逸夫）等人类学名著。抗战时期，人类学、民族学家在中国西南民族地区展开了广泛的田野调查，包括林耀华、吴文藻、费孝通、吴泽霖、岑家梧、马长寿、江应梁、马学良、李安宅、李有义、陈永龄、陶云逵、田汝康等在内的一批中国人类学、民族学学者，开展了卓有成效的田野调查，形成了《凉山彝家》（林耀华）、《芒市边民的摆》（田汝康）、《定番县苗夷调查报告》（吴泽霖）等一批经典的中国人类学、民族学田野调查成果和研究成果。这个时期，不仅田野调查与研究成果，在学科设置与人才培养方面，也做了许多奠基性的工作，从当时的"中央研究院"历史语言研究所到燕京大学、清华大学、中央大学、西南联大等高校，均设置了人类学学科和开展了人类学研究，为中国人类学学科发展奠定了坚实的基础。20世纪30—40年代，形成了中国人类学中国化的第一个高峰。

马克思主义民族学的传入和发展是人类学中国化的主要特征之一。马克思主义民族学理论与政策及其在延安时期民族工作的实践，为人类学与民族学的结合、人类学在中国的发展做出了重要的补充。

中华人民共和国成立后高度重视民族工作，民族访问团的民族学考察工作，特别是20世纪五六十年代的三次民族大调查及其成果（以《中国少数民族》为代表的"中国民族问题五种丛书"），为中国人类学民族学发展打下了坚实的基础，进一步推动和深化了人类学中国化的进程。其中，中国特色的民族识别堪称世界人类学、民族学学科发展史上的奇迹，是中国人类学、民族学学科发展最为重大的应用成就之一。这个时期，呈现为人类学中国化的第二个高峰。

人类学在"文革"时期被取消，相关人员转向了民族研究，人类学在中国的发展经历了一个低潮时期。20世纪80年代，人类学与社会学等学科重新得到恢复。整个20世纪最后的20年里，在费孝通先生等人的组织与推动下，人类学得到迅猛发展，科学研究、人才培养、学科建设、学术交流、社会服务、文化传承等各方面工作都进入了一个全新的时期。人类学学科得到全面恢复重建并持续发展，与国外人类学交流起步并加速发展，人类学人才与研究队伍迅速壮大（2015年6月，中山大学人类学系第100名人类学博士通过答辩），家乡人类学成为中国人类学的一大亮点。这个时期，形成人类学中国化的第三个高峰。

进入21世纪，人类学在中国的发展进入一个新时代。特别是2009年第十六届世界人类学大会在中国昆明召开，极大地促进了人类学在中国的全新发展。目前，中国的人类学学科体系逐渐完善，学科发展日趋成熟，学科成果全面丰硕。新时期中国人类学发展的显著特点表现为：在科研院所普遍设置人类学学科，人类学国际交流日常化，中国人类学走向海外，人类学学术组织活跃，人类学对国家重大战略的参与与贡献凸显，人类学成为"显学"。可以认为，这是人类学中国化的最新高峰（第四次高峰）。

三

纵观中国人类学学科发展历程，人类学中国化的过程也是中国特色人类学从形成到壮大的过程。当前，伴随着世界人类学学科的新发展，中国人类学紧随世界人类学学科发展潮流，聚焦中国社会特别是中国民族社会的经济社会文化发展大局，中国特色人类学的图景越来越清晰，学科架构越来越合理，学科体系越来越完善，学术话语体系日臻成熟，中国人类学已经成为世界人类学大树上独特而重要的分支。

归纳起来，中国特色的人类学最为核心的特点可以表现在以下几点：

1. 应用研究取向。20世纪初人类学传入中国的时期，正是中国社会变革时期，从引入到发展，早期的中国人类学始终充满着强烈的危机意识、问题意识，应用研究一开始就成为中国人类学的价值取向。纵观中国人类学的学科发展，从人类学传入中国之初学者们据以开启民智，到抗战时期的救国救民、救亡图存的初心，到中华人民共和国成立后民族识别工作的开展、民族政策的制定、民族团结的维护；从费孝通先生提出的"迈向人民的人类学"，到今天中国人类学对国家发展重大战略的学科参与与智库贡献，无不体现并持续强化着中国特色人类学的应用取向。

2. 家乡人类学。中国人类学在发展过程中，在研究对象的选择上，主要以中国各民族特别是各少数民族作为研究对象，且具有少数民族身份的民族学者研究本民族的现象十分普遍，形成所谓中国特色的"家乡人类学"。这相对于以研究异文化和"他者"为主要传统的西方人类学而言，无疑具有独特的中国人类学特征，具有别具一格的中国风格。家乡人类学的定位和土著学者对自我文化的解读，为田野调查方法特别是参与观察方法、主位客位视角、深描浅描手法等人类学核心理论与方法，提出了系列的反思空间与可能。同时，丰硕的中国家乡人类学的研究成果及其发挥的重要作用，也对研究异文化的人类学传统带来了新的拓展，为推动当代世界人类学学科的深入发展提供了宝贵的中国经验。

3. 独特的人类学理论贡献。费孝通先生提出的"中华民族多元一体格局"理论，是当代中国人类学研究中国民族问题的基本理论框架，这是基于中国数千年历史的考察而提出的十分切合中国国情的人类学学科视角。这一理论甚至已上升到国家政治理论层面，中华民族多元一体格局业已成为我们今天认识中国基本国情的重要内涵。2014年中央民族工作会议习近平总书记报告中提到，统一的多民族国家是我国的基本国情；十七大报告中提出建设中华民族共有精神家园，十九大报告中提出铸牢中华民族共同体，"五个认同"中的中华民族认同、中华文化认同，这些重要理论与思想的提出，中华民族多元一体格局的学科理论提供了可贵的学术研究成果土壤。其他诸如民族形成理论、民族识别理论、经济文化类型理论、社会形态理论等都是中国人类学对世界人类学理论的重要贡献。

4. 马克思主义民族学与人类学的结合。在中国，一直都存在着人类学与民族学关系问题的讨论，一些学者认为人类学相当于民族学，但更多的学者认为人类学与民族学是两门不同的学科。1997年国务院学位委员会学科目录中的一级学科有民族学而无人类学，人类学只作为社会学一级学科下属二级学科，似乎也证明了这个观点。但是，需要特别指出的是，中国的人类学与民族学有深度交融，难以区分彼此，任何割裂都是对学科历史的无视及对学科发展的消减。马克思主义民族学与人类学形成相互借鉴、相互促进、相互交融的学科关系，恰恰成为中国人类学的最大特色，是中国特色人类学区别于其他国家特别是西方国家人类学的重要表征。当前，中国人类学往往将人类学民族学或民族学人类学并提，在国家的学科归置中也是不同层面的并列交叉，如2011年国务院学位办学科目录中，在民族学一级学科与社会学一级学科之下同时列出人类学作为各自下属的学科方向，原中国社会科学院民族研究所更名为民族学人类学研究所，国家民委所属国家一级学会有人类学民族学研究会等，都体现出学科结合的特质。中国学界关于人类学、民族学"在一起"的倡议和主张，也是对这一特点的共识。

5. 为现实发展服务。与中国人类学研究的应用取向相关，今日人类学研究发展体现出来的一种新的趋势是，越来越多的重视和直接参与当前中国少数民族和民族地区现实发展问题的研究与实践，为国家重大战略服务，为国家发展服务。近期的研究诸如精准扶贫的研究、人口较少民族发展的研究、少数民族非物质文化遗产保护的研究、民族传统文化生态保护区建设的研究、移民与少数民族农民工的研究、城市民族问题的研究、民族团结进步创建的研究等，都是现时期国家战略布局的重大社会文化现实问题，人类学积极参与，通过研究，建言献策，发挥智库作用，人类学学科也因而获得众多国家资源的支持，如近些年众多不同层级的重大招标项目、重大公关项目、重点课题等项目的立项，就是这种支持的最好证明。

6. 中国人类学话语体系的建构。中国话语、中国贡献、中国学派等关乎学科的核心问题，近些年来人类学民族学学者逐渐形成共识，中国特色人类学的面貌越来越清晰。习近平总书记在2016年5月全国哲学社会科学座谈会上的讲话，提出要着力构建一个全方位、全领域、全要素的中国特色哲学社会科学体系，在指导思想、学科体系、学术体系、话语体系等方面充分体现中国特色、中国风格、中国气派，并特别指出要加快完善包括民族学在内的对哲学社会科学具有支撑作用的学科。未来中国民族学、人类学学科体系、话语体系的建构与完善，必将取得更大的进步。

7. 港台地区人类学作为中国人类学的重要组成部分，进一步促成了中国人类学多元化、特色化的学科特点。中国人类学早在中华人民共和国成立前就有所谓"南派""北派"之分，南派持进化论观点，北派主功能论。中华人民共和国成立后台湾地区人类学属南派特征。据李亦园先生的说法，1965年后，中国人类学出现了"南北两派传统的互易"，台湾人类学也从传统的民族志走向社会人类学的趋势。之后，港台地区人类学与西方人类学学界联系紧密，受西方人类学理论影响更多。与大陆地区相比，在研究对象、研究领域、理论运用等方面相对独立，形成了自己独有的特色，堪称中国人类学的港台学派。李亦园先生是港台人类学的主要领导者和标志性人物，李先生不仅为港台人类学做出了重要的贡献，也为促进港台人类学与大陆人类学的交往交流、共同发展做出了积极而重要的贡献。港台人类学与大陆人类学一道，成为世界人类学重要的组成部分，为世界人类学学科的发展提供了中国经验，成为世界人类学学科的中国学派。

李亦园学术思想与旅游可持续发展

孙九霞 中山大学旅游学院教授,人类学高级论坛青年学术委员会主席

一、引言

作为可持续发展的重要实践形式[1],旅游可持续发展(the sustainable development of tourism)一直是旅游学的重要研究领域。世界旅游组织(World Tourism Organization)1993年正式提出这一概念,认为旅游可持续发展既要满足当前旅游目的地与旅游者的需要,又要满足未来旅游目的地与旅游者的需要[2]。同年,Journal of Sustainable Tourism(JOST,SSCI,Q1)杂志创刊,标志着可持续旅游思潮在旅游界引发广泛的理论关注,生态旅游、文化旅游、遗产旅游、社区旅游、志愿旅游、义工旅游、野生动物旅游、负责任旅游等研究话题开始被学界广泛关注。

可持续发展(sustainable development),又被译为"永续发展",源自二战后不断成熟的全球发展观。在战后50多年的时间里,人类创造了历史上前所未有的增长奇迹,但人们在尝到环境被破坏之痛后,开始积极反思和总结传统经济发展模式的弊端,努力寻找新的发展模式。学术界在这一时期对发展与增长之间的差异进行了探讨,确认了基于环境保护的发展观。1987年,联合国世界环境与发展委员会(WECD)在《我们共同的未来》中正式提出

---

[1] 章杰宽、姬梅、朱普选:《国外旅游可持续发展研究进展述评》,《中国人口·资源与环境》2013年第4期。
[2] *Guide for Local Authorities on Developing Sustainable Tourism*, World Tourism Organization, Madrid, 1998.

"可持续发展"概念,核心观点为"既满足当代人的需求,又不对后代人满足其需求的能力构成危害的发展"[1]。旅游业的本质决定了其与"可持续发展"之间密不可分的关系[2],旅游可持续发展的内涵是指通过发展旅游业促进区域发展,实现区域经济效益、环境效益和社会效益的协调统一和最大化。一方面,要在向旅游者提供优质旅游服务的同时强化生态环境保护意识,保护未来社会旅游资源或产业开发赖以存在的生态环境;另一方面,要促进旅游业的公平发展,改善旅游地居民的生活质量。

随着中国旅游业的快速发展,旅游的负面影响日渐凸显,旅游发展中的现实问题促使可持续发展思想被广泛应用至旅游业管理中。与此同时,旅游可持续发展面临着诸多问题与挑战,如生态旅游(ecotourism)因其不可持续性受到了诸多批判与质疑:一方面,游客乘坐飞机等到生态旅游目的地会额外产生二氧化碳,生态旅游者在这一过程中实际隐藏了环境成本;另一方面,生态旅游的开发恶化了目的地周边的环境资源,改变了旅游区原有的空间结构。目前学界对旅游可持续发展的研究主要集中在可持续发展指标体系的构建与评价、生态旅游与环境容量、居民与游客的影响感知等方面,研究内容囿于常规,偏重于对自然环境的探讨,并未触及可持续性问题的本质。因此,旅游学界亟需从不同的理论视角进行旅游可持续发展研究。

生态环境一直是人类学的重要研究议题,李亦园先生曾多次讨论过生态环境均衡与人类永续发展之间的密切关系,先生坚持将文化纳入认识人与环境关系的框架,认为"文化跟环境之间以及跟人之间是互动的,是一种辩证的关系——文化以人为主,人可以适应环境,但是也可以改变环境,更可以用自己的文化来创建新的环境"[3]。李亦园先生的人类学学术思想为旅游领域提供了可持续发展的思路,李亦园先生的人类学思想,从旅游业供给与需求两个层面重新解读了以游客为行为主体的负责任的旅游与目的地的可持续发展,扩展和丰富了中国旅游可持续发展研究,对旅游可持续发展困境及成因提供了新的解释路径。

---

[1] *Our Common Future*, World Commission On Environment and Development (WCED), Oxford: Oxford University Press, 1987.
[2] 章杰宽、姬梅、朱普选:《21世纪中国的可持续旅游——一个研究述评》,《经济管理》2013年第1期。
[3] 李亦园:《环境、族群与文化——依山依水族群文化与社会发展研讨会主题讲演》,《广西民族学院学报(哲学社会科学版)》2003年第2期。

二、负责任旅游与文化修养

第二次世界大战后以大规模客流为特征的"大众旅游"导致了旅游发展与生态环境矛盾的日益突出。传统大众旅游存在种种弊端，必须寻求另外一种对资源环境影响不大、对旅游目的地负责的旅游模式来"替代"传统的大众旅游[1]。负责任旅游（responsible tourism）作为一种发展观念，一种"要求旅游业和旅游者尽量减少对旅游目的地负面影响"的旅游模式应运而生。负责任旅游具有可持续发展的目标，且更加强调人的因素，多从旅游者方面进行概念阐释，强调旅游者应注重自身行为，保护当地的生态环境，遵守当地的行为准则，尊重旅游目的地的社会文化和环境。

近年来，少数中国游客不文明的旅游行为屡屡被曝光，有学者将这些不文明旅游行为总结为三种类型：无知型、习惯型与放纵型[2]。中国向称礼仪之邦，然而以不文明旅游现象为典型特征的不负责任旅游行为却屡禁不止、时有发生。李亦园先生在对生活文化的分析中谈到"在经济繁荣的社会里，应该具有什么文化的素养，才能生活得更有意义，更有文化气息，而不至于有暴发户之讥"[3]。这段话提醒我们，作为一种以旅游者为行为主体的、符合伦理标准的旅行方式，旅游者应塑造自我文化修养、提升旅游文明、坚守公共伦理，维护好与目的地的自然环境和社会的关系。李亦园先生关于文化本质与文化修养的先见有助于解释不负责任旅游行为的本质，对实现文明旅游具有很强的指导意义。

罗素曾说："人类自古以来有三个敌人，其一是自然，其二是他人，其三是自我。"人类在历史发展过程中通过克服这三重敌人而创造了三类文化。这与李先生所说的物质文化、伦理文化和精神文化三类相一致，这三类文化的范畴与文化的内在逻辑合在一起构成了系统的文化体系。借鉴这一思路可以从文化的不同内涵层次出发，分析不负责任旅游行为背后所存在的文化问题根源。

李亦园先生曾对我国的旅游行为做过深入探讨："我们自从经济富裕之后，兼之旅游又

---

[1] 张帆：《"负责任旅游"概念的起源与发展》，《旅游科学》2006年第6期。
[2] 郭鲁芳、李如友：《国人不文明旅游行为的治本之道》，《旅游学刊》2016年第7期。
[3] 李亦园：《文化与修养》，桂林：广西师范大学出版社，2004年。

开放了,于是到外地旅行的风气就盛行起来。旅游的事实际上不是我们的文化,所以对旅游一事,实在是毫无文化基础的,因而对旅游的种种规矩,更是毫无常识。"我国改革开放之后,以团队游为主的大众旅游开始兴起,然而大部分团队游游客缺乏衣、食、住、行的基本文化修养,从而"使个人碰到许多不必要的麻烦,使整个国民的形象被破坏无遗"。从更为宽广的角度来看,李先生认为中国人的旅游水平比较落后,"主要进行的还是最初级的、最不具有文化修养的观光旅游,极少数有进入文化旅游或自然旅游的境界"。李亦园先生有关物质文化的论述对我国大部分团队游的旅游行为具有较好的解释。一方面,中国人在旅行时只追求感官和物质之欲,不懂得如何保护生态环境、与自然和谐相处;另一方面,游客缺乏对旅游目的地习俗和常识的了解,相应的文化修养薄弱;其次,伦理文化是用来与他人相处的种种人际关系规范,人类借助社群与伦理文化的存在得以合理地从事群体生活。传统儒家文化是以父子轴的家庭关系为出发点形成发展的,其最主要的特性为延续性和包容性。李亦园先生认为"中国文化包容性与延续性的结合,使得我们的社会中只有'有限度的包容',关心与我们有关的人,对于陌生人漠不关心且不知如何对待"。这种"有限度的包容"一旦进入旅游目的地这样一个陌生的环境,会导致不负责任的旅游行为且被持续放大,产生一系列不文明、不道德的负面现象;精神文化是人类为表达内在情感所创造出来的文化形式,如宗教信仰、音乐、美术等。现代文化主导下的游客对待其他民族的精神文化往往以自我的价值标准进行衡量,缺乏文化相对观与文化审美,从而导致文化偏见和文化冲突的产生。[1]

中国旅游者在物质文化、伦理文化和精神文化三个层次上均存在文化修养薄弱的问题,其中伦理文化是导致不文明旅游行为发生的主要文化根源。中国人在不文明旅游行为中所体现出的旅游伦理问题虽然暴露在旅游活动中,但其根源并不在旅游活动,而是根植于社会文化土壤之中。中国传统社会的伦理强调五伦,这本质上是一种放大的私人关系网。因此,公共领域中的道德往往取决于私人领域的道德,私德盛行,公德缺乏。随团出行的中国游客某种程度上是一种扩大了的熟人圈。因此,他们不管身处何处,只要跟"自己人""群内人"在一起就有安全感;就可以表现出日常生活环境中的惯常行为,随地喧哗、吐痰、吸烟

---

[1] 李亦园:《文化与修养》,桂林:广西师范大学出版社,2004年。

等行为就变得习以为常;就可以以自己的标准要求他人,可以提出无理要求,若遇到阻碍,也可以得到群体保护。由此可见,中国旅游消费者承继了传统的社会伦理,但传统文化中积极的伦理价值并未在旅游中得到发展。李先生的思想极为开放,他意识到现代伦理需要扩充或修正,并提出增添"群己关系"作为第六伦。他认为"强调五伦,忽略个人与社会大众的群己关系,使社会不能达成统合,因而国民成为一盘散沙……因此我们应把传统的五伦扩充其内容以适应现代人际关系的需要"[1]。这一思想为旅游界旅游伦理的修正提供了理论依据与思维方向。旅游伦理建设意味着国人既要挖掘传统文化的积极理念,又要从以往个体的、家族的、单位的种种人身依附中解脱出来,塑造完整意义上的现代伦理。此外,我国公民教育不到位也引发了众多社会问题,不文明的旅游行为同样也是中国公民教育缺失的折射,它显示出旅游者与旅游地自然环境和社会相处时的文化修养缺失。家庭、学校、社会、企业等主体亟需共同强化公民教育的功能,增强旅游者物质、伦理、精神三方面的文化修养,培养游客的公民素质、文明意识、自律与利他理念。因此,想要使游客具有负责任旅游的旅游行为,需要培养现代社会公民意识,继承与发展传统伦理文化,培养游客在旅游活动中的物质、伦理与精神文化修养。

三、目的地可持续发展与"致中和"宇宙观

旅游目的地是一切旅游活动的空间载体。旅游业给旅游地带来巨大利益的同时,各种资源环境问题、旅游产业运行欠佳等问题也不断涌现。因此,越来越多的学者开始关注旅游地的可持续发展问题。旅游目的地的可持续发展包含三个目标:增加经济收入及就业机会、改善地方基础设施条件和当地居民生活质量的经济目标,保护目的地文化特色、提供多样化的文化沟通与交流的社会文化目标,以及强化公众环境保护意识以及保护旅游产品赖以存在的环境质量的生态环境目标。然而,目前许多旅游目的地进行旅游开发时首先考虑的是经济效益,而非经济、生态环境、社会文化三者的统筹发展。

---

[1] 李亦园:《文化与修养》,桂林:广西师范大学出版社,2004年。

中国旅游目的地的不可持续性发展问题是旅游目的地一味地追求经济增长的结果。李亦园先生指出，由于人们缺乏对文化相对性的理解和认识，重视"竞争、征服、占有"的西方文化理念，导致了文化"特化"。在全球化的背景下，"制天而不从天、重竞争征服而漠视和谐、无限制利用物质而欠缺循环与回馈"的西方主流文化范式，造成了全球环境、气候、生态的极大危机，也引发了国人片面追求物质利益的行为倾向。在对中西文明进行对比分析时，李亦园先生指出中国文化崇尚"与自然资源、人、宇宙连为一体，维持和谐均衡的关系"①，因而我们应重新反思"天人合一""致中和"等传统中华文化理念，重视旅游地的地方性知识，这对目的地可持续发展具有重要意义。

在许多旅游目的地中文化商品化现象严重、文化多样性丧失，地方性知识与传统文化的缺失不利于旅游目的地的可持续发展。在此背景下，一方面，需要发掘目的地多元的地方性知识、各族群的传统文化。李亦园先生曾提出在个人、自然、社会三层面和谐均衡的"致中和"宇宙观模型，他认为"追求个人的和谐、自然的和谐跟人际的和谐是三千年来延续的观念的承继，是人类永续发展之道"②278。另一方面，需要培养多元文化价值观，通过旅游活动在目的地中广泛推行公民教育。除了旅游者以外，旅游目的地中的其他多元主体，如旅游经营者、管理者、居民等也需要培养公民素质，反思旅游目的地发展中"漠视跟其他社会与其他文化的和谐，无限制地利用物质"的观念，挖掘和发展"跟自然和谐相处、互相尊重，认为自己跟宇宙是一体的、连续的宇宙观"。③278开发商应吸取先进的观念，设计和建设顺应自然的旅游设施，避免对自然环境、人文环境进行破坏；旅游企业应利用地方性知识中和谐均衡的智慧，自觉维护目的地的生态环境和旅游商业秩序；旅游目的地居民应保持文化自尊和文化自信，传承多元的地方性知识与各族群的传统文化。通过公民教育，旅游目的地得以挖掘与重塑地方性知识与传统文化中的"致中和"理念，使之为现代旅游发展所用。

---

① 李亦园：《文化与修养》，桂林：广西师范大学出版社，2004年。
② 李亦园：《文化与修养》，桂林：广西师范大学出版社，2004年。
③ 李亦园：《生态环境、文化理念与人类永续发展》，《广西民族学院学报（哲学社会科学版）》2004年第4期。

云南省迪庆藏族自治州德钦县云岭乡的雨崩村在旅游发展过程中充分体现出人与自然和谐相处的状态，是目的地旅游可持续发展的典范，体现着"致中和"宇宙观的本民族的地方性知识与传统文化在其中发挥着重要作用。雨崩村是位于梅里雪山腹地的唯一村庄，生态环境和传统文化保存完好，自20世纪90年代中后期开始自主发展民族村寨旅游，牵马送客服务和客栈食宿接待是雨崩村参与旅游最重要的两种形式。目前，旅游业已成为雨崩村的主导生计方式。

雨崩村是一个小型藏族社区，全民信奉藏传佛教。村民所内化的藏传佛教理念首先体现着对自身和谐的追求；其次还体现为对神山卡瓦格博的崇拜，神山崇拜已深入村民灵魂深处，强烈规范和约束着他们利用自然环境的日常行为，实现了自然系统的和谐；基于"平等""互利"等藏传佛教理念的利益共享机制和脱胎于神山、神湖信仰的卫生包干制度兼顾了旅游发展与自然环境保护，一定程度上促进了旅游目的地的可持续发展和社会的和谐。

尽管旅游发展给雨崩村的自然环境带来了巨大压力，但藏族传统文化及自然环境保护意识的地方性知识传承成为制衡旅游发展对自然环境消极影响的有效力量，这是雨崩村能够成为国内外旅游开发与自然环境保护和谐发展范例的根本原因。

四、结语

可持续发展思潮从环境领域延伸至旅游领域，已成为旅游学界热议的研究话题。然而，旅游可持续发展理念在旅游实践中却出现了诸多不可持续性现象。生态环境是李亦园先生新世纪以来所关注的重要议题，李亦园先生的文化理念与人类永续发展观为旅游可持续发展提供了人类学的学术滋养。

负责任旅游的难题表现为如何处理游客与旅游地生态环境、社会文化之间不和谐的关系，根据李亦园先生的文化理念，少数中国游客的不文明旅游行为的文化根源在于精神文化、物质文化、伦理文化三类文化范畴中文化修养的缺失。李亦园先生提出的中华文化理念"致中和"宇宙观在我国旅游目的地可持续发展中发挥着重要作用。我国旅游目的地多具有传承较好的传统文化，自然环境保护一直是其重要组成部分。重视旅游目的地的地方性知识与传统文化有助于挖掘中华文化"连续的宇宙观"[1]278，凸显对自然环境保护的正效应。文化修养中的精神、物质、伦理三范畴契合"致中和"宇宙观中的人、自然、社会和谐均衡的三层面，因此在挖掘与延续中华文化传统宇宙观的同时，也要在个人层面、自然层面和伦理层面对旅游各行为主体进行相应的现代公民教育：增强文化自信、培养对多元文化的理解和欣赏；增强旅游各行为主体的生态环境保护理念；修正中国传统伦理文化，塑造现代旅游伦理。通过公民教育做到人、天、伦理的和谐均衡，做到"美美与共，天下大同"，从而实现旅游可持续发展。

---

[1] 李亦园：《生态环境、文化理念与人类永续发展》，《广西民族学院学报（哲学社会科学版）》2004年第4期。

文本、族群、叙事：
作为一种民族志的《平闽十八洞》

张先清 厦门大学人类学系教授、博士生导师

《平闽十八洞》是清代以来流行于福建、台湾及东南亚闽籍华人社会中的一部章回体小说，该小说假托宋代杨文广征闽故事，但其实际演绎的则是唐代陈元光平定闽粤区域"蛮獠啸乱"的历史。该小说与《闽都别记》《临水平妖传》一起构成近代福建话本小说中的三大代表，也是理解历史上东南地区族群互动关系的重要民族志文本。因此，从民国以来就有不少学者关注这方面的研究，其中尤以林语堂、叶国庆、李亦园为主要代表。如果说林语堂、叶国庆关于《平闽十八洞》的研究，接续的是20世纪20—30年代"古史辨"学派的学术脉络，那么李亦园无疑是将《平闽十八洞》这一话本研究带入人类学视角的第一人。笔者从梳理《平闽十八洞》的学术史出发，分析了李亦园《平闽十八洞》的研究在东南人类学领域的学术贡献。在此基础上，探讨《平闽十八洞》这类文本在推进东南人类学相关议题上的重要民族志资料价值。

一、一个"传奇"的旅行：从"古史辨"说起

在现代中国学术史上，20世纪20年代兴起的古史辨论战，在决定中国人文社会科学学术转向问题上注定意义非凡。[1]这一学术遗产对于东南区域的学术研究，也具有重要意义，

---

[1] 张越：《〈古史辨〉与"古史辨派"辨析》，《学术研究》2008年第2期。

可以说从这一时刻起，中国学术史上的东南研究才真正进入一个现代学术范畴。这个转变显然离不开顾颉刚与厦门大学国学研究院建立这一背景。1926年秋，因提出中国古史是"层累地造成"并发表一系列"古史辨"论著而在学术界声名大噪的顾颉刚，从北京南下来到厦门这个蕞尔小岛，担任私立厦门大学国学研究院教授。此前已经在北京大学发起过歌谣、传说及民俗调查研究的顾氏，很快发现福建地方极富上述研究资源，随之得心应手地以厦门大学国学研究院为中心开展同类研究。《平闽十八洞》这一当时福建地区流传甚广的口述文学，很快被纳入由北京南移的古史辨学派的研究视角。

厦门大学国学院初创时期，按照顾颉刚、林语堂等人的计划，是要大力开展"中国固有文化"研究[①]，从当时所公布的《厦门大学国学研究院组织大纲》中可以看出，顾颉刚、林语堂等人在发展中国学术方面极具雄心，为推动国学研究院工作开展，下设了历史古物、博物、社会调查、闽南文化等14组，而且研究院人员也提出了相应的研究专题。其中，当时担任厦门大学文学院院长的林语堂选择了《平闽十八洞》作为自己的研究项目，《平闽十八洞》这一原本流传于民间的传奇文本，就这样开始了其学术史上的旅行。

作为漳州人，林语堂早年对这类话本耳熟能详，正如他在文中提到，"平闽十八洞"的传说流传已久，"村中父老多能熟记其中所载杨文广、抱月公主、纪仙姑、金精娘娘的事迹"，是一个很有代表性的福建传说，与此同时，他敏锐地看到这一传说中所蕴含的与闽南开发历史相关的丰富信息，恰好可以呼应顾颉刚重建"古史"的研究取向，这也是他选定这个闽南地区流行最广的传说加入到顾颉刚在厦门大学国学研究院所发起的研究计划的一个原因。就在"古史辨"这一学术运动背景中，林语堂开始了《平闽十八洞》的研究。1927年，林语堂在《厦门大学国学研究院周刊》第二期发表了《平闽十八洞所载的古迹》一文，作为其承担厦门大学国学研究院研究计划的初步研究成果，该文后来又发表于《民俗》1928年第34期。林语堂这篇短文的贡献在于将"平闽十八洞"传说首次置于现代学术研究中，他开篇就提出"我们很可以把这个故事当做福建民间传说的一种"来研究，认为书中：

最有趣的地方是关于十八洞的传说，十八洞各有洞主、番兵、偏将屯守，也有府库钱粮，为南

---

① 《厦门大学国学研究院组织大纲》，《厦大周刊》1926年第134期。

闽屯兵守卫之地。这一点也许藏着一点历史的痕迹。自然福建之开化远在宋以前,但是以此为关于中国平闽的故事看,自有他研究的价值。①

很显然,林语堂注重的研究视角是将传说纳入历史研究中,在他看来,不仅可以通过"平闽十八洞"这个传说来验证历史上杨家将的史事,而且也可以从考古意义上考察福建地方上古"原民的遗迹",从而为古史研究增添资料。他也注意到话本中提到的"宋人"与"番"的对应意义,隐藏着闽南在文化上进入中国体系的历程。

林语堂开启了古史辨学派利用传说进行福建古史研究的先河,并且提出了一些值得继续研究的议题。例如,他提出了历史上杨文广随狄青南征广源州蛮侬智高的记载,与《平闽十八洞》中所载的南闽王蓝奉高的相似性。此外,他也提到十八洞这类"峒寨"与福建早期居民之前的关系。很可惜的是,因为其后厦门大学国学研究院解散,林语堂有关《平闽十八洞》的研究只开了一个头就戛然而止。而此后有关《平闽十八洞》的系统研究,由其学生叶国庆来完成。

叶国庆是厦门大学的第一届学生,和林语堂一样也是漳州人。对于叶国庆来说,他在厦门大学遇到了人生求学的最好时机,当时北京大学国学院的一批名师林语堂、顾颉刚、沈兼士、张星烺以及鲁迅等都南下来到厦门大学任教,一时厦门大学国学院名师云集。受顾颉刚古史辨学派的影响,叶国庆热衷研究闽南历史与文化,后来他考入燕京大学历史研究部研究生,继续师从顾颉刚、洪业、许地山、邓之诚等人研习历史。其硕士论文的选题即是关于《平闽十八洞》的研究。1931年,他在燕京大学完成了研究生论文《平闽十八洞研究》,1935年,该文全文发表在《厦门大学学报》上。②叶国庆此项研究的主旨是从文史互动角度探讨《平闽十八洞》的故事来源与本事,这是迄今为止从传说与历史角度探讨《平闽十八洞》最为深入的一项研究。

一般认为,叶国庆此文的一个重要贡献是首次指出该书系作者借用杨文广平闽故事来演述陈元光开辟漳州的历史。然而,在叶国庆之前,已经有人提出了杨光文平闽与陈元

---

① 林语堂:《平闽十八洞所载的古迹》,《厦门大学国学研究院周刊》1927年第1、2期。
② 叶国庆:《平闽十八洞研究》,《厦门大学学报》1935年第3卷第1期。

光平闽之间的关系问题。1928年，同为漳州人的陈家瑞在《民俗》杂志上发表了一篇题为《杨文广平闽与陈元光入闽》的文章，在该文中，陈家瑞提到其友人黄仲琴认为杨文广平闽故事，是由陈元光入闽事迹转变而来，随后他比对地方志中关于陈元光入闽的记载与《平闽十八洞》小说，发现二者之间的关联性很强，黄氏所提出的假说是可以成立的。陈文列出了陈元光入闽史事中的关键人物与杨文广平闽十八洞小说人物相对照，认为"两方人物，影射颇多"。①陈家瑞也引用了林语堂关于侬智高与蓝奉高相似性的判断，但他更明确地指出《平闽十八洞》中记载的杨文广平闽传说与历史上陈元光平定泉潮"蛮獠作乱"存在的对应关系。

陈家瑞的考证，显然与其后叶国庆的《平闽十八洞》研究具有异曲同工之处，只是叶国庆的研究更为系统完备，他不仅详细地考证了小说中的杨文广平闽所影射的陈元光入闽史实，指出"《十八洞》一书，乃演唐陈元光平闽之事无疑"，而且在林语堂研究基础上更为细致地考证出十八洞的位置及与历史上福建峒蛮的关系。此外，叶国庆首次针对《平闽十八洞》的作者、版本、体裁及小说演变等内容展开了细致的研究。按照叶国庆的说法，以《平闽十八洞》这一小说作为资料，除了可以"整理陈元光之事迹，考证志书上之错误"之外，更重要的是"显示一部小说如何演变，如何采史实，变化史实，如何连用人物"。他的用意是借《平闽十八洞》研究探讨"史实与传说其间之关系若何"这一问题，而这自然是深受顾颉刚的影响。这一点，叶国庆在结论中就已明确道明：

中国古史之记载，类同传说，差异殊多，而后出之记载，事愈多愈详，颉刚师谓层叠而成。此种层叠之材料，自故事与传说演变之现状推之，当为地方之色彩所构成。②

很显然，叶国庆研究的理论与方法，遵循的是其师顾颉刚所倡导的古史层累说，在具体的研究路数上几乎同出一辙，注重考辨传说与史实的关系，分析传说文本的演变等。这也是林语堂最初研究《平闽十八洞》的做法。可以说，从林语堂到叶国庆，围绕着《平闽十八洞》

---

① 陈家瑞：《杨文广平闽与陈元光入闽》，《民俗》1928年第34期。
② 叶国庆：《平闽十八洞研究》，《厦门大学学报》1935年第3卷第1期。

的研究，都离不开现代学术史上古史辨学派的传统。从学术史而言，这一学派对于《平闽十八洞》研究的一个突出影响，是将原本流传于福建民间的传说纳入到现代学术视角中，将其视为探讨传说与历史事实、文本与叙事、移民族群与地方开发历史等议题的重要资料。对于作为《平闽十八洞》文本核心的民族史议题，却没有进一步阐发，而这一研究旨趣的变化要等到人类学家李亦园介入才得以实现。

二、李亦园与《平闽十八洞》的民族学研究

如果说古史辨学派开启了《平闽十八洞》研究的一个文史互动视角，将传说纳入古史领域加以考察，而半个多世纪以后，同为闽南籍的人类学家李亦园又将《平闽十八洞》带入了人类学的世界中。1994年，李亦园在《台湾"中央研究院"民族学研究所集刊》第76期上发表了《章回小说〈平闽十八洞〉的民族学研究》一文，第一次明确地从人类学角度探讨《平闽十八洞》中隐含的东南地区族群互动关系。此后该文收录到其个人自选集中[1]，这是迄今为止从人类学视角分析《平闽十八洞》与东南民族史关系最为深入的一项研究。

对于李亦园来说，他为何选择《平闽十八洞》作为其研究中国东南民族议题的切入点，其原因我们不得而知，也许与他属于闽南籍有关。1948年，他离开泉州家乡到台湾岛投考台湾大学，此前他已经在泉州故土生活了17年，对于《平闽十八洞》这一流传于闽南乡间的演义小说应该不陌生，据其就读的泉州紫南小学校友谢长寿回忆，李亦园的母亲林朝素当时担任紫南小学的校长，每星期一周会都安排老师给学生讲故事，而给同学们留下最深刻印象的就是《平闽十八洞》。[2]同样的，因为漳泉移民的关系，当时的台湾地区也不难接触到《平闽十八洞》，因此《平闽十八洞》或可说是托·富勒笔下植入少年心房的那棵树，只是等待时机发芽而已，而这个发芽的时机应该就是20世纪80年代末他参与推动的福建与台湾社会文化大型研究计划的实行。

---

[1] 李亦园：《李亦园自选集》，上海：上海教育出版社，2002年，第383—404页。
[2] 谢长寿：《平闽十八洞之史学价值》，《〈平闽十八洞〉及其研究》，泉州学研究所编，北京：九州出版社，2011年，第313页。

"闽台社会文化比较研究"研究计划可以说是海峡两岸人类学史上第一个重大的区域比较协作研究计划。根据参与该项研究计划的厦门大学杨国桢教授回忆,1987年,美国鲁斯基金会准备拨款资助美国大学开展中国研究,优先考虑美国、中国学者联合参加的项目。当时在美国斯坦福大学人类学系任教的人类学家武雅士(Arthur Wolf)认为机会难得,决定申请一项闽台比较研究项目。武雅士长期在台湾开展田野工作,与李亦园、庄英章等台湾人类学界人士关系密切,而厦门大学傅衣凌、杨国桢曾赴美国斯坦福大学访问,彼此在民间文献与闽台社会文化研究领域都有很多共同兴趣,一项由斯坦福大学、台湾"中央研究院"民族学研究所、厦门大学学者共同参与的有关闽台社会文化比较研究联合项目就这样在1988年底揭开了研究序幕。[1]

这项研究计划美方由武雅士担任主持人,中方海峡两岸分别由厦门大学杨国桢和时任台湾"中央研究院"民族学研究所所长的庄英章担任主持人。而此时担任新竹台湾清华大学人文社会学院院长的李亦园也作为主要成员参加到这个研究项目中。大家商定,这一研究计划持续三年(从1989年1月到1991年12月),分别在福建省12个县、台湾地区10个县设置田野调查点,两地学者分别完成该地的调研工作。其主要方法和目的是:

> 运用人类学和历史学相结合的研究方法,进行资料调查和田野调查,抢救福建省和台湾省民间社会的文献资料和口头资料,比较两省民间风俗习惯的异同,研究福建风俗习惯移植台湾后的变化,并对两省民间文化的差异提出科学的解释。[2]

在研究计划中,闽台民俗文化比较被放置在重要的位置,尤其侧重于口头资料的搜集与整理。显然,类似《平闽十八洞》这样在闽台两地都广泛流传的话本演义,自然会引起加入闽台社会文化研究计划的李亦园的注意,成为他的一个研究选题。为此他广泛收集《平闽十八洞》各种版本,并在1993年5月在台湾宜兰地区召开的"第二届闽台社会文化比较研究工

---

[1] 谢长寿:《平闽十八洞之史学价值》,《〈平闽十八洞〉及其研究》,泉州学研究所编,北京:九州出版社,2011年,第313页。
[2] 杨国桢:《闽台社会文化比较研究》,厦门大学民间历史文献研究中心,2017年11月21日,http://crlhd.xmu.edu.cn/d9/71/c11794a317809/page.htm。

作研讨会"上发表了其有关《平闽十八洞》的研究成果。

在李亦园看来，尽管叶国庆针对《平闽十八洞》做了相当深入的研究，但是他认为叶国庆的研究"着重点在于史实考证、版本比较、小说演变、文体风格等方面，换而言之，是一种文学与史学的探讨。其实该书内容的重要性超过叶先生所感兴趣的各点，而其中最值得注意的是书中有关福建少数民族的描述，隐含了很多民族学的研究资料，这是叶先生论文中尚未涉及的部分"[1]。作为一个人类学家，李亦园敏锐地意识到《平闽十八洞》中蕴含着十分丰富的有关东南地区的民族学资料，这也是他认为可以在林语堂、叶国庆等古史辨学派注重传说与历史事实考证之外，重新发掘的另一个研究议题。

就研究内容而论，与林语堂、叶国庆的研究相比，李亦园的贡献主要体现在两个方面：

其一，他从人类学家的视角看到《平闽十八洞》演义中的民族史资料，进一步确认书中作为与"宋"对立面而出现的"番"就是当代的畲族。畲族是东南地区分布最集中的一个少数民族，与历史上福建地方的开发有着十分密切的关系，也与东南地方的古老族群——"越"人在族源上紧密关联。《平闽十八洞》第一回"南闽会兵十八寨"开首提到的"南闽王蓝奉高"，据《漳州府志》记载，蓝奉高与苗自成、雷万兴等人都是唐初居于漳、潮山林间的"洞蛮"首领，他们不时起兵抗拒唐王朝的统治，陈元光在与"洞蛮"的冲突中被蓝奉高所杀。[2]李亦园认为蓝、雷等姓，都是现在畲族的主要姓氏，二者之间显然存在着指代关系。此外，他也认同专门研究畲族史的蒋炳钊所提出的观点，即唐代频繁出现在闽、粤、赣一代的"蛮獠""苗""猺"等，就是宋代被称为"畲民"的祖先。他从《平闽十八洞》中提到的南闽王蓝凤高给宋王朝所下战书中提到的"今我南闽凤凰出现"一句里的"凤凰"，与畲族起源故事中的潮州凤凰山传说相关，证明《平闽十八洞》所提到的"番"就是畲族。[3]在李亦园之前，虽然林语堂、叶国庆都注意到了《平闽十八洞》与福建早期族群史之间的关系，但都没有展开论证。例如，林语堂提到了"十八洞"与福建早期"原民遗迹"的关联；叶国庆指出此书演绎的是陈元光"辟草昧、平蛮峒、开闽之史"，其中的"山峒"与畲人所居之处关

---

[1] 李亦园：《李亦园自选集》，上海：上海教育出版社，2002年，第383页。
[2] 《漳州府志》卷四十七，"寇乱"，清光绪三年（1877）刻本。
[3] 李亦园：《李亦园自选集》，上海：上海教育出版社，2002年，第390页。

系密切。①但也许因为林、叶二人都是文史学家,缺乏人类学的敏感性,因此在这一点上并没有展开探讨。这种因为学科上的背景不同所导致的针对同一文本分析而出现的旨趣差异,也是学术史上常有的事。正如李亦园指出叶国庆虽然注意到了《平闽十八洞》中的传说演变与地方文化之间的关系,但因为其兴趣仍然在于文学与考证,因此"很可惜他没能与他同时代的林惠祥教授一样,把故事的分析延伸到少数民族的文化上去"。②

李亦园这里提到的林惠祥,是他十分尊敬的一位人类学前辈,他和林惠祥祖籍同为泉州晋江,又因为各种关系而被他认为有着"六同之谊"③。林惠祥与叶国庆同为厦门大学第一届毕业生,林惠祥1933年、1934年于商务印书馆出版了《神话论》与《民俗学》两本论著,是中国较早从人类学角度开展神话与习俗研究的学者。李亦园将叶国庆与林惠祥相比,其用意或许是要说明在对待神话故事资料问题上,人类学家与历史学家之不同,历史学家往往重视考证民间传说与历史事实的真伪关系,而在人类学家眼中,类似《平闽十八洞》这类民间传说,是一个可以分析族群文化的民族志文本。

其二,李亦园的另一个重要贡献是首次从图腾理论分析《平闽十八洞》文本中的图腾资料及其所体现的早期东南族群的图腾制度演变状况。与明清以来许多俗文学文本一样,《平闽十八洞》包含了不少有关人与动物相关联的资料,尤其是书中所提到的各"洞",其人员一般与动物都有着某种特定的关系。李亦园认为文本中出现动物不是口传文学作者的随意编造,而是有着深刻的族群文化意义。在仔细研究之后他将这些动物分为两个系列,一类是昆虫或小动物系列,如蝙蝠、白蝴蝶、蝶仔、黄蜂、蜘蛛、蚯蚓、蜈蚣、水蝎、黑蛇、石龟等;另一类则是较高层次的系列,如红鸾(鸟类)、玉面狐狸、玉麒麟、石兽(兽类)、金鲤鱼(鱼类)、鹅(禽类)等。他认为经过这样的分类之后,可以看出其中蕴含着两个不同阶段的图腾现象:一个是代表族群分类的图腾;另一个代表始祖崇拜的图腾。由此他指出,《平闽十八洞》中所提到的这些动物,其背后实际隐喻的是畲族的图腾制度演变历程,亦即在唐以前畲族社会中至少存在着两种图腾分类制度,一种是族群内部的图腾分类系统,如《平闽十

---

① 叶国庆:《平闽十八洞研究》,《厦门大学学报》1935年第3卷第1期。
② 李亦园:《李亦园自选集》,上海:上海教育出版社,2002年,第385页。
③ 李亦园:《林惠祥的人类学贡献——纪念乡前辈林教授逝世四十周年》,汪毅夫、郭志超主编:《纪念林惠祥文集》,厦门:厦门大学出版社,2001年,第115页。

洞》中提到的各类动物图腾，是不同的峒寨用以定义不同族群的分类图腾；另一种是作为族群共同祖先崇拜的"盘瓠"图腾。只是在唐以后，随着汉人进入畲民居住的地区，受到汉文化的影响，作为族群内部分类的图腾制度逐渐消失，保留下来的只有盘瓠祖先崇拜及其仪式。李亦园从《平闽十八洞》文本所引发的关于畲族图腾制度演变的观点，无疑十分富有启发意义。图腾制度是人类学的一个核心议题，从弗雷泽、博厄斯到涂尔干都曾经进行过相当深入的研究，在李亦园看来，这些人类学家都是将图腾视为人类宗教信仰的一个形式，只是到了列维—斯特劳斯才突出了图腾的符号与族群分类意义。作为一个熟谙人类学宗教理论并且有着丰富的台湾少数民族宗教田野经验的人类学家，当李亦园接触到《平闽十八洞》文本时，他自然会敏感地将书中大量出现的反映少数民族与动物关系的记载联系到图腾制度上，并运用人类学图腾理论加以分析。

　　有关东南早期族群的原始图腾信仰，一直存在着许多悬而未决的问题。例如，因地域的不同，早期百越族群的图腾崇拜应该是多元性的。据学者研究，浙江的于越有以"鸟"为图腾，福建的闽越则以"蛇"为图腾，而广东的南越则有以"羊"为图腾的现象。这些复杂多元的图腾崇拜现象，对于研究东南地区早期族群关系提出了许多富有挑战性的议题。如在探讨畲族与百越族群的关系时，有一种观点就认为畲族以盘瓠为图腾崇拜，而越族普遍被认为是以"蛇"为图腾；从图腾存在的差异化来看，畲族与越族渊源关系并不明显。但包括蒋炳钊在内的畲族史研究者反驳了这种说法，其观点即认为在族群演进过程中，"一个民族中可能同时残存有几种图腾信仰"[①]。对于这一点李亦园是十分认可的。在他看来，图腾研究不能忽视图腾演变存在一个长久动态的交互转换过程：

　　我们从《平闽十八洞》所描述的有关人与动物关系的资料，以及畲族人现有的图腾信仰传说中，可以很清楚地看出作为分类象征的图腾，以及作为始祖崇奉的图腾是如何有所分别，又如何并存，以及如何发生变化而或存或灭的。从这些资料的演练与分析中，我们似乎可以看到作为分类的图腾与作为始祖崇拜的图腾应该是一件事的两面，在某一阶段中，前一面的意义也许较突显，

[①] 蒋炳钊：《畲族史稿》，厦门：厦门大学出版社，1988年，第64页。

但在另一阶段里,情况又可能转变过来,这实是一种反复互为表里的过程。①

李亦园利用《平闽十八洞》推导出的关于畲族图腾的案例解释,对于理解历史上东南地区早期族群的图腾制度演变与族群关系,无疑有着相当重要的启发性意义。

三、"危险的边疆":《平闽十八洞》与人类学的东南边陲叙事文化

《平闽十八洞》第二回中,璐花王在杨文广奉旨出征前奏报宋仁宗提到"南闽怪异甚多",提醒宋军不能轻敌,应统带精兵强将出征,一举征服。同样,当杨文广到佘太君处辞行时,老太君也是叮嘱他"南方之地,怪异甚多"。②小说作者借宋朝君臣口中说出闽地"怪异甚多"这一句话,其背后隐含的是作为中原正统的"宋"人基于某种文化优越感而产生的对于叛服无常的南闽"番"地的异文化印象。尽管这只是一种小说野史家的隐喻,但从一个侧面体现出中古以前福建所在的东南区域是"危险的边疆"(Perilous Frontier)这一巴菲尔德所定义的华夏边陲世界的性质。作为历史上农耕文明核心的中央王朝,在面对草原游牧世界时,惯常将这些出没于边疆地带的游牧族群当作威胁其文明的"蛮夷",他们的形象既陌生得让人轻蔑,又充满力量,咄咄逼人。③《平闽十八洞》文本对东南边疆地带的描绘,也与草原游牧世界有着相类似的地方。这些非汉族群在一位有着卡里斯玛人格的"王"统领下,主要居于"洞府",过着游耕式的生活,服饰迥异,往往具有不同的体质特征。李亦园注意到了书中所描绘的"番将"普遍存在着"乌面红须"的异族形象,并指出这种身体隐喻与"汉""番"文化边界区分的关系。④同样,"南闽国"中异士颇多,擅长各类法术,往往对宋军的征服过程造成不少阻力,这些都是《平闽十八洞》小说中刻意呈现的与中原视角相异的边陲景观。

---

① 李亦园:《李亦园自选集》,上海:上海教育出版社,2002年,第401页。
② 无名氏原著、李少园点校:《平闽十八洞》,《〈平闽十八洞〉及其研究》,泉州学研究所编,北京:九州出版社,2011年,第12页。
③ (美)巴菲尔德著,袁剑译:《危险的边疆:游牧帝国与中国》序,南京:江苏人民出版社,2011年,第1页。
④ 李亦园:《李亦园自选集》,上海:上海教育出版社,2002年,第391页。

《平闽十八洞》文本中所保存的这些边缘的历史，对于客观认识历史上东南边疆区域族群的社会文化有着独特的内在价值。《平闽十八洞》小说的一个主线是南闽王蓝奉高及其南闽国最终被杨文广所率领的宋军征服，重新成为中原王朝的一个组成部分，反映的是历史上福建所在的东南区域纳入中华版图的文化过程。小说关于"南闽入中国"的叙事主体从表面上看虽然仍是中原视角，但据信很大可能是来自漳泉地区的小说原作者，巧妙地借讲述征服者与被征服者的故事，从另一个角度保留了不少有关东南边陲族群的文化与历史。显然，在唐宋以前东南区域普遍缺乏文献记载的情况下，这些托附于王朝历史框架中的东南边陲口述叙事，无疑成为历史上华夏边缘地带人群表述其社会文化过程的族群记忆，并成为构建东南边陲世界的民族志资料。作为东南文化的一个核心区域，福建地区有着十分发达的民间文化传统。无论是民间戏曲抑或歌谣传说都十分丰富。在口传文学方面，除了《平闽十八洞》之外，最具代表性的还有《闽都别记》《临水平妖传》两部小说，前者是成书于清代乾嘉时期的一部章回体小说，该书署名里人何求，但与《平闽十八洞》一样，其真实作者已不可考。书中讲述的是唐末以来福州地区的社会生活史；而《临水平妖传》则是清代根据福州说书人说唱文本改编而成的一部口传文学，演绎的是临水夫人陈靖姑学法平妖的传奇故事。如果说《平闽十八洞》代表的是闽南九龙江流域的口传叙事文化，那么，《闽都别记》《临水平妖传》则反映的是闽东闽江流域的叙事传统。可以说，这三部小说构成了明清以来福建话本小说中的三大代表，也是理解历史上东南地区族群互动关系的重要民族志文本。

东南区域在中国人类学发展史上有着重要的位置，例如，人类学有关汉人社会研究的一些核心议题如宗族组织、民间宗教、移民流动与跨国网络等，无不和这一地区的民族志案例紧密相关。同样，在探讨中华民族多元一体问题上，东南地区也是不可或缺的关键一环。这里是理解中国文明起源与南方民族源流的关键区域。早在20世纪初，林惠祥先生就从民族考古与人类学田野结合的角度，围绕着越族与中华民族的关系、东南古越族与东南亚族群（南岛语系族群）的关联等重要问题展开了广泛的探讨，并提出了"亚洲东南海洋地带"这一前瞻性的学术概念。而上述议题，实际上都离不开秦汉以来随着中原移民南下而引发的"中心"与"边缘"的互动视角，在这一视角下所形成的族群叙事文学，往往包含着代表中原移民的"汉"与代表"非汉"之东南区域原来存在的族群历史上竞争与融合的过程表述。

因此，类似《平闽十八洞》这样的口述叙事文本，无疑是探讨东南人类学边陲议题时尚未被人们广泛熟知的民间资料。

四、结论

也许很少有其他的传统福建章回体小说会像《平闽十八洞》这样吸引林语堂、叶国庆、李亦园这三代文学家、历史学家、人类学家的持续关注研究，这也恰巧体现了《平闽十八洞》这一传奇文本的独特魅力，它可以为我们提供一个讲述华夏边陲地带历史建构的另类故事案例。长期以来，东南区域的历史都是以一种中原移民与开发的模式来书写，在整个中国历史中，与北方游牧世界屡屡威胁中央王朝政权相比，这片区域的历史不仅缺乏存在感，而且也显得呆滞、不生动。在唐宋以后的大规模开发过程中，东南族群的历史很快被整合进王朝国家线性发展的历史阶段中，变得越来越平淡无奇。因为《平闽十八洞》这样的民间文本，我们重新看到了历史上东南地区的人群建构方式的多元性。从这个意义上说，随着李亦园将人类学视角引入《平闽十八洞》研究，围绕这一传奇话本所经历了近一个世纪的研究历程，仍然需要进一步延续。

人、均衡与边界：李亦园宗教思想探微

张超 兰州大学历史文化学院西北少数民族研究中心副教授，博士

【基金项目】此系国家社科基金青年项目"南岭民族走廊民间信仰的多元互动与区域社会整合研究"（项目编号：17CMZ045）的阶段性研究成果。

李亦园先生是著名的人类学家，其一生著述颇丰，在文化理论、海外华人研究及宗教研究等方面都有自己的独创见解。李先生的宗教研究在其整个人类学知识体系中占据了很大比重，涉及到神话、仪式、民间信仰、山地民族原始宗教以及宗教变迁等内容，其与宗教研究相关的著述包括《宗教与神话》《人类的视野》《信仰与文化》等。李先生的宗教研究在其整个人类学理论创建过程中起着十分重要的作用。

一、宗教均衡论与人本宗教：中国式的信仰与宗教

（一）宇宙观与中国文化均衡体系

李先生的宗教观是与其文化观密不可分的，中国宗教研究是其阐明中国文化观的一个途径。对于中国传统的文化观，李先生创造性地提出了"三层面均衡模型"，他认为中国传统宇宙观的核心是和谐与均衡的概念，这一概念常常被其称为"致中和"。具体而言，这一宇宙观模型可分为三个层面：自然系统的和谐、个体系统的和谐以及人际关系的和谐[1](P138)。自然系统的和谐与均衡包括时间与空间的均衡，集中体现在中国人对数术与风水的看重。传

统中国人根据自己出生的年、月、日、时,将其配合阳的天干与阴的地支,得出8个关键数字,再将其与五行相配合,从而判定一个人的命运。他们认为完美的命理表现是五个基本物质的均衡,而一旦五行出现不均衡,中国人就会用相应的名字来弥补。除了时间,空间同样追求和谐,空间和谐集中体现在中国人对"气"的重视,他们认为完美的风水一定是气流动的和谐,风水特别避讳不和谐的气,一般称之为"煞气",传统风水布局的一个重要方面就是如何通过地理空间的布局合理化解这种煞气,从而使气和谐流动。

除自然和谐之外,个人系统的和谐同样是中国人十分重视的。根据李先生的论述,传统文化一向将有机体看成是一个"小宇宙",其本身是与外在的大宇宙相配合的和谐运转模式。为了维持这种和谐,中国人十分重视作为生命维持根本的"吃"。中国人相应的将吃的食物分成两个基本的特性:冷与热,并根据外在大宇宙的运行规律,进行相应的"进补"。比如,冬季气候寒冷用热性食物补充,以达到冷热均衡,而夏季则配合冷性食物以达均衡。个人系统均衡的另一个表现是中国人努力维持体内之气流动的均衡,中国传统文化中的气功、引导、中医调理都是为了维持体内之气流动的和谐。上述两个和谐系统,一个是外部自然的和谐,一个是身体内部的和谐,而介于两者之间的是社会关系的和谐。李先生认为,中国传统文化中对这种人际关系或社会秩序和谐的追求可以分为两个不同的向度:同时限(synchronic)内人际关系的和谐与超时限(diachronic)的社会秩序的和谐,"前者表现在从'家'为出发的家族成员的伦理关系,并逐步一波波地扩及其他人群……而后者超时限关系的和谐,则是指人际关系的维持从现在人的向度上延续到已经过世的家族成员关系上,并进而扩展到其他超自然的神灵关系上去"[1](P143)。李先生对中国人际关系两方面的区分,无疑是具有洞见性的,尤其是对超时限人际关系的重视,引出了他的中国宗教观,这是后面将要集中讨论的内容。

(二)以人为本位的中国宗教及宗教均衡论

李先生较为系统地总结了宗教信仰的层次问题,他认为,一般的宗教信仰大致包含两个层次,一个是观念的层次,主要探讨生死、人生意义及终极关怀,以及伦理道德、社会正义等相关问题;另一个是较为具体的层次,是关于超自然崇拜的探讨,而超自然崇拜又可以分为整合社群的崇拜以及满足个人心理需求的崇拜[2](P270)。在李先生看来,宗教信仰层面中的终极关怀与超自然崇拜两者是一个均衡模式,一旦一个宗教过多地注重现实的功利满足,这个宗教就会越多的偏向"迷信",从而失去了平衡。李先生的这种分类实际上涉及到宗教研究中的两种视角,一个视角是从宗教观念来研究宗教,上述宗教信仰的第一个层次属于该视角,另一个视角是从具体的宗教行为来理解宗教,上面第二个层次属于此视角。

  人际关系的和谐能够推延出人与祖先、神灵的超时限和谐关系,李先生认为,中国宗教最重要的特色是以人为本位,而不是以神为本位的宗教。从这种角度来理解中国的宗教,实际上能够澄清许多有关中国人的信仰问题。中国人的信仰模式在最为基础的层面上是与西方的信仰模式非常不同的。西方的宗教信仰中有一个独立于人类社会的神灵存在,神的地位独立于人类社会,人与神是割裂的,从而人从来不能转变为神。而在中国文化背景下,神并不是绝对的与人相隔离,人与神能够相互转化,在中国民间信仰中,存在着许多由人转变为神的例子,如李先生所列举的闽南及台湾地区的保生大帝、关帝、妈祖等神灵都是由人转化而来。所以李先生总结到,中国的神灵总是以人为中心投射出去的,所有的超自然存在都是人的投射升华[2](P280)。正是这种神灵模式的不同,导致了两种不同类型的宗教模式:弥散性宗教(diffused religion)和制度性宗教(institutional religion)。[3]对于西方的宗教类型,由于神灵独立于人类社会,人与神是相分离的,所以要想了解上帝的旨意必须经过某些特殊的人群、某类特殊的机构才能够达成,所以西方的宗教发展出了与此相关的一整套教会组织机构。而与此不同,在中国的信仰体系中,由于人与神灵能够相互转化,根本不需要西方宗教那样有体系、有制度规定性的人神沟通中介,因为人能够成为神,与此相关,中国文化中发展出了一套丰富的内修实践策略,这些策略是人转化成神的途径。上述两种信仰模式同样有利于比较中西方的社会模式差异,对于西方社会而言,是将神的宗教规定应用于治理人类社会;而与此相反,中国人则是通过人类社会规范(中国人称为"礼")的践行从而变成神(圣人)。

  李先生特别关注中国文化根基中的均衡特点,而中国宗教是在这种均衡论背景下衍生出来的信仰类型,中国的宗教信仰是中国人追寻一种超时限和谐社会关系的产物。实际上,李先生对中国宗教的研究始终贯穿着"均衡论"这一主线,正如在其著作《宗教与神话》自序部分所说明的:"读者可以在逐篇的阅读中找到这(和谐均衡观)一贯的脉络。"[1](P2)笔者将李先生的宗教研究理论称为"宗教均衡论",宗教均衡论的提出是与当时中国知识分子的追求相关联的,其实际上是要探讨一种社会科学研究中国化的问题[4],李先生的宗教研究恰恰是这种追求的体现之一。笔者将分别从他的神话研究、民间信仰研究以及宗教变迁研究来说明李先生宗教研究中的这一"均衡论"脉络。

二、神话认知、大小传统与宗教变迁:宗教均衡论的研究领域

李先生与宗教相关的一个重要研究领域是他的神话研究,也是其最为吸引笔者的部分,他对寒食节与端午节仪式及神话的综合分析澄清了中国文化深层次的均衡模式内核;除认知层面的均衡,在中国宗教文化主体内部的大小传统之间也体现出一种均衡模式,这保证了中国文化的一体性,正是大小传统之间的和谐互渗才保证了中国传统文化的传承与发展;中国传统宗教随着现代化的进程呈现出了一定程度的变迁,在宗教变迁过程中,均衡模式发挥着重要作用,体现了传统与现代的辩证过程。

(一)神话与认知均衡

1. 神话与仪式的结合研究

李先生十分注重仪式的研究,其系统地分析了仪式在人类行为中的地位,他将整个人类行为分为三个层面:实用行为(practical behavior)、沟通行为(communication behavior)以及宗教巫术行为(religion-magical behavior)[2](P306),而仪式则属于上述三个层次中的沟通行为。具体来说,仪式行为又可以分为现实的典礼(ceremony)以及神圣仪式(sacred ritual)。而与宗教相关的沟通行为通常表现为神圣的仪式行为,这种仪式行为常常与神话联系在一起。李先生同意克拉克洪(Clyde Kluckhohn)的看法,认为仪式与神话都是用象征的方式表达人类心理或社会需求,仪式是行动象征,神话则是语言象征。李先生认为,仪式与神话是互为表里的,用不同的象征手法表达同样的意愿。其中,传说神话对仪式来说有两方面的作用,一是用来支持仪式的执行,二是保证仪式执行过程中隐含的认知层面的持续

性。就神话的第一个作用而言,李先生举了一个通俗易懂的例子。在台湾省中部南投县埔里镇的"祈安清醮(大拜拜)"仪式中,全镇的人都要斋戒,与此相关的就是禁止一切杀生行为,而市场上的一位外地屠夫并不遵守当地的仪式规则,继续杀生卖肉。很快的,镇上传出了一则有关屠夫的"断指神话",大概意思是屠夫在清晨磨刀的时候竟然被自己用惯的屠刀将自己的大拇指割断了,当地人认为这是屠夫违背了当地的仪式禁忌而遭到了神灵的惩罚。很显然,屠夫断指的传说不管真假,却起到了保持打醮仪式中的斋戒行为的作用。对于第二点作用,李先生认为神话沟通了大小传统的共意性,"仪式对知识分子(君子)可以知道是人之道而安行之,然而对老百姓而言,则要以崇拜鬼神的方法使之成俗"[1](P217)。小传统的民众行为很少意识到大传统中所蕴藏的深层认知结构,假如没有神话的支持,大小传统估计会各自发展出自己的知识体系,而仪式中加入神话传说,能够保证大小传统的人们共同持有深层的认知结构。很显然,这仍旧是一种均衡的思想模式,充分体现了李先生宗教均衡观中的认知均衡对于维持这种隐含的认知层面的持续性,笔者将进行详细的论述。

2. 神话与仪式中所体现的认知均衡

李先生对神话与仪式中所体现的深层次认知均衡的精彩论述集中体现在对寒食与端午仪式的分析,这两种仪式分别对应着介之推神话与屈原神话。为什么选择这样的神话来支持这两个仪式?他在结构人类学的视野下对这两个神话与两个仪式进行了综合分析,从而澄清了仪式、神话以及中国人深层认知结构的特点。

寒食仪式是列维—施特劳斯在其神话研究时所引用的一个典型的中国案例。其在《神话学:从蜂蜜到烟灰》中将中国的寒食节与欧洲中古复活节及四月斋、南美洲印第安人的习俗做比较,认为这些世界各地不同文化的仪式中包含着某种相同的思维结构,李先生用以下结构公式总结:干燥:湿季::稀少:丰盛::禁火:用火::生食:熟食::自然:文化[1](P212)。以中国的寒食节为例,其中有关禁火与生火的内容实际上代表了干冷季节与温湿季节的更替,一般寒食节过后,气候将会变暖,春耕将会进行;同时仪式中也禁止生火做饭,只能吃生食,这则代表了生食与熟食的对比;进一步而言,生火吃熟食与禁火吃生食则隐含着更为基本的认知结构:文化与自然的对比,火的发明是人类文化的开端,而之前的人类则基本依靠自然。在列维—施特劳斯的基础上,李先生将中国的神话加入这种结构分析中来,并将端午节仪式与寒食仪式进行对比分析,进一步拓展了结构分析的深度,下面笔者将详细叙述李先生对此的延伸性研究。

与寒食节相关的是介之推神话。李先生详细考察了《琴操》《后汉书·周举传》《左传》《邺中记》等相关史料,总结了这则神话的大致内容,笔者概括如下:

晋文公和介之推共同落难,介之推割下了其身上的肉拯救了文公。晋文公复国之后,偏偏忘记了介之推的恩情,导致其归隐于山林之中。文公得知实情后,命官兵到深山中寻访他,但其不肯出山,于是文公命令烧山逼迫介之推出来,而介之推最终抱木而烧死,文公得知大悲,并命令天下在是日不得烧火。

但是今日流传的寒食仪式与神话的关联是经过若干阶段发展而成的,比如禁火的日子最初是五月初五,之后则被改成了冬至后105天,也就是今日寒食的日期。之所以将介之推的神话与寒食节的仪式相关联,实际上有深层次的结构分析,李先生总结的结构是这样的:

点火∶禁火∷煮熟∶生冷∷人际关系的高估∶人际关系的低估∷文化∶自然[1](P219)

在这一结构关系中,前两组对比较容易理解,指的是仪式中的禁火与生火以及禁食熟食而吃生食的行为;第三组中,人际关系的高估指介之推割股以啖文公,已经是一种超出了常情的行为,所以被称为高估的关系。而与此相对,文公非但没有答谢介之推反而放火烧死了他,这也是出乎常情的举动,称为低估的人际关系;与第三组对比相关,低估的人际关系显露了本能的一面,其是自然的表现,而高估的人际关系则显示了伦理的道德修养,是文化的一面,这也就是第四组的对比结构。

与寒食节仪式与介之推神话的分析类似,李先生也详细分析了端午仪式与屈原神话的结构特征,两则神话与两种仪式之间也形成了一个对比结构。端午节与屈原神话之间的联系也是经过了历史流变的,李先生同样参考了相关史料说明了屈原神话与仪式的历史性。大体而言,从时间上,端午节起初并没有定在五月初五,定在该日是较后的事情;另外,端午仪式在史料中并没有固定的与屈原投江神话相联系,比如有端午节与祭祀伍子胥、越王勾践的传说。而仪式中的赛龙舟的意义也有不同的解释,如白族为了祭祀白洁夫人,贵州清水江流域为了祭祀恶龙,傣族为了祭祀贤明的领袖。也就是说,现今流行的五月五日,祭祀屈原投江而死,人们包粽子投江、赛龙舟的仪式程序是人们在历史流变过程中采择编纂的结果,而李先生要着重说明的并不是这种仪式与神话的流变性,而是其中隐藏的稳定的认知结构,这种认知结构体现了中国人认知结构中的均衡思想。

首先从时间上来说,寒食仪式与端午仪式最终被确定下来与每年的冬至与夏至相关。根据太阳日立法,一年中有四个关键的时间节点:春分、夏至、秋分、冬至。在这四个时间节点中,二分是白天与夜晚长度相等的日子,而二至则是白天与夜晚时间长度差距最大的日子,如果从阴阳学说来看,夏至是白天时间最长的一天,也是阳性力量最盛的一天,而冬至是夜晚时间最长的一天,是阴性力量最强的一天。而之所以上述两个仪式与二至而不是与二分相关,是与时间的不均衡性所导致的阴阳不均衡性有关的,李先生用传统文化中的"德—刑"概念来解释这种不均衡的危险性,"德—刑"代表与阴阳相配的"生长"与"衰杀",按照中国的均衡思想,等长的时间被认为是和谐的、有"德"的,而不等长的时间则被认为是危险的、有"刑"的,上述两个仪式就是为了消除不均衡性所产生的危险因素。为了恢复冬至与夏至的阴阳平衡,冬至应该用火补阳气的不足,夏至则应该用水补阴气的不足。正是这种维持均衡的思想才使冬至寒食节的仪式与神话传说与火有关,而夏至的端午节仪式与神话与水有关。李先生将这种分析用以下的结构式来表示:

冬至:夏至::寒食:端午::阳:阴::昼:夜::德(生):刑(杀)::火:水::燥:湿[1](P233)

在上述精细的结构分析中,人们之所以把两个仪式与两个神话相配合的主要目的是追求一种认知层面的均衡,正是因为介之推神话与火有关,才将其固定在与冬至有关的时段,需要用火中和阴气过盛的寒冷所带来的不利因素;而因为屈原神话与水有关才将其融合进夏至端午仪式中,寓意用水来中和阳气过盛的燥热所带来的不利因素。

(二)中国宗教文化主体中大小传统的和谐

1. 中国宗教文化中的大小传统及其转化

李先生区分了中国文化中的大传统与小传统,这两个概念无疑借用了芮德菲尔德(Robert Redfield)的概念[5]。大传统指一个社会上层士绅阶层、知识分子所代表的文化,其多是一种带有哲学理念的精英文化;而小传统则指一般大众,特别是乡民所代表的生活文化。与杜维明从大传统的角度来看文化中国不同[6],李先生更注重从小传统的角度来看中国文化，他认为，从小传统角度而言，中国文化的特点可以归结为三个层面：中国饮食习惯、中国式家庭伦理及其延伸的人际行为准则、以命相与风水为主体的宇宙观，上述三个层面中最后一项的主要承载体就是小传统中的民间信仰。

追求均衡与和谐的"致中和"理念一方面是中国文化中大小传统文化所共通的价值核心所在，另一方面也是实现大小传统互融，不至于出现文化断裂现象的纽带。前文已经详细说明了李先生的"三层面均衡模型"，这种不同层面的和谐观念本身就保证了大小传统的相互交流，一方面，小传统保证了大传统的基本理念能够在现实社会中发挥实用性作用；另一方面，由于小传统多具有实用主义特色，正如李先生研究的台湾民间信仰的功利化的转变那样[7](P202)，其在现实层面多不具有更高的道德追求，而大传统的存在为小传统在民间的发展提供了更高的伦理特色，从而使其不至于沦落为"迷信"行为。另外由于这种交流都是在和谐均衡这一共通的理念基础上进行的，这就打破了自然、人与社会的区隔，使中国文化在整体上形成了相互贯通的一体格局。这种大小传统一体性的一个突出例子是李先生所举的"天"的例子。天的概念是传统儒家大传统中的一个重要观念，天是一种非人格化的理念，在大传统文化中，天并不是一个具有人格特征的存在，其更加倾向于代表一种合理化的秩序。从天的理念出发，整个人类社会都是建基于其上的，儒家的礼教社会体系就是模拟了天的规则，这种天贯穿自然、人与社会。而小传统则将天的概念改造成了易于理解的神灵系统，对此，李先生的论述很经典，故转录如下：

> 他们（编者注：小传统）把儒者心目中非人格化的"天"转变为人格化的"玉皇上帝"，这个玉皇上帝实际上是把抽象的"天"的观念与人间的"皇帝"混而为一的影像，所以在玉皇之下，一样有各种不同层级的部属，包括代天巡狩的王爷、元帅、天妃、将军，以至于地方性的城隍、土地、铺主、灶君、床母等，构成民间信仰文化中的官僚系列，而这些超自然存在也与真实的官僚系统有所不同，不但是公正不欺的，而且直接与一般民众的日常生活福祉有密切关系，这就明显地表现出小传统民间文化的现实与功利性质。[2](P146)

这种民间的改造让笔者联想到了王斯福（Stephan Feuchtwang）对中国民间信仰"帝国

隐喻"的表述,其说明的是民间信仰在实践层面能够以隐喻的方式转述国家的权力体系,但是这种转述并不会直接照搬国家体系,而是会进行一定的改造。李先生这里所说的小传统对抽象"天"理念的形象化改造,更像是这种隐喻体系的转换,这种转换实际上是一种民间智慧,对抽象概念的图像化是一种非常巧妙的"复制"大传统的方式,这种"复制"在不改变其原有抽象理念的前提下,发挥了抽象文字所不能发挥的模糊性(ambiguity)[①]的"想象",而这在大小传统的沟通过程中起着至关重要的作用,实际上,宗教均衡论本身也是一种模糊性理念的表现形式,对模糊性的详细论述本文将留待结论部分进行。

2. 个人神坛与公共庙宇:大—小传统之下的次级体系及其均衡模式

除了传统儒家大传统与民间小传统对比之外,李先生在其研究中也注意到了另一组对比体系:个人神坛与公共庙宇。笔者认为,这一组对比概念实际上仍旧是一种类似的"大—小传统"关系,是上述大小传统中小传统内部的次级体系。李先生对这种次级体系的关注集中在对台湾民间信仰变迁的研究。他注意到,在现代台湾,公众庙宇的仪式逐渐转向个人方面,以台湾的乩童为例,传统社会中,乩童举行仪式基本上是在公共庙宇中进行,所举行的仪式也多具有公共性,如初一、十五的犒军仪式,主要目的是为整个社区祈福;但现代,李先生注意到,乩童举行的仪式常常在家中进行,如彰化县与新竹市的两个乩童把公共庙宇的神灵重塑了一尊金身,并供奉在自己家中的神坛上,而新竹市的乩童,干脆在自己家旁边新建了一座与当地公共庙宇同名的小庙,这样的乩童多为其自己的顾客举行私人仪式,这种个人仪式的作用日益重要,有取代公共仪式的趋势。与这种私人仪式的兴起相关,台湾的民间信仰出现了两种新的趋势,一为神灵数目和种类无限扩大;二是民间信仰的功利性也日益加剧。由于私人仪式的兴起,宗教仪式执行者往往需要解决繁杂的个人问题,而这就需要借助具有不同神性的神灵履行相应的职能;而私人仪式的举行基本上针对的是功利性的现实需求。

这里所说的私人神坛更像是在民间信仰小传统之下的次级小传统,这种私人神坛不注重更高的精神追求,而仅仅关注自身的福利;相比较而言,公共庙宇则更具有一种增加社区

---

① "ambiguity"是美国波士顿大学人类学系教授魏乐博(Robert P. Weller)提出的概念,其针对由分类造成的过于清晰界边而产生的问题,认为每次清晰边界产生过程中势必会造成更多的模糊地带的出现,而对这些模糊地带的研究需要进一步转变传统思维方式。

福祉的作用。但是私人神坛与公共庙宇之间仍旧存在着一种均衡的交互模式。李先生在其相关研究中,将笔者这里的公共庙宇称为香火庙,而包括私人神坛在内的土地庙、阴庙等被认为是非香火庙。他认为,非香火庙都具有向香火庙转变的趋势[1](P190)。李先生具体调查了台湾新竹地区的59个私人神坛,并且制定了探索私人神坛向公共庙宇转变的7个指标(演戏、法会、进香、绕境、光明灯、神明会、契女子),得出私人神坛明显具有转向香火庙宇的趋势,这种趋势大致可以概括为4项行动:崇拜对象的神圣化、崇拜范围的公众化、仪式活动的功利世俗化以及关系脉络的超地域化[1](P196)。

私人神坛与公共庙宇的这种联系性实际上是李先生宗教均衡思想向下延伸的另一个更底层的方面,这个更为底层的层面如果联系最近宗教学研究的相关内容,那就是宗教感觉层面①。正如李先生描述的私人神坛与香火庙相互转换的情况那样,次级的私人神坛与公共庙宇之间也是一种均衡模式,两者能够根据社会与人生的具体情况相互渗透,从而使两者实现一种均衡。这种对更底层的宗教感觉研究的主要意义在于,其进一步说明了个人的感觉与日常生活如何融入小传统的神灵体系,进而整合进更大的大传统之中。具体而言,小传统中神灵的多样性是为了与无限的超自然世界维持和谐的表现;小传统中数术的普及,是企图在自然层面的时间与空间向度上取得和谐均衡;而这两层面的和谐追求又都是为了配合现代社会发展的需要,要与经济发展保持和谐均衡。上述对宗教小传统的论述实际上蕴含着宗教变迁过程中的均衡理念,李先生对此亦有自己的探讨路径,这是笔者后面将要探讨的主要内容。

(三)宗教变迁与动态均衡模式

宗教均衡论多是静态角度的研究,一为深层认知结构中的均衡,一为宗教主体大小传统的均衡,李先生的这种宗教均衡论不仅是一种静态层面的探讨,同时也强调一种动态的均衡。

---

① 宗教感觉的研究是宗教学研究的一个新趋势。这一趋势是与传统民间信仰研究中从观念层面向行动层面转向相关联的。个人感觉的宗教研究实际上是一种从具体宗教行为出发来研究宗教的路径。具体可以参考宗教学家威廉·詹姆斯(William James)、宗教史学家安·泰维斯(Ann Taves)、民俗学者大卫·哈弗德(David Hufford)的研究。

1. 社会发展与宗教变迁

李先生将台湾民间信仰的特质与300年来汉民族从大陆迁移台湾的过程相联系,认为台湾民间信仰的发展是与台湾社会的发展过程相协调的。具体而言,他将汉民族迁移台湾的过程分为四个步骤:渡海、开拓、定居与发展[2](P295)。在渡海阶段,由于当时航海设备和渡海船只的简陋,加上台湾海峡水流和气象的恶劣因素,早期的移民大多随船供奉与海洋有关的神,包括妈祖和玄天上帝,以求渡海的平安,这能够解释台湾民众普遍信仰妈祖和北帝的原因;而在开拓阶段最为重要的问题是瘟疫问题,由于医生和医药的缺乏,人们将对疾病的恐惧转换成对瘟神的信仰,瘟神在台湾主要的表现形式是对王爷的信仰以及与之相关的乩童看事行为,台湾的送王船仪式的主要目的就是送走瘟疫,以保证社区的安康;之后先民面临的问题是如何与台湾山地民族及其不同的移民群体争夺土地资源从而定居下来,由于大陆移民多是零星迁移,无法利用传统的宗族组织来协同汉民族的内部人群关系,所以只能利用地域性的组织来整合不同的移民主体,而地域性神灵则起到了这种整合地域社会的作用,在台湾这种地域性神灵信仰是很普遍的,如开漳圣王、保生大帝、祖师爷、广泽尊王等,这些神灵信仰在台湾传统农村中发挥了很大的社会整合作用;随着移民定居历程的发展,乡村逐渐发展成以交换为主要社会关系的商业市镇,在频繁的商业交往社会中,人与人之间的信任关系是相当重要的,而人们对这种社会关系的需求也转换成具体的神灵信仰:关公崇拜。关羽原是武神,但由于其重诚信讲义气的性格成为了商业社会崇拜的神灵,因为他的这种性格恰恰是从事商业活动的根本。李先生将台湾多样的神灵信仰以历时的角度进行纵向的探讨,大致捋清了台湾民间宗教信仰的内部结构,同时这种历时的研究也表明了宗教与社会发展的协调性,正是宗教与社会的和谐关系才保证了台湾的飞速发展。

2. "群—格"与宗教变迁象限

李先生从台湾300年来的移民史角度说明了宗教与社会的谐和发展模式,实际上在20世纪80年代台湾社会中,宗教内部也体现了一种动态的均衡模式,对此的讨论李先生借用道格拉斯的群(group)与格(grip)模型进行了较有创见性的分析。李先生将当时存在于台湾社会的宗教类型进行了综合性的分析,将其分为两个大的类别:传统民间宗教和外来宗教,其中传统民间宗教包括:一贯道、神媒童乩、乡党地域祭仪、恩主公崇拜、集体入乩、轩辕教；外来宗教包括：爱的家庭、守望台（耶和华见证人会）、新约教会、真耶稣教会、教会聚会所。李先生以群与格两个维度所构成的四个象限来分析台湾的宗教现象，"群"指有明显界限的社会群体，而"格"指社会中个人与他人交往的准则。这两个维度构成的四个象限包括：强群强格的A象限，强群弱格的B象限，弱群强格的C象限，弱群弱格的D象限。这两个维度分别规定着人们的日常和仪式行为，同时又发展出了与此相关的神灵信仰模式与宇宙观，如在A象限中，其社会是一个仪式主义很浓的社会，人的身体常常被用来表现这种仪式性的需求，常常表现为注重外表（衣饰整洁、身体清洁、头发梳理定型），保持交往时的礼节（保持身体距离、维持习惯禁忌等）；同时，与神灵的关系同样是仪式性的，人与神交往时同样要求保持习惯和禁忌；在更高层面上，这种社会的宇宙观与神观同样是有秩序的，宇宙按秩序运行，神灵系统也是层层有序、角色严格分明。正是上述类似的个人、社会与神灵的联系性，李先生将台湾的宗教类型按照群与格分成了四个类别。A象限的宗教包括：一贯道、恩主公崇拜、轩辕教，这些宗教主要强调恢复中国传统的礼仪，强调中华民族这一群体特征，并且十分强调信徒个人行为与礼仪的相合性，所以是一种高群高格的宗教形式；B象限的宗教包括：神媒童乩、乡党地域祭仪，这两种宗教都比较注重社区或地域范围的维持，如乩童仪式一般是维护一个社群范围内群体的幸福安康，具有一定的强群特征，并且特别重视"外敌"的入侵，李先生概括为社会卫生学式宗教；C象限的宗教包括：统一教、爱的家庭、守望台、新约教会，这一类型的宗教群体特征不明显，但是对个人约束力极强，个人的责任义务都交织在交往模式中，这种责任义务网络最密集者就是其中的"巨头"，所以其特别重视宗教领袖的作用，李先生将其称为天国复临式宗教；属于D象限的包括：集体入乩、教会聚会所与真耶稣教，这几种宗教基本上不强调群体特征，也不强调对个人的规则约束，而是追求一种自我的修行与心灵解放，是一种高度个人化的宗教类型，李先生将其称为反仪式主义宗派。

李先生对存在于台湾社会中多种类型宗教的描述目的并不是说明台湾宗教的多样性，而是借助宗教四象限说明宗教的动态发展模式。这种动态模式具有两个方向，一个方向为由A象限向其他象限的扩散，而另一个方向为由B象限向其他象限的扩散。第一个方向说明的是台湾宗教从过去到现在的历史发展过程，而第二个方向则是台湾当代宗教的未来发展趋势,而这两个宗教发展的过程都是为了实现台湾多样化的宗教的均衡型态。

三、具身与边界:从人类学其他理论路径看宗教均衡论

李先生的宗教研究领域实际上是均衡论的三个层面:宗教认知层面的均衡、宗教主体大小传统的均衡、宗教变迁中的动态均衡。李先生的宗教均衡论能够以另外两种路径进行深入探讨,这有利于更为清晰的理解均衡论的思想及其意义,一种研究路径为具身研究(embodiment study),另一种为边界模糊性(boundary ambiguity)研究。

(一)具身研究与以人为本位的宗教

具身研究针对的是西方哲学传统中由基本的二元对立所产生的对人本身的忽略问题,拉科夫(George Lakoff)的具身研究在学术界产生了广泛的影响,他的研究强调人类认知的来源是人的身体,几种基本的感知方式都是由人的身体感知构成的,这种基本的具身模式包括:容器(container)、平衡(balance)、道路(path)、循环(cycle)、吸引(attraction)、中心—边缘(center-periphery)、联系(link)等[8]。

李先生将中国的宗教看成是以人为本位的宗教,说明了东西方思维的不同之处。从中国宗教的特色出发,并没有产生出一种与神相分离的二元信仰模式,而是人融入中国人的信仰结构之中,这种不脱离人的宗教视角实际上是一种具身的研究路径。按照这种路径,能够从另一个角度换一种方式来重新诠释李先生以人为本位的宗教观。总体而言,李先生的均衡论阐述是自上而下、由大渐小的均衡体系,而具身研究则是由下到上、由小渐大、由人及天的路径。李先生的模型是横向层面三层次的均衡问题,而具身研究是一种以人的身体为基础、不断向外扩展从而包括社会与宇宙的纵向均衡系统。

这种由人出发的具身探讨路径更能说明李先生所说的中国宗教中的以人为本的特征,不过这里的人主要指人的身体,笔者将详细分析中国传统文化中的具身观念如何与中国式的神灵信仰相关联。在传统观念中,人的身体及灵魂被分为五个重要的类别,并且两者之间存在一一对应的关系,五个重要的身体器官是心、肺、肝、胆、肾,而传统的灵魂结构则被

称为五神，包括神、魂、魄、意、志。"神"是五神中的最高统帅，负责人的总的意识性活动，"魂"和"魄"则是神下面的两个分支性意识活动，"魂"指的是人体中的有意识的反应和活动，而"魄"指的是人身体中无意识的本能性的反应和活动，"意"和"志"指的是人的意向性活动，"意"指无意识的意向性，而"志"则是有意识的意向性，有的学者还认为意与志都具有记忆能力，但是却有分别，"前者重在回忆，相当于识记信息的提取；而后者则重在存记，相当于识记信息的保持"[9]。五神分别与人身体的五个器官相对应，这种对应关系在《黄帝内经·素问·六节藏象论》中有详细论述："心者，生之本，神之变也……肺者，魄之处也，……肾者，精之处也，……肝者，魂之居也，……脾、胃、大肠、小肠、三焦、膀胱者，仓廪之本，营之居也"[10](P39)，由此可见神与心相对应，魂与肝相对应，魄与肺相对应，在此虽未明确提及意与志相对应的器官，但是结合《黄帝内经》的其他章节，可以推断出这里的肾与脾分别为志和意的对应器官，在《黄帝内经·灵枢·本神》中有载，"脾藏营，营舍意……肾藏精，精舍志"[10](P487)。

由于所有的精神性的活动都与身体的内部结构有关，所以，中国的身体哲学可以认为是灵肉一体的，并且灵与肉是能够转化的，其转化的途径就是身体的修炼，这种修炼过程实际上就是李先生所说的中国宗教中人与神的可转化特征。中国的道家内修就是通过特殊的身体修炼手法，将体内的气不断地提纯提精从而达到"通神"的效果，这里的神并不是高高在上的灵魂，而是自身修炼的高层次阶段，根植于中国传统的身体与灵魂观念，在道教的观念中，其实每个人的身体中都带有神性的元素，只是要经过特定的方法提升才能意识到自我的神性，这种神性被道家的修行者称为"元神"，元神指的是上面所说的神、魂、魄、志、意等五种意识体聚集到一起，能够形成一种原性物质，而这种原性物质经过凝练与培育能够成为一种更为精纯的意识，这种意识被称为"元神"。中国道家文化中神灵的形象化在笔者看来都是各种精神性元素的视觉化过程。按照李先生的看法，类似于"天"观念的世俗化过程。

上述从具身性的角度考察得出的中国传统文化中的灵魂概念，始终是与人的身体分不开的，这种灵肉的一体性实际上就是李先生提出的以人为本位的中国宗教特色的另一种阐释路径。

(二)边界模糊性：宗教均衡论与模糊思维

李先生的三层次均衡论与具身研究的对比，可以从边界的角度进一步探讨。李先生划清了三个层面的边界，而具身研究则沟通了这种边界。实际上，李先生宗教均衡论中的相互渗透性说明的就是边界模糊性（boundary ambiguity）问题。

魏乐博（Robert Weller）探讨了边界模糊性的问题，在他的研究中，人的理性知识实际上就是一种标注化（notation）过程，标注化本质上就是在不断的划分边界，理性越想概括出一种清晰的、边界明显的标注化知识体系，其中就越会留下更多的模糊地带，通常我们更倾向于研究标注化过程，而边界模糊性的研究却往往被忽略，但边界与模糊性两者本身都同样重要。魏乐博认为，边界与穿越边界是同时存在的，而且也是十分必要的[11](P138)。这种划分边界、穿越边界的过程产生了文化的多元性。穿越边界的方式在魏乐博看来有两个途径，一个是仪式，另一个是经验共享。如果将魏乐博的理路，联系李先生的宗教研究，中国宗教传统中充满了这种穿越边界的过程。在李先生的宗教研究中，这些相互渗透的边界性主要表现在以下几个方面。

1. 个体与宇宙的边界模糊性。可以从"具身研究"的分析中反映出来，人体被看成是一个小宇宙，大宇宙的整个运行规律同样被身体的小宇宙所遵循。在中国传统书籍《三才图会》中的《荣卫周身与天同度图》[12](P1368)中，其以身体的器官为核心，向外以同心圆的形式不断扩展，将传统的五脏、干支、节气、经络、州、星辰连成一个统一的整体，所有这些体系都有一条穿越各层边界的融汇线，所有上述体系的边界并不是隔绝的，而是具有渗透性。

2. 神鬼人边界的模糊。神、鬼与人之间是存在边界的，但是这种边界却并不是绝对的，其相互间能够穿越渗透。李先生将民间信仰的神灵分成了四类："天""神明""祖先"和"鬼"。四者存在边界的一个有力证明是李先生对神灵祭品的分析。李先生认为在民间信仰中对几类神明祭祀时所用的牺牲、香火与冥纸各不相同，祭品牺牲逻辑中有两对基本原则：全与部分、生与熟。用"全"来表达最高的崇拜与最隆重的行动，而分割得越小则表示尊敬程度越低。"生"用来表示关系的疏远，"熟"表示关系的亲近[2](P290)。如对"天"的供奉基本上是完整的整头生的牺牲，而对祖先的供奉基本上是切成小块的熟食。相应的香火也能表明这种区隔：神明供奉三根香、祖先两根、鬼一根。就冥纸而言，神用金纸、鬼用银纸。笔者认为，李先生对神明的四分法实际暗含着两套分类体系，一套体系是神与鬼的对立，从这一分类体系而言，神包括天与神明，鬼包括祖先与小鬼，而另一套体系则与人有关，实际上人已经渗透进神与鬼的分类之中了，与人有关的神灵有两个：神明和祖先，神明是天的"人"化，而祖先则是鬼的"人"化。如果从上述两套分类体系考虑，实际上神鬼人内部结构中已经存在着一种边界的穿越，并且这种穿越性进一步体现在台湾民间信仰的变迁过程中。李先生在对台湾民间信仰的实际调查中发现了一种趋势：阴庙逐渐转变成了阳庙。阴庙一般被认为是供奉鬼的庙宇，阳庙是神灵的庙宇，而台湾社会中阴庙向阳庙转换本身就说明了鬼与神边界的穿越。李先生注意到上述祭品中，祖先与鬼魂的祭品都是相同的熟食，因此表示"鬼魂之能转变成神，亦即表示人在死后亦可以经由一定过程转变成神"[1](P192)，在民间信仰中，人与神之间的可转换性更是显而易见的体现在神灵的人类起源传说中，妈祖、关公、祖师爷、保生大帝等神灵实际上都是由人转型而成的。李先生的论述表明了神、人、鬼之间边界的可穿越性。

3. **大小传统的边界模糊性**。大小传统的边界并不是不可穿越的，实际上两者之间存在着相互穿越。首先，大传统的思想能够渗透进民间小传统之中，这种穿越的一个表现是，大传统通过小传统"想象"的"隐喻"转换成具体的民间形式（如小传统对"天"理念的改造）。其次，小传统也能够变成大传统，这主要表现在李先生对台湾宗教变迁的研究。台湾宗教变迁的一个主要表现是功利性的增强，主要表现在私人神坛数量的增多。公共庙宇和私人神坛实际上是一种更为底层的大小传统。不断发展的私人神坛，能够转变成一种公共庙宇，并且会承载一些公共福利的功能，这势必又会产生出一些关涉社区福祉的普世价值，而这恰恰是大传统所具有的特征。另一方面，这种更为底层的大小传统更像是一种"挤压"模式，会受到外界社会文化环境的影响而产生挤压作用，这种挤压表现有两个：公共型宗教变成私人型宗教，私人型宗教变成公共型宗教。而这种挤压过程的中介是个体的宗教感觉，李先生对宗教的个体感受性亦有详细的研究[1](P87)。当外在环境有利宗教发展时，私人型宗教会转变成公共型宗教，而当外部环境不利于宗教发展时，公共型宗教也会转变成私人型宗教。正是这种大小传统的相互转换，保证了中国人传统宗教信仰的持续性，这也能够部分地解释在经历了严酷的文化改造运动之后，消失殆尽的民间信仰能够在较短时间内迅速复兴，实际上这种大小传统的挤压式转换模式保证了上述三层次的和谐均衡。

四、结语

李亦园同时代的人类学者努力探寻人类学研究的中国化问题，李先生的宗教思想可以看成是这种追求的实践。他将均衡论思想应用于宗教研究，并由此得出中国宗教中以人为本位的宗教特色，这是一种区别于西方的中国宗教观念。探讨中国化的理念只是中国化的一个向度，而另一个向度则是如何将中国化的理念用以解释其他文化，从而形成一种具有普适性的解释理论。李先生的宗教研究虽然没有专门进行第二个维度的集中探索，但是其宗教均衡论思想实际已经隐含着普适性研究的可能，这种可能性正是李先生的宗教均衡论与具身研究、边界研究的相关性内容。而这种从中国文化根基出发探索普适性理论的人类学中国化研究是中国新一代人类学者所应该肩负的使命。

【参考文献】

[1] 李亦园：《宗教与神话》，桂林：广西师范大学出版社，2004年，第138页。

[2] 李亦园：《人类的视野》，上海：上海文艺出版社，1996年。

[3] 杨庆堃著，范丽珠译：《中国社会中的宗教：宗教的现代社会功能与其历史因素之研究》，上海：上海人民出版社，2007年。

[4] 何星亮：《李亦园的文化观与文化理论》，《广西民族学院学报（哲学社会科学版）》1999年第3期。

[5] （美）罗伯特·芮德菲尔德著，王莹译：《农民社会与文化：人类学对文明的一种诠释》，北京：中国社会科学出版社，2013年。

[6] 杜维明著,郭齐勇、郑文龙编:《杜维明文集》(第5卷),武汉:武汉出版社,2002年。

[7] 李亦园:《李亦园自选集》,上海:上海教育出版社,2002年。

[8] George Lakoff, Mark Johnson: *Philosophy in the Flesh: The Embodied Mind and Its Challenge to Western Thought*, New York: Basic Books, 1999.

[9] 杜渐、王昊:《"心主神明"内涵探析——"总统魂魄,兼赅意志"》,《中国中医基础医学杂志》2014年第1期。

[10] 谢华编著:《黄帝内经》,北京:中医古籍出版社,2000年。

[11] Robert P. Weller, Adam B. Seligman: *Rethinking Pluralism: Ritual, Experience, and Ambiguity*, New York: Oxford University Press, 2012.

[12] (明)王圻、王思义编集:《三才图会·身体二卷》(影印本)(中),上海:上海古籍出版社,1988年。

注:本文曾发表在《青海民族研究》2018年第3期。

贵州东部Hmub人的生命史叙事与城乡移动经验初探

简美玲 台湾交通大学人文社会学系教授,人类学高级论坛学术委员会主席团主席

【致谢】本文系"中国西南少数民族地区的多元现代性"之子计划"生命史叙事与西部中国的城乡移民研究(1930—2010)"(MOST 100-2420-H-009-001-MY3)部分研究成果。感谢台湾地区科技事务主管机关的经费支持;感谢贵州友人对田野工作的协助以及多年来与我分享你们的生命史经验。谢谢我的学生杜岳洲、潘怡洁、吴美玉、庄景宇、陈靖旻,协助田野资料与文献材料的整理。本文初稿发表于2018年人类学高级论坛:李亦园先生学术思想与中国人类学发展研讨会(武汉中南民族大学2018年5月4日—6日)。最后特别感谢人类学界伙伴与前辈们何翠萍、余舜德、徐杰舜、徐新建、李菲、刘璧榛,给予本文的宝贵意见及关注。本文完成时,笔者担任2018—2019日本京都大学东南亚研究所国际共同合作计划学者(the Scholar of IPCR, CSEAS, Kyoto University 2018—2019)。感谢速水洋子教授与佐藤若菜助理教授对本文研究议题的意见交流。

一、前言

1997年以来,我在贵州东部Hmub人(此区域苗族的自称)聚集比例最高的台江县城及其周边的高坡村寨,进行田野研究工作。其中相遇或交往的长辈或友人,多半是从周边村寨移住到台江城头的第一代。有些退休的文人或官员,则可能来自清水江北岸的黄平、施

秉（这两地早在明清时期，就曾有土司管理。比台江县城更早进入清帝国的治理与统御范围）。"成为台江人"是他们的生命史经验里共有的记忆。他们自身都有着与不同村寨往来或来往于清水江两岸的故事。基于这样的理解，我于2011年和2014年回访台江县城，进行当代Hmub人城乡移动现象、经济社会与文化之变迁的观察、移住居民的家屋与家屋外活动的参与观察并针对台江的Hmub人进行深度的生命史访谈。

他们的出生年代跨越1920年代至1970年代。他们述说着因"文化大革命"而导致的移住经验，或因工作而前往城市打工的经历，以及在不同地方打工所面临的语言、生活方式的差异等困境。这些个人的移动经验，凸显出到城市打工不仅是个人的抉择，背后更包含着中国国家的发展、改变以及贵州区域特殊的历史与社会文化脉络，乃至族群、性别、世代等因素所产生的差异。

这篇文章拟结合我在贵州东部高地的台江进行田野工作时所进行的生命史访谈及参与观察的田野笔记书写。在方法论上，我且称之为"生命史的民族志参与"。这样的研究经验与过程，是指我在台江地区以长达10余年的岁月，与几位主要报道人之间的交往。过程中，结合多年来面对面或书信往来的互动，并通过交谈、访问之生命史民族志的参与，这同时也是个以口述材料及书信、日记等语言材料为主的叙事研究。我想通过此种方式，感受与理解台江城头Hmub人的生命史叙事中的城乡移动经验与其中所展现的多元现代性。

为了呈现较为微观与丰厚的生命史口述材料，在这里我谨援引Deik Bok一生的城乡移动经验与当前他从国家干部退休的处境为例。我想阐述一个跨越1950年代到2014年前后的贵州东部台江Hmub人个人生命史转折里，所浮现的地方社会、个人、小群体对于现代性的亲身体验与微观的个人感受。本文最后拟指出，通过这一作为例子的民族志材料，其重要处在于，若要理解当代社会，应将现代性的发展与历史看成是一个持续构成的多元文化叙事。

二、背景

在进入较微观的个人生命史描述前，这篇文章拟先铺陈一个时代背景。在中国崛起的当代，城乡间人口的大规模移动无疑是其中显著且重要的经验之一。城乡间的人口移动如何影响个人、家庭、亲属之间的关系以及影响村寨与村寨之间、村寨与县城之间界线的形成与破除，是当代中国的巨大现象之一，并且值得关注。城乡的人口移动及其与经济社会学的关联，在相对宏观的学科或研究取径并不是一个少见的议题[1]。这些文献已指出，周边地区的少数族群迁移至城市工作时，面临着国家制度、文化背景与生活方式等诸多差异的冲击与适应[2]。

本文描述及讨论的个案，虽然聚焦于中年男性，但相关的文献已然提醒我们，以性别角度分析男性人口与女性人口流动的成因、特征及在原乡与都市所面临的差异处境，也指出女性的城乡移动可能面临双重边缘化的处境[3]。

与本文探索城乡移动经验相关的文献，就理论观点上颇具启发的是文化地理学者Tim Oakes[4]与人类学家Louisa Schein在2006年合作编著的专书论文集——*Translocal China: Linkages, Identities and the Reimaging of Space*。他们采用了"跨地方"（trans-local）的理论观点，讨论中国地方社会的人群如何因应跨区域的流动而对于空间产生了新的联结、认同与想象。其中，与本文所要描述的对象在族群、地域、性别、教育、社会的工作角色与国家的关系等，有其差异或可相互对照的是Louisa Schein[5]在该书的一章，用前述的理论概念来探讨贵州苗族女性城乡移动的生命史。Schein描述了同样位于黔东南的西江苗族村寨女性，经

---

[1] 相关研究参阅王景新：《新农村建设中传统村落及村落文化保护》，《中国乡村发现》2007年第5期；邵燕婷：《十九世纪后期上海季节性移民的形成》，《安庆师范学院学报》2002年第2期；吴新慧：《社会排斥与农民工子女的边缘化》，《书摘》2005年第6期；杨建华：《从边缘走向中心："打工文化"塑造的一条途径》，《浙江青年专修学院学报》2003年第3期；费孝通：《江村经济》，北京：商务印书馆，2001年；刘海泳、顾朝林：《北京流动人口聚落的形态、结构与功能》，《地理科学》1999年第6期。
[2] 李春玲：《城乡移民与社会流动》，《江苏社会科学》2007年第2期；李伟梁：《论少数民族流动人口的城市融入》，《黑龙江民族丛刊》2010年第2期。
[3] 杨筑慧：《西南少数民族妇女外流与传统社会文化》，《中央民族大学学报》(哲学社会科学版)2006年第2期；王丽静、刘绍军：《进城务工农民工作与生活状况的性别差异》，《农业经济》2006年第11期；何明洁：《性别化年龄与女性农民工研究》，《妇女研究论丛》2007年第4期；杨国才：《边疆少数民族妇女流动的特征及变化》，《云南民族大学学报》(哲学社会科学版)2008年第6期；邱红、许鸣：《从社会性别视角探析农村妇女向非农产业转移》，《人口学刊》2009年第5期；沈渝：《城市融入中的社会性别研究》，《统计与决策》2010年第16期。
[4] Tim Oakes, Louisa Schein, "Translocal China: Introduction", *Translocal China: Linkages, Identities and the Reimaging of Space,* New York: Routledge, 2006, Pp.1—35.
[5] Louisa Schein: *Negotiating scale: Miao Women at a distance*, *Translocal China: Linkages, Identities and the Reimaging of Space,* New York: Routledge, 2006, Pp.213—237.

由打工、婚姻、文艺表演、生产民族手工艺品和服饰等不同渠道，移动到中国其他大城市谋生。她指出苗族女性在城乡移动的过程中，她们的身体经验、饮食习惯、外表装饰、服饰特色、族群特征与世界观等方面都经历了不同地域空间的分离(dislocated)、转进(emplaced)与重置(replaced)。Schein所描述与讨论的西江苗族村寨外出的女性，其城乡移动经验及其所再现的跨地方特性以及与族群或性别差异的对照，都可能与本文所要描述及讨论的Deik Bok一生的城乡移动经验与其中可能被理解的意义成为对话的基础。

与本文相关的另一个背景，是我们如何来解读在一个变迁的生命历程里，个人作为一个主体，如何面对移动与环境的转变并从中建立一种对自我的认同与对外在环境转变的理解。本文尝试借由与现代性之探讨与反思攸关的理论观点，作为一个对话的基础。爬梳在贵州东部苗族的个人生命史与移动经验的民族志资料里，个体对于外在环境的变化以及如何呈现一种进展的感受或样态，虽然不一定是直线方向的演进或质变。

Shmuel Eisenstadt[1]及Bjorn Wittrock[2]所提之多元现代性(multiple modernities)，Donald Nonini[3]及Aihwa Ong[4]的另类现代性(alternative modernity)，Martin Jacques[5]的本土现代性(indigenous modernity)和Lash and Friedman[6]的另一个现代性(another modernity)，都是企图修正早期西方观点对于现代性的探讨。这些学者对于现代性的讨论，朝向变动的、不稳定的，关注现代主体的经验以及差异的叙事等社会文化面向。Eisenstadt进一步从说故事的行动经验指出，若要理解当代社会，应将现代性的发展与历史，看成持续建构与再建构的多元叙事，亦即探索现代性如何形成于诸多不同的社会、政治与知识的行动中。这种从微观与动态的观点探索现代性经验的构成，对于本文通过生命史的叙事语境

---

[1] Shmuel Eisenstadt: *Multiple Modernities, Daedalus* 129 (1): 1—29, 2000.
[2] Bjorn Wittrock: *Modernity: One, None, or Many? European Origins and Modernity as a Global Condition, Daedalus* 129 (1): 31—60, 2000.
[3] Donald Nonini, Aihwa Ong, "Introduction: Chinese Transnationalism as an Alternative Modernity", *Ungrounded Empires: The Cultural Politics of Modern Chinese Transformation*, New York: Routledge, 1997.
[4] Aihwa Ong: *Chinese Modernities: Narratives of Nation and of Capitalism, Ungrounded Empires: The Cultural Politics of Modern Chinese Transformation*, New York: Routledge, 1997.
[5] Martin Jacques: *When China Rules the World: The End of the Western World and the Birth of a New Global Order*, New York: Penguin Press, 2009.
[6] Scott Lash, Jonathan Friedman: *Modernity and Identity*, Cambridge, USA: Blackwell, 1992.

来阐述台江Hmub人的城乡移动与其中所浮现的对现代性的感受有着相当的启发作用。

在前述城乡移动的文献基础上，显示还需要有不同的或较为细微的理论观点来探入这个当代巨大现象的底层，尤其是这个现象与地方社会亲近的互动处，或农民工个人的生命经验之间的差异与断裂等。因此，较为细致的面对拥有异质背景的贵州东部Hmub人（性别、生长年代、受教育程度、家庭背景等）自乡村迁移到城市的过程中所感知的迁移经验，将能较具体与深刻地呈现个人微观的主体生命经验。在这样的构想下，我在2011—2014年推动了一个研究计划，由人类学民族志的微观视野来描述与阐释贵州东部说Hmub语的个人、家庭、村寨、县城，在巨大的城乡流动现象里的个别与独特的微历史经验。我试图将对个人的微观史经验及叙事的描述与解读，放回历史的语境里——他们攸关语言、文化、生境、地景以及国家的控制与治理。从1930年代至2010年所发生在贵州东部的城乡流动经验的独特性，历经了1930—1940年（解放战争前）、1950—1970年（计划经济时期）、1980—2000年（经济改革及发展时期）、2000—2010年（中国的经济崛起）四个阶段。这个历程如何关联着黔东南台江Hmub人群移动经验中的跨世代特性与现代性，这个所谓的现代性，在贵州东部的社会与个人，展现的又是何种内涵，本文拟对此作出回答。

总之，延续着前述学者反思现代性的基本理论关怀，本文通过生命史叙事的语言行动以及结合我在21世纪以来往返与小住台江城头并与1997年以来结交多年的台江Hmub长辈与友人的相聚、互动、交谈，对城头所见所闻的观察与参与观察，生命史叙事，一方面是拟收集、描述与分析的资料，一方面是一种整合展演、存有与语言实践的理论取径。通过生命史叙事的逐字记录与细密的田野笔记书写，来探索中国边陲族群在城乡流动中所体验的现代性。

三、侧写台江好友的生命史与他的城乡移动经验

书写好友的生命史，其实内心有些忐忑。在1997年夏秋之交，与好友的认识与结缘之初，我是个来到贵州东部进行苗族文化田野研究的人类学研究生。这一路的陪伴与对于苗族文化知识之介绍与相关田野探索的带领，已将近20载岁月。2014年在贵州东部的台江县城，再见好友，他已从国家干部成为退休了的干部。我也从人类学博士生成为在大学教书10

多年的老师了。

我称为Deik Bok的友人，有如兄长般的，是我在台江最好的朋友。回忆1997年夏秋之际，贵州大学的杨老师，陪我来台江找寻一年后的博士论文田野地点。当年任职于台江县宣传部同时也是台江县文联成员的Deik Bok，就担任我在台江县城的主要接待人。当时，我要选博士论文的田野点，想在台江县的两个高坡苗寨（Fangf Bil与Eb Diuf Nel）中选一个。因为当年的Fangf Bil交通方便，我们一行5人，先来到此进行田野工作。后来同行的杨老师身体不适，和黔东南州文联的一个年轻小伙子便先行离开，他们分别返回凯里与贵阳。

仅Deik Bok陪我去Eb Diuf Nel村寨。这个村寨对我的研究很有意义，因为它就是吴泽霖先生在1950年代进行访谈与记录的村寨。因为由公路到村寨只能步行，将近两个小时的步行路程，我们谈了台江地区的种种苗族村寨文化。也因这段走路的行程，我和Deik Bok成为好朋友。1998年底，我来到Fangf Bil进行为期一年半的博士论文工作。而后我回访台江进行研究期间，总是找Deik Bok帮忙。也因为他，而认识了他的妻子与妻妹徐晓红，并和晓红成为好友。博士论文的田野调查期间，我曾在晓红家住过。1998年冬天某个夜晚，晓红给了我两条毯子盖，至今温暖仍在。后来因为晓红离开了台江去凯里开铺子，我从山上村寨下到台江时，才开始去老县长张明达伯伯与周运荣伯母家住。两位长辈待我如亲人，至今难以忘怀。

1997年以来，我与Deik Bok的多年好友情谊，使我似乎有较多的层次来整理与回溯——Deik Bok如何看待他的一生以及在生命史历程里的城乡移动经验。对我而言，探索Deik Bok的生命史叙事，一方面是所收集、描述与分析的资料（也是经验现象本身），一方面是一种展演、存有、语言的实践。如人类学家Janet Hoskins[1]在*Biographical Object: How Things Tell the Stories of People's Lives*（《传记的物》）一书所说，生命史叙事的研究并不是在面对一个既存、固定的文本，而且所有的叙事都不是轻易就能被发现的。因为人在述说自己的生活时，并非只是提供关于自己的资讯，同时也是以特定的方式向外面的世界宣告在述说故事的当下自己是如何看自己的。就如印度尼西亚东部的Kodi人，以叙述自己亲密、贴身

---

[1] Janet Hoskins: *Biographical Objects: How Things Tell the Stories of People's Lives*, New York: Routledge, 1998.

之家常物的故事来述说他们的生活、生命经验及所经历的重要事件,并由物与故事作为中介表达出他们对自我的观感及看法(selfhood)。

(一)早年的教育与移动经验: 西南村寨与施洞镇(1959—1972)

Deik Bok1959年出生于台江县革一乡大塘西南苗寨。他说6岁那年(1965)开始在大塘小学上学。念书时遇上了"文化大革命"。由于叔叔在"文革"时曾写标语反对"文革",因此Deik Bok在小学毕业后,差点念不了中学。他回想,幸好有生产大队的会计帮忙"填表格",才得以去念中学。1970年他进入施洞中学就读,两年之后(1972)中学毕业。

Deik Bok早年生命史,呈现出几个重点。其一是与"文化大革命"有关的经验。

> 我的外婆是地主,我的叔叔是反革命分子。小的时候,我就到大塘小学去读书。那时候读书不差,就调皮一点,不认真。到"文化大革命",读书上初中是靠领导推荐。

另外一个重点是早年的教育与首次的移动经验。这里的教育指的是Deik Bok在当上"国家干部"之前的基础训练。早年的教育使他在以后得以更进一步进入不同层次的国家干部教育(农村干部)。在他早年的生命史经验里,生活的情境是得仰赖不断地劳动以换取"饭票"来维持生活:"当时读书都是很辛苦的。我们家里面人口多,亲戚(生活)困难,我们每一个人都自己砍柴去卖。一根五毛或一块。那五毛钱是相当于现在的十几二十几块。"

Deik Bok在中学求学时,施洞镇正处于刚刚开始发展的阶段。当时在共产主义的国家治理脉络下,镇上的农事活动充满着人际网络的情谊:"没有现在热闹,一个小小的镇,小小的街。当时学生经常出去,去支农。我们每一个星期都去帮助农民。"施洞也在行政区域上经过了变革:"施洞镇那里就是说,原来是一个区,管10个乡镇。"Deik Bok在对早年求学的回忆中,充满着对于外出接受教育的渴望:"(去学校的路)很远,但也觉得快乐。"而且这种渴望的浮现,还与他心中父亲的形象相互交缠:"那时候我父亲在施洞工商局工作。有时候我跟父亲,我们俩一起返家。在半路就去砍那个可点亮的松油柴。我父亲那时候就爬到很高的松树上面,去把它砍下来。我也帮忙挑着回家。大概也要走20里路。"

(二)青年到壮年的移动经验：从镇到城，从工作到打工(1973—1994)

1972年Deik Bok在施洞中学毕业，1973年开始在村办小学教书。这时候的他，已经开始涉足地方事务。除了当一名教师，Deik Bok也当计分员。在村办小学的工作维持了7年。这期间曾经考过高校(1976)，但没有考上。直到1980年，Deik Bok才考上农村干部。而这个时间点是重要的。一来，Deik Bok正式进入党校，换言之，是进入了国家干部的预备队。二来，在台江莲花书院两年的党校生活，使Deik Bok初次来到台江县城。由空间的移动来解读，我们可以定调，Deik Bok开始进入了可能体验现代城市的经验。他回忆道："就是很向往到台江，因为可以去读书、工作。"

2011年我通过在台江与Deik Bok所进行的生命史访谈、对话，可从他的个人经验对照出，1980年代与2011年，台江县城在空间与生活上的差别。就Deik Bok而言，经由金融、科学知识与军事训练，在1980年代的台江县城，有了新的生活。"当时这个地方都是农田。就那个老街啊，现在的教育局，这些地方，才有房子。"当时民众开始可以向银行贷款。Deik Bok进入党校的条件是"农业科技"，因此学习了植物学。学习结束之后，1982年3月，Deik Bok到武家庄、镇远接受军事训练。1983年，他被派到平兆公社服务，负责管理民兵。1984年4月—5月，被调到施洞公社工作。这年Deik Bok去考了成人高校并且结婚。同年8月—9月，他到位于麻江县城的贵州广播电视大学进行党政专业的学习。两年的党校学习之后，开始在台江城里生活。从1986年开始，到县委办公室工作。

这一年，Deik Bok的大儿子出生了。1987年，喜欢写作的Deik Bok开始创办《台江文艺》（他对此刊物投入地工作，一直持续到退休前）。1989年，台江有了第一家歌舞厅。1992年施洞乡改制成"施洞镇"。1991年Deik Bok开始在宣传部工作。回忆1986年起在台江城里的生活，Deik Bok提到居住的经验："当时住那个房子是县委过去的木房，在新街，在大炮台的半坡上，生活比较困苦。"也提到当时的生活休闲："钓鱼啊，不，不是，是打鱼啊！上坡去找蜂蛹，炒来吃。""只有一个歌厅，我们去跳舞啊。当时没有现在这么多（歌厅）。"在访谈的2011年，当年的第一家歌舞厅已经不复存在，"已经撤掉了"。

在访谈进行时，Deik Bok也针对1990年代起，当一个在城里的台江人，与在村寨生活的差别，做出了自身的诠释。

村寨是维持一点基本生活就可以,没办法买高档一点的衣服,特别是买房子。这种问题很麻烦。(19)92、(19)93年开始搞房子的改革,我就买我老婆大哥的房子,那个房子有八十几平,要四千块钱。那时候我没有钱,没办法,就跟很多人借,都借不到。后来跟一个重要亲戚借贷……

很明显,对他而言,自1990年代开始,社会主义市场经济,国家在都市的住宅政策对他带来影响。这也形成一股推力,让一个在县城已经有工作岗位的国家干部,因需要还清房屋的借贷,而往外走,到大城市打工。

到外地工作,就是Deik Bok口中的"打工"。这也是他生命中重要的经验之一。1994年,因为到外地打工,Deik Bok头一回走出贵州。他说,打工的同伴"有来自湖北、北京、四川的同路人"。虽然只有短短两个多月,但是已经让他对于外地工作有了不同于以往的贵州的经验。一开始他是在亲戚的压力之下,到外地打工的。基于对写作的兴趣与能力,他先去了《深圳日报》应聘编辑,但没有结果。于是他留在深圳,当了工地的建筑工。

对于Deik Bok来说,在深圳打工的经验是不太舒服的。这种不舒服,牵涉到一种劳动的异化感觉,一种跻身都市里的身体疲惫感:

在那里做工,他就是指挥你,指示你。有一种好像心里有很大的压力。在都市里面心情很压抑。然后很热。

我当时没有写(作)。晚上太热,要起来冲几次凉,才能睡。那个蚊子特别的多。早上你起来一看那个四周都是蚊子,真是太可怕了。当时我们去深圳的时候,蔬菜也不是很贵,还是很便宜的。

(三)回到台江、宣传部转文联、适应社会经济发展的"新时代"(1994年5月之后至2013年)

结束了1994年3月—4月在深圳短暂的打工后,Deik Bok于5月返回台江,回到宣传部工作(1994—1996)。这时候他在宣传部做文书,偶尔会与上司有摩擦。1994年到深圳"打工"的经历,似乎让Deik Bok很受挫,直到转任县文联的工作(1996—2012),他都没有再到大城市打工。对他来说,在县城"工作"比较舒适——"我觉得在小城市愉快一些"。

我是在1997年夏秋之交到台江寻找博士论文的田野调查点时与Deik Bok认识的。根据他的生命史口述，也是在1997年至1998年间，他开始与妻子进行饭店投资。如北海人酒店、山林酒家、项大王酒店。连这些酒店（饭店）的命名，都不改他作为文人的性格。另外，Deik Bok作为国家干部，也屡屡与国家大力推行的经济、都市改革、住房政策高度贴近。2004年县政府的政策鼓励乡村人口迁移到城市居住："县里面有个政策，为了增加城市人口，把家里面的钱，拿到这里（县城），给你80平方（米）的新房子。我们在参加工作以后，生产队已经退掉了，田也已经没了……（只能）一边工作，一边搞饭店经营。"这时候通过不同方法的融资，使得饭店经营得以成功："没有钱，就是这样，到寨子里面，叫每个人给贷（借）几千块钱。到后来才有那个贷款，到银行贷款7万"，"有生意，一个月可以赚个一两万"，"2004年，是暗中借贷的，用我的房子抵押。用工资来还，一个月扣600多，贷15年，现在剩下3万多（没还）"。除了经营饭店，Deik Bok还曾经接手经营石场与养羊的牧场。但后两项都没有持续多久便结束了。

我的这位文人朋友，是我在台江苗族进行田野工作的引路人。他不仅是热爱创作、办文艺刊物、投稿报刊、写专栏的作家，也是与上司偶尔有摩擦的国家干部；尤其也算是个会投资的生意人。对于有生意头脑这一块，作为Deik Bok多年的好友以及10多年来在台江往返、进行人类学田野研究的我，有很长一段时间却毫不知情。因为之前我们总是谈论着Hmub昔日与当今的村寨文化。我一直以为热爱写作的他，始终是个在台江工作的文人。直到2011年进行生命史访谈时，我才知道自己是个天真的人类学家。

从Deik Bok的生命史叙事，可以看到在改革开放之后，一名国家干部是如何逐步适应当代社会主义市场经济的潮流的，我认为与现代性高度相关。另外，可以看到的是，在台江城头资金的累积与事业的经营，除了要熟悉市场经济的游戏规则，还有一个很重要的因素，就是仰赖Deik Bok原有的很多社会资源。从筹资这件事情上就可以看出端倪。他由家乡的田产转化、家乡的亲戚借贷而有了第一笔资金。换言之，由Deik Bok与市场接轨的故事，我们得以窥见在中国的地方社会中，贵州东部Hmub人以亲属关系为基底的人情网络与地方社会的影响力，实则牵连着Hmub人因移动经验所呈现的现代性。

四、再见Deik Bok: 退休了的国家干部与一个新的时代(2014年至今)

2014年夏天的台江田野研究,我再见到Deik Bok时,他已是退休了的国家干部。我在田野笔记里很自然地用了"再见"这个字眼。这有两层心情:其一是1997年以来,从博士学位论文的田野到担任大学教师之后持续的科研工作,每隔两三年,我总在回访台江的田野研究之行与好友Deik Bok再见、叙旧;其二,当2014年我回访时,台江县城及其周边或远或近的高坡村寨之间的关系以及它们各自的变迁或发展都更为剧烈。而我的朋友Deik Bok,也从国家干部岗位退休了。对于我,那似乎是在台江的人类学研究之旅的一个暂时句号。那是一个时代的结束,也是一个新世代与新时代的开始。我向过去的台江,道别、再见,也是向我的老朋友Deik Bok大哥,道别、再见。

因着Deik Bok的生命史经验以及他与同辈的Hmub友人,一群在县城退休的国家干部或地方干部的经验,或再现的退休生活,我将描述与阐述在台江城,以Hmub的读书人或干部所经验的现代性,如何有其独特的在地意味并可作为一个讨论的范畴。退休,通常指涉的是劳动状态、劳动时程于正常的"工作"执行到某一个阶段之后,进入长期或永久的结束。"退休"或许延续当代台江城头所展现的物质与经济生活面向的现代性,又或许是有其冲突的样貌。换言之,Deik Bok对于现代性的体验不唯关联着一种特殊的文化与历史、族群化场域的处境以及情绪或身体经验的感受,同时也衍生出某种普遍、均值的时间感。

处于台江城头的国家干部的退休样态,能否也视为一种普遍、均值的时间感?是故,当我们回头来看待在2014年台江城头的一场饭局上,几位近年先后退休的地方干部的互动情形,从中可以窥见一种退休时间感的当代性与集体性。

这是我在2014年夏天回访台江进行田野时,与Deik Bok等多位自1997年以来陆续结识的Hmub友人,在台江城头的小馆子里的一次餐聚。当天Deik Bok带我走进台江姊妹街,这条台江新建成的文化街,有苗绣、银饰、四川馆子、牛肉面馆子,其中还有教孩童学古筝、茶艺的,几乎都是小学低年级的女孩在学。这条街大半时间冷冷清清。雨越下越大,Deik Bok说:"去你的老家吧!"他指的是在台江城姊妹街开的一家餐馆。店名就叫"Fangf Bil人家"

（我的博士学位论文田野地点在离台江县城约26里的高坡Fangf Bil村寨）。我不禁问："真的是Fangf Bil人开的店吗？"Deik Bok笑着说："老板很多人，我也是其中之一。"在饭桌上，他们聊着1997年以来我在台江进行苗族社会文化调研时，一些让他们印象深刻的往事。其中包含了公安在我的田野工作初期，经常来山上村寨探班，以了解我这个从台湾远道而来的研究者，究竟如何在山里的村寨生活与进行调研。大家你一言我一语地聊着各自与外地学者来到台江进行田野工作的种种经验。如Deik Laut Jok，当年就接待过美国来的人类学家Luisa Schein。大家话匣子打开后，我却观察到在当晚的宴客场上，年近六旬的Deik Ongx专心地低头看手机。除了一开始他有与我们对话外，后来都在低头弄手机。

这场在县城与一群退休干部的饭局，在酒酣耳热之后，转而呈现着我在苗族村寨所熟悉的氛围——岁时祭仪或生命仪礼后的传统飨宴。宴客的主人家与姻亲之间，热络地相互敬酒、聊天与对歌。Deik Bok与Deik Laut Jok，两人对我唱起台江的普通调。Deik Laut Jok唱起："我来这里没有什么好的东西，但请你来吃点东西，请你来这里坐坐，彼此在情意上相互交流，彼此的心里都十分畅快。"

饭局里的Deik Bok与Deik Laut Jok等是同世代的人，都是在1950年代出生，小时候经历过"文革"。他们作为国家干部或地方干部的背景，以及经历1980年代后期中国由社会主义计划经济转型为社会主义市场经济的经济形态。他们的生命史与工作生涯，虽然有着更多的分化，但也呈现着大体相似的方向。这是我在田野工作中所感受与阐述的一种在县城里退休的干部社群与样态的均质、普同与日常的时间感。这种恒定的感觉，拨动了现代性进入地方社会所带来的内涵：一方面有其在地的独特性，一方面涌现着均质与单一的日常感。

对照着饭局上与一群退休干部的重逢以及我所感受到退休与当代性所涌现的一种独特、均质的时间感，和近乎日常或无聊的氛围，退休就个人的经验上，也纠结着一种在县城居住的当代性以及经济的理性计算。

"你怎么就退休了？年纪到了？"我问着眼前的好友。

"为了买相机而退休。后悔了，最近国家干部又提工资，500—2000元。本来是为了可以买照相机，得了一笔钱，退休，结果机子也没买成，都被（家人）瓜分光了。"Deik Bok苦笑着。

2014年夏秋之际，我在台江城头书写的田野笔记，曾在笔记页眉写下了一个小标题"(经济)改革后的国家干部"。这部分的内容，或可置入Deik Bok的生命史叙事来讨论。我们看到，在当代中国国家干部的思维中，国家给予的这个"工作"，是一个相对稳定、拥有工作证的工作，也表示会有退休年资以及退休金。而同时，国家干部也积极面对市场经济社会，也就是积极参与社会、积极地积累资金。这个例子，可以从干部退休后养羊、投资做饭店的事情来理解。在这些国家干部的思维中，是以一种几近经济理性来计算得失的。因此，回到Deik Bok所纠结的后悔退休，便可以明白计算经济理性之于某些国家干部的重要性。

五、生命史历练中，与现代性的几种遭逢

最后，我想回来探讨从Deik Bok的生命史叙事中，可以看到哪些关于现代性之构成与再现的蛛丝马迹。透过2011年我对Deik Bok的生命史访谈，可以看到什么？在现代性的探讨中，首先回到物质层面来讨论，可以看到一种实质的变迁，这些变迁反映在他自身的空间移动上。Deik Bok的生命史历程，展现出他在革一、施洞、台江、深圳等不同地方的移动经验以及他在叙事中多次提到的街道景色的变化，也就是地景的变迁。在2011年访谈结束时，我和Deik Bok的对话里，可以看到他在生命史叙事中，重新思考文化地景的变迁：

有了较多的酒吧和歌厅……最近一两年，县城都装上了霓虹灯，很漂亮。但每(天)晚上，在广场跳的交谊舞，那个跳舞，不少人因此发生婚姻与感情的变化……这种种主要是经济发展，所带来的变化。不过这种县城的变迁，是遍布全国的。国家投入很多经费在此。

其次，另一个现代性体验则是偏向个人感官的感受、情绪、情感，乃至身体的经验。Deik Bok对于求学历程的回忆与叙事，似乎关系着一种民族主义的实践与热情。他一直保持着进取的正向感觉，如他对于早期的生命史叙事中，到施洞中学求学的回忆，充分表达了这种乐观进取的感觉："(去学校的路)很远，但也觉得很快乐""就是有一种幸福感"。这种进步、乐观、正向的感觉，到了Deik Bok进入党校求学时，还存在着："到台江就是很向

往,因为可以去读书。"

以上由少年到青年阶段经历的教育过程(党校或是高校教育)都表达出一种共通的喜悦观感,这恰好可以与完成教育后Deik Bok的生命史作为对照。在接受教育的童年与青年的位置上与进入工作后的他,表达出来的经验感受是有差异的。在青少年读书时期,最大的挫折是"文革"时期以及复杂的社会与政治关系(家族有人被打成反革命分子)。反倒是1990年代后期,中年的他到外地找工作,面对着在外地的打工身份、打工所需要付出的劳动条件时,反而显现出一种对工作的倦怠感:"在都市里面心情很压抑,然后很热。""在那里做工,他就是指挥你,指示你。有一种好像心里有很大压力。"这种因为工作带来的劳动倦怠感,延伸到日后的工作选择,他还是比较习惯于小城市的生活。

再次,另一个可以思索的部分,是Deik Bok个人生命中的劳动历史。在生命史的叙事里,这种劳动的生命样态,反映着卷入社会资本与经济资本的交错中,挣钱/打工的国家干部的生命过程。在生命史的访谈中,出现了我与Deik Bok讨论什么时候是打工、什么时候是工作的对话。根据Deik Bok的叙事资料,打工与工作的区分是十分重要的:

那个打工就是苦力啊,或是技术啊,一点点钱嘛。找工作就是一份稳定的工作,就像当年,我在深圳如果找到报社的编辑工作,工作的籍贯(档案)就可以调过去。如果你是有一个工作,比较稳定的,就是工作。如果是聘用的,就是打工。

打工与工作之分,使得Deik Bok必须在劳动的生命过程中,去寻找一个恰当的工作。因此对他而言,稳定的企业职位,不算是一份"工作",而是"打工"。有工作证的工作,才是工作。这样的论述,在他的下一代身上持续标记着。Deik Bok的次子在深圳经营房地产,就被认为是"打工",而在县城担任公安的长子,则是"工作"。Deik Bok的劳动历史,恰好反映着当代国家干部的现状。通过他的生命史叙事,我们可以理解,当代的中国国家干部的劳动史,是透过层层与地方社会相联结的现代化经验,包含着实践、转译、协商、再协商、误现、屈从,乃至弃离等诸多层面与细节的现代化经验、现象与场域,由此与一种无法与国家或地方社会脱离的现代性产生了结合。

总之，从Deik Bok一生的城乡移动经验与他当前作为国家退休干部的处境为例，我们看到一个跨越1950年代到2014年的台江Hmub人的个人生命史转折里，所浮现的地方社会、个人、小群体对于现代性的亲身体验与感受。本文以这个民族志作为例子，回应Shmuel Eisenstadt[①]所指出的，若要理解当代社会，应将现代性的发展与历史看成是一个连续构成与再构成的多元文化故事。回望Deik Bok的生命史，可将他比拟为一位特定时代下的社会行动者。从他参与社会、政治、知识活动、经济活动以及在时代的变动里，所追寻或遭逢的社会行动与体验，来理解一种独特观点下与人生历程中，所构成与再现的现代性。

后记

因为动乱的年代，李师母幼年时曾跟着外婆在贵州生活了好长一段的岁月。我想，在大陆，除了老师出生的家乡泉州之外，贵州对于李亦园老师，应是另一个拥有着独特情感的地方。1996年秋天，成立10年的台湾新竹清华大学人类学研究所招收了第一班的博士生。李老师与何翠萍先生，也开始讲授中国少数民族的研究并指导博、硕士生前往西南地区进行田野研究。1996年至今，几乎每年都有研究生只身前往西南少数民族地区，进行蹲点田野研究、民族志深描并热情地与当代人类学的亲属研究、人观、空间、交换等当代人类学理论进行对话。美玲何其有幸恭逢其时，成为李老师与何先生的学生，并由此开启了在贵州的长期研究。谨以此文缅怀与贵州有着独特渊源的恩师与师母。以此纪念导师。亦园先生于1990年代中叶起，在台湾带领着莘莘学子，开启了以深入的田野工作进行中国西南少数民族研究的美好学风。

注：本文首刊于《文学人类学研究》2018年第二辑，第65—81页。

---

① Shmuel Eisenstadt: *Multiple Modernities*, *Daedalus* 129 (1): 1—29, 2000.

李亦园与《广西民族大学学报》

韦小鹏 助理研究员，南京大学社会学院人类学所博士候选人，
      人类学高级论坛青年学术委员会副主席
廖智宏 广西民族大学学报编辑部编审

2017年4月19日上午在一个微信群里读到这则信息："据传李亦园院士过世了。详细消息应该之后会公布吧。当年大学时读了一些他的书。愿他老人家安息。"笔者顿然有些慌乱，更不愿相信是真的。随即停下手中所有的工作，千方百计地去求证。最后在李亦园先生的弟子赵树冈教授那里得到了证实：李亦园先生于2017年4月18日19时在台北去世。紧接着强忍着悲痛向徐杰舜、彭兆荣、徐新建等师长报告。获知噩耗时，三位师长皆顿然有些错乱。镇定后，嘱咐笔者以"人类学高级论坛"的名义拟唁电哀悼李先生，慰问他的家人。

人类学高级论坛的唁电，仅仅数百字，笔者却花了整整一下午的时间。之后，呈送徐杰舜等师长修订，并于当天傍晚时分通过赵树冈教授呈送李亦园先生家人，又请赵树冈教授代"人类学高级论坛"送了花圈。

光阴荏苒，转眼间李先生离开我们快一年了。在即将迎来中国人类学"四月怀念季"时，徐杰舜和范可两位老师嘱笔者写点文字以缅怀李先生，但笔者却不知从何写起。尽管未曾有幸和李先生有过直接的接触，但是先生却一直处在自己生活学习的中心位置：经常会阅读先生的著作，也时常听到师长们提起先生。下笔遇阻之时，忽然间想起了这段话："多年来，李亦园先生一直为中国人类学学科的重建和发展，殚心竭虑，运筹帷幄，身体力行，做出了卓越的贡献。2002年李先生又和费孝通先生等学界前辈一道鼎力支持内地和港澳台学界

创建'人类学高级论坛'并担任顾问，后又数次莅临论坛学术年会，为论坛的发展壮大，海峡两岸学界的互动交流做出了巨大贡献。"[1]

因此，笔者将通过追忆李亦园先生对《广西民族大学学报（哲学社会科学版）》（以下简称《学报》）的关爱和支持，以及亲自参与创建并推动"人类学高级论坛"的过往来表达笔者的缅怀之情。

一、李亦园先生对《学报》的关注与厚爱

如今《学报》头戴着诸多光环：中国百强报刊、国家社科基金资助期刊、教育部名栏·名刊、中文核心期刊、CSSSI来源期刊等，在国内外学界有一定影响力。然而，在20世纪90年代中期，《学报》还一直不为人所知。时任执行主编的徐杰舜教授曾在不同的场合讲述了个故事。有一年，他把最新出版的《学报》送到某单位，双手递给接收人，告知是最新一期的《学报》，请多多指教。可对方却单手接过《学报》，并当着他的面丢弃在另一侧的地上——《学报》当年的窘境暴露无遗。

深受触动的徐杰舜教授为此对《学报》进行了彻底的改革。与此同时，他还主动出击，广泛结交学界朋友，并将发表人类学作品作为《学报》的重点。1995年6月借着"社会·文化人类学高级研讨班"在北京大学举办之机，徐杰舜教授背着《学报》进京，分发给参加研讨班的各位讲员和学员，同时向大家约稿，承诺优先刊发，并长期赠送《学报》。[1]李亦园先生就是在此时和《学报》结下不解之缘。

由于人才奇缺，中国人类学恢复重建工作举步维艰。为此，费孝通先生联合学界力量创办旨在培养学科队伍，永续学脉的"社会·文化人类学高级研讨班"，力邀国内外学界名家前来授课。作为研讨班讲员之一的李亦园先生深知，推动中国人类学学科重建和发展，单靠培养后续人才是不够，需要从多方面着手。当时主打人类学的学刊奇缺。听闻《广西民族大学学报》主打人类学，开设"人类学专栏"，李亦园先生颇感欣慰并慨然允诺支持《学报》办刊。

---

① 《著名人类学家李亦园院士逝世》，2017年4月20日，http://www.sohu.com/a/135203989_270899.

二、李亦园先生的重要理论观点优先在《学报》发表

(一)"致中和"三层面和谐均衡宇宙观

李亦园先生的"致中和"三层面和谐均衡宇宙观从1986年在一篇论文中提出其架构雏形,到后来发表的多篇文章的研究中逐渐扩充成为一个描述中国人及中国文化内在理念的宏观理论模型,这一理论模式的提出有一个发展和完善的过程。先生认为,中国文化中的宇宙观及其最基本的运作法则是对和谐与均衡的追求,即人与自然、人与社会、人与自我的和谐与均衡,也就是经典中"致中和"的原意。换言之,传统文化理想中的最完善境界,无论是大传统的士绅文化与小传统的民间文化理想中的最完善的境界,也无论是个人的身体健康以至于整个宇宙运行,都以此一最高的均衡和谐为目标。而要达到此目标,就是要三个层面的系统都维持均衡和谐,单一层面的和谐,其状况是不稳定的,只有三层面的整体和谐,才是最理想的境界。《学报》1998年第1期发表了李亦园先生的《传统价值观与健康行为》,文章认为健康观念因民族文化不同而自成体系,李先生从自然体系、个人的均衡与和谐、人际关系和谐三个方面,深刻分析了中国人的健康观念与其自身价值观的密切联系。

此这一文章即是李先生"致中和"三层面和谐均衡宇宙观的发展和完善。李先生的文章在《学报》一经发表便引起了学术界的强烈反响,《学报》在1999年第3期上还特刊发了何星亮教授的长篇论文《李亦园的文化观与文化理论》,作者探讨了李亦园先生的"三层次均衡和谐理论"产生的背景,认为李亦园先生的文化观,是在综合美国人类学派和法国结构主义人类学有关理论的基础上,结合中国文化资料,形成、发展成为自己的较完整的文化观,李亦园创立的"三层次均衡和谐理论"是在中国文化资料的基础上创立的理论,是中国人独自创立的理论。这一理论不仅对全面、准确认识中国传统文化的全貌很有意义,而且对改造中国传统文化很有裨益,同时还为后人创立更多的文化理论树立了典范。

(二)人文关怀观

李亦园一生的研究历程,从具体而抽象、从异文化到己文化,再从单一文化至全人类文化,用人类学的术语来说,是从"可观察的文化"到"不可观察的文化",从"他者的文化"

到"我群的文化",从"微观的文化"到"宏观的文化",也就是说是"从单一文化为研究的对象,提升至对全人类文化的总体关怀"。2002年第1期《学报》发表了李亦园先生的《新世纪的人文关怀》,李先生在文章中认为20世纪是人类知识科技突飞猛进的世纪,也是一个战争频仍、族群相互敌视、社会政治动荡不安、生态环境饱受破坏的世纪。展望21世纪,为了使人类尽量免受因战争、仇视、冲突和环境危机带来的不安、焦虑与痛苦,其最重要的策略是赋予人类以人文的基本关怀,其中他人的关怀、民主的关怀、文化的关怀和全人类的关怀应予以特别的重视。在文章的结语部分李先生说:我们迫切地希望全人类不同族群都能重视这个极具关键性的人文关怀,但是我们更殷切地期盼这些人文关怀能从我们自己的社会切实做起,不但能从我们自己的社会做起,而且能从自己文化的宝库里发掘可为新世纪全人类所用的人文思维,借以促进世界社会的共荣共享,就如耶鲁大学汉学家史景迁博士(Jonathan Spence)最近在《新闻周刊》(Newsweek)所写的,寄望于黄帝子孙能在他们的祖先于第12世纪创造人类文化高峰的900年后,再轫始另一次文化高峰,并为人类的前途开拓全新的境界。

(三)生态文明观

李亦园先生学术历程是从"致中和"三层面和谐均衡宇宙观,再到他对全人类文化的总体关怀,最后升华为他的生态文明观。其生态文明观最具影响力的文章是《学报》2004年第4期刊发的李亦园先生的《生态环境、文化理念与人类永续发展》。在文中,李先生从宏观上探讨生态环境的均衡与人类生存及永续发展的密切关系,认为人类与环境之间的互动关系关键在于文化理念,也就是宇宙观、价值观等的作用。李先生指出,当前人类面临的生态危机,主要原因是由西方"制天""强调竞争与征服,漠视和谐""无限制利用物质而欠缺循环与回馈"等理念所主导的工业革命所造成的。李先生认为中华文明的"致中和"价值理念,有助于人类克服这一危机。[2]这一主张不仅有利于打破有关中国人类学"做西方脚注"的刻板印象,而且引发了人们对生态危机的关注。其重要性在于为中国"生态文明"建设的提出做了铺垫。

从1998年至2004年间,李亦园先生先后两度荣登《学报》封面学者,刊文10余篇。此外,

《学报》还在1998年第3期刊发了《人类学本土化之我见》,2005年第5期刊发了《乔健:族群与社会研究的先驱》等多篇引起学界强烈反响的文章。

三、《学报》成为名刊名栏得益于李亦园先生的鼎力支持

为了宣传《学报》,提高《学报》的知名度,李亦园先生还专门于2004年9月2日在《光明日报》上撰文《来自南疆的人类学呼唤》,向广大读者介绍《学报》,称赞《学报》"为海内外人类学民族学界颇受注目的学术期刊,这在学术评量标准极为依赖期刊论文的当前学术界,确是值得重视的一个现象……在2000年前该刊每年出四期,是属于季刊性,这在学术期刊上已属不易。然而自2000年后,该刊又改为双月刊,每年出版六期,而页数也有增无减,这不能不使学术界的同仁刮目相看了,因为即使是人力物力极为充足的美国人类学会出版的《美国人类学刊》(American Anthropologist Journal of the American Anthropological Association)也还是一年出四期的季刊",认为《学报》"自从1995年第一期发表了乔健教授《中国人类学发展的困境与前景》一文之后,似乎已触动了他们对复振中国人类学研究的责任心",后又于"1995—1996两年间的各期中共有10篇以上围绕着相关的问题作讨论,因而奠定了《学报》发展我国人类学民族学现代化研究的热心与呼唤之声",同时认为《学报》编辑部"在整体人类学民族学的领域中的开拓也极为用心,从2000年开始则更着重于每一期都有一个专题称之为主打栏目,至今已有如下专题:中国人类学本土化、钟敬文与民俗学、首届人类学高级论坛、依山依水族群研究、历史人类学、世界社会学大会、文学人类学、乡村人类学、都市人类学、教育人类学、生态人类学等",他们"不仅在理论层面上努力探讨如何发展人类学研究,也在实际的行动上企图凝聚不同范围人类学者的向心力"。[3]

李亦园先生除了鼎力支持《学报》办刊以外,他对《学报》也是厚爱的。主要体现在两个细节上。一是李先生曾把《学报》整齐地排放在自己书房最显眼的位置,每每有客来访,先生总会向客人介绍一番。二是向自己的弟子推荐《学报》,鼓励他们在《学报》发文。从1998年至今,先后有庄英章、黄树民、翁玲玲、赵树冈、简美玲等在《学报》刊文共计10余篇,其中庄英章、翁玲玲二位教授还先后担任封面学者。翁玲玲教授的大作《台湾都会女性的新

身体观：以台北市女性为例》（《学报》2002年第4期），和主持的2004年第6期主打栏目"女性人类学"曾在学界轰动一时。

　　为了支持"人类学者访谈录"的创办和发展，展现人类学鲜为人知的一面，拓展人类学受众面，保存、丰富和传承中国人类学学科史料，李亦园先生曾先后接受《学报》主编徐杰舜教授的两次采访，刊发《人类学要关心人类的未来——人类学学者访谈录之十五》（《学报》2002年第2期）一文，向读者展示自己的学术生命史、学术思考和关怀，同时鼓励自己的弟子向读者介绍自己的学术历程，翁玲玲教授曾刊发《人类学释放我的灵魂——人类学学者访谈录之三十五》（《学报》2005年第4期）一文。接着李先生还欣然为结集出版的人类学访谈录——《人类学世纪坦言》作序，赞叹该书"引起一时的风潮，也就使广西民院以及其学报更成为人类学民族学以至于其他社会科学界注目的焦点"，[4]认为它是"一部中国人类学发展的'口述历史'"，有着"记录了中国学者进入人类学领域的转折过程与经历，显示了学者们对人类学学科建设的思考与努力，说明了中国人类学理论与方法的探索与建构的情况，展示出人类学本土化与中国化的努力，阐述了人类学者与其他学科互动的态势，显示了中国人类学在不同地区发展的趋向，凸显中国人类学者与国际人类学交流的状况，展现中国人类学者对全体人类未来的关怀"等八项重大意义，"从这些坦率诚恳，翔实道出我国人类学发展的种种情境、意见、观点与评论中既可看到人类学在中国百年发展的成果，也可窥见新世纪人类学在国境内发展的前景"。[3]如今，由徐杰舜教授等主编的《中国人类学口述历史》三部曲《人类学世纪坦言》①《人类学世纪真言》②《人类学世纪欢言》③均已出版，在学界引起广泛关注，获得了高度评价，认为"三部曲"是"以'人'为中心的人类学学术呈现，弥补了传统人类学学术史以学科为中心的桎梏，丰富了人类学学术史的理解维度""不仅记录中国人类学者生命史，而且记录中国人类学学科史，成为第二种人类学史，成为中国人类学研究者代代传续的宝贵学术遗产"，[5]为中国人类学学科的建设和发展增添了一笔珍贵的财富。

---

① 徐杰舜主编：《人类学世纪坦言》，哈尔滨：黑龙江人民出版社，2004年。
② 荣仕星、徐杰舜主编：《人类学世纪真言》，北京：中央民族大学出版社，2009年。
③ 徐杰舜、龙晔生、李晓明主编：《人类学世纪欢言》，北京：知识产权出版社，2017年。

由于有李亦园先生的鼎力支持和厚爱，那时的《学报》也获得了极高的荣誉，如荣获第二届国家期刊奖百种重点期刊，先后被教育部评为名刊、"人类学"名栏、中国百强报刊、中国期刊方阵、中文核心期刊、CSSSI来源期刊等。《学报》从一个默默无闻的小刊物，一跃成为在国内外学界有一定影响力的学术期刊，成为人类学研究领域里许多学者、新人必看的一本期刊。

四、李亦园先生亲自参与"人类学高级论坛"的创建

中国人类学在费孝通先生等学界前辈30余年的精心培育和匠心打造下，学科恢复重建和人才队伍建设到21世纪初得到了长足发展。拥有人类学教学和科研机构的单位从过去的屈指可数发展为数十家，形成了老中青三代从业梯队。中国人类学严重缺乏学术互动交流的平台。当时已举办了6届的由费孝通先生主持的"社会·文化人类学高级研讨班"模式已经很难满足中国人类学发展的需要①，2001年7月第六届研讨班胜利闭幕之后迟迟未闻下一届的相关资讯。

为了解决这一瓶颈问题，以满足学者"从更高、更新的层次上讨论和研究人类学在中国乃至在世界上的应用，从更高、更新的层次上讨论和研究中国人类学乃至国际人类学的发展"[6](P2)，时任《学报》执行主编的徐杰舜教授萌生了创设"人类学高级论坛"的想法。2001年9月借着赴台湾学术交流之机，徐教授将这一想法报告给港台人类学界，当即得到了李亦园先生、乔健先生等10数位学者的支持。返回内地后，徐杰舜教授又根据李、乔二位先生的意见，起草《关于设立"人类学高级论坛"的倡议书》并发给数十家人类学机构。很快得到了中国社会科学院民族研究所、北京大学社会学人类学研究所、中国人民大学社会学理论与方法研究中心、中山大学人类学系、厦门大学人类学研究所、香港中文大学人类学系、澳门大学人文社会及人文科学学院、广西民族学院学报编辑部等全国各地的22家高校和学术机构的积极响应。[7]

---

① 刘冰清、韦小鹏：《中国人类学的学术园地——纪念人类学高级论坛成立十周年》，《西南民族大学学报（人文社会科学版）》2011年第10期。

2002年5月,秉承"美美与共,和而不同"的理念,以促进中国人类学的发展为宗旨的"人类学高级论坛"(Advanced Forum of Anthropology,缩写:AFA)在广西南宁广西民族学院(广西民族大学前身)宣告成立。因行程安排冲突等原因未能莅临"首届人类学高级论坛"的费孝通和李亦园二位先生,会前欣然接受了论坛顾问之聘请,并向大会发来了贺信。

费孝通先生在贺信中云:"在21世纪,随着文化交往的复杂化,随着经济全球化和文化差异的双重发展,研究文化的人类学学科必然会引起人们的广泛关注。在众目睽睽的情景下,人类学者能为人类、为世界做点什么?——这成了我们的学科必须细致思考的问题。而这当中有一点是明确的:假如我们的学科,要对21世纪的进程有所帮助、有所启发,那它就需要有一个坚固的学科基础。在我们中国的人类学学科里,这样的基础显然还需要我们去打造,而我们同时却又需要为建造'和而不同'的世界作贡献。"[8](P3)

李亦园先生在贺信中写道:"我国是世界上少有的人类学研究最佳园地,全国不但有55个多彩多姿的少数民族文化可供比较研究,即使汉民族文化也因区域广大,人数特多,所以地方性小传统文化的表现特别复杂,更是难得的研究园地,所以国内的人类学研究实有很灿烂的前景,希望人类学的同仁共同努力,人类学要为中国的民族文化而发展,人类学也要关心全人类的未来而存在。"[9](P3)

两位先生写贺信时,一个在北京,一个在台北,未曾有任何的沟通,但两人的思考和关怀却如此的相近。与其说这两份贺信是祝贺"人类学高级论坛"创立,预祝首届论坛圆满成功,不如说这是两位先生不约而同地在21世纪之初对中国人类学界提出的殷切希望,指明了中国人类学未来的发展方向。

2004年5月,李亦园先生莅临在宁夏银川举办的"人类生存与生态环境"中国人类学高级论坛",并在大会上做了题为《生态环境、文化理念与人类永续发展》的主旨发言。李先生的发言除了引起与会学者热烈而深入的讨论外,还直接促成了中国人类学家就生态环境问题发出中国声音[10],率先在中国提出"生态文明"理念,呼吁全社会关注生态危机,"摒弃破坏生态的'制天'取向,恢复和弘扬尊重自然的'敬天'传统;尊重使'天人和谐'与文化多样性得以维系的地方性知识和不同的大、小传统;开展世界范围的族群对话,为保护地球家园的生态平衡提供文化生态的坚实根基"[11](P2),倡导建设"生态文明",并对外发布"比后来官媒的跟进早了好几年"的《生态宣言：走向生态文明》①，引起《光明日报》《文汇报》等②多家媒体的关注——"面对现实世界的问题与危机，人类学所发生的声音总是很独特，总会产生超出学科自身的影响，总能触动很多'业外'人士的思想神经，从而引起社会不同阶层、不同群体人们的关注"[10]，产生了重要而深远的影响。

在创立初期，"人类学高级论坛"得到了费孝通先生、李亦园先生、乔健先生等中国人类学大师的鼎力支持并担任论坛顾问。时至今日，"人类学高级论坛"已走过16个春秋，脚步遍及南宁、北京、银川、武汉、成都、贵阳、呼和浩特、杭州、重庆、新竹、台中、南投、太原、昆明、西宁等20余座城市，探讨了人类学与当代中国社会、民族学与人类学的中国经验、人类生存与生态环境、人类学与乡土中国、人类学与中国话语、中华民族认同与认同中华民族、社会转型与文化转型、人类学与黄土文明、人类学与山地文明等学术课题，出版了《人类学与当代中国社会》《人类生存与生态环境》《人类学与乡土中国》《人类学与中国话语》《中华民族认同与认同中华民族》《游牧文化与农耕文化》《社会转型与文化转型》《人类学与黄土文明》等16部学术专题文集，传播了人类学的理念，增进了内地、台湾、香港和澳门人类学界的互动交流，为推动中国人类学学科的建设和发展尽到了自己的责任。

正是得益于前辈的厚爱、同仁的关心，《学报》越办越好、越办越细、越办越精，以人类学研究栏目为基地，实行刊会结合，为"人类学高级论坛"发起机构之一。2015年又发起创立"博士生论坛"，刊书结合出版了《人类学文库》《人类学高级论坛文库》《人类学·千手观音书系》《人类学文萃、名家文选》等书系，走上了做强做大的发展之路，和人类学高级论坛一道成为中国学界的"知名品牌"。《学报》和"人类学高级论坛"能有今天的成就，李亦园先生功不可没。

---

① 《生态宣言：走向生态文明》，《广西民族学院学报（哲学社会科学版）》2004年第4期。
② 《光明日报》报道了中国人类学家研讨"人类生存与生态环境"所达成的共识；《文汇报》于2004年11月25日全文转载了李亦园先生的主旨发言《生态环境、文化理念与人类永续发展》。

【参考文献】

[1] 徐杰舜：《费孝通与广西民族学院学报》，《广西民族学院学报（哲学社会科学版）》2005年第3期。

[2] 李亦园：《生态环境、文化理念与人类永续发展》，《广西民族学院学报（哲学社会科学版）》2004年第4期。

[3] 李亦园：《来自南疆的人类学呼唤》，《光明日报》，2004年9月2日。

[4] 李亦园：《中国人类学的口述史——〈人类学世纪坦言〉序》，《西南民族大学学报（人文社科版）》2003年第12期。

[5] 龙晔生、李陶红：《第二种人类学史——以徐杰舜教授"中国人类学者访谈录"为研究对象》，《民族论坛》2015年第2期。

[6] 徐杰舜、周建新：《人类学与当代中国社会——人类学高级论坛2002年卷》，哈尔滨：黑龙江人民出版社，2003年。

[7] 费孝通：《费孝通致人类学高级论坛贺信》，《广西民族学院学报（哲学社会科学版）》2002年第4期。

[8] 李亦园：《李亦园致人类学高级论坛贺信》，《广西民族学院学报（哲学社会科学版）》2002年第4期。

[9] 梁枢：《来自人类学者的声音——麦子·苏美儿·大角鹿》，《光明日报》，2004年7月1日。

[10] 中国人类学高级论坛：《生态宣言：走向生态文明》，《广西民族学院学报（哲学社会科学版）》2004年第4期。

[11] 徐新建：《以本土连接世界——徐杰舜教授〈人类学的中国视野〉序》，《文化遗产研究》2017年第1期。

注：本文曾发表在《广西民族大学学报（哲学社会科学版）》2018年第2期。

后记

2019年4月18日,是中国人类学大师李亦园先生驾鹤西去两周年的祭日。此时此刻,奉上《李亦园与中国人类学》纪念文集,以寄托我们的哀思。

我在《闪耀在海峡两岸的巨星——悼念人类学家李亦园先生》一文中曾说:"中国人类学的天空中,李亦园先生是一颗耀眼的巨星。"他对异文化的研究、对汉人社会的研究、对民间宗教的研究成了中国人类学研究的样板;他关于"大传统"和"小传统"的理论、"致中和"理论,影响了一代又一代大陆人类学学者。为了表达我们对李先生的哀思,2017年11月11日在中南民族大学参加中国人类学民族学年会时,我与中南民族大学民族学与社会学学院院长田敏教授谈起纪念李亦园先生,能否在2018年李先生周年祭时,由中南民族大学和人类学高级论坛秘书处联合举办一次"李亦园学术思想与中国人类学发展学术研讨会"?对学术有着高度热情和责任心的田敏教授非常爽快地承担下来,我们商定会议规模包括台湾七八个学者在内,大概20人左右。田教授大气地承诺资助全体与会学者的差旅费。

田教授说干就干,经过繁杂的沟通、协调,"李亦园学术思想与中国人类学发展学术研讨会"于2018年5月5日在武汉中南民族大学顺利召开。出席会议的台北学者有李子宁、王明珂、庄英章、陈中民、赵树冈、简美玲;大陆学者有田敏、彭兆荣、徐新建、赵旭东、张小军、孙振玉、朱炳祥、孙九霞、张先清、苏发祥、哈正利、李菲、林敏霞、徐杰舜,共20人。

在此要特别提出的是,李先生有生之年,为了中国的统一,一直竭尽全力推动海峡两岸的学术交流。早在1996年,上海文艺出版社就出版了李亦园先生的《人类的视野》,为正在重建中的中国人类学打开了一扇理论之门，一时风靡，成了青年学人的人类学入门之书。也是有缘分，2018年10月的一天，上海文艺出版社的编辑田甜从微信群中发现我正在编辑《人类学之星——李亦园学术思想与中国人类学发展学术研讨会论文集》，就联系我：听说我们正在编辑出版李先生的纪念文集，问能否交给上海文艺出版社来出版？接到田甜的电话，我想到了他们与李亦园先生有出版《人类的视野》一书的渊源关系，今主动联系，正合我心意。于是相约11月初，待我到上海师范大学参加"人类学与都市文明"第17届人类学高级论坛时面谈。

没想到，上海文艺出版社非常重视出版李亦园先生的纪念文集。2018年11月1日晚上，上海文艺出版社副总编辑杨婷和田甜与我和韦小鹏一起进行了详谈。为了扩大影响，根据杨婷的建议，书名定为《李亦园与中国人类学》，争取在李先生两周年祭时出版。此后，在编辑过程中，责任编辑李平、孟芳任劳任怨，一丝不苟地按规定编校了书稿，保证了本书的顺利出版。

宋代著名学者朱熹有诗云："等闲识得东风面，万紫千红总是春。"（《春日》）李亦园先生虽然离我们而去，但只要我们能继承李先生对人类命运的关怀和对人类学理论和方法的探索，中国人类学的花园终将会"万紫千红总是春"的！我坚信这一点！

徐杰舜
2019年3月6日于武汉金银潭寓中

图书在版编目(CIP)数据

李亦园与中国人类学 / 田敏,徐杰舜主编. —— 上海:
上海文艺出版社,2019
ISBN 978-7-5321-7091-3

I. ①李… II. ①田… ②徐… III. ①李亦园-传记
IV. ①K825.81

中国版本图书馆CIP数据核字(2019)第039273号

责任编辑　李　平　孟　芳
整体设计　周艳梅
图文制作　费红莲
督　　印　张　凯

李亦园与中国人类学
田　敏　徐杰舜　主编

出　　版	上海文艺出版社
出　　品	上海故事会文化传媒有限公司
	(200020 上海市绍兴路74号　www.storychina.cn)
发　　行	上海文艺出版社发行中心
	(上海市绍兴路50号)
印　　刷	上海中华印刷有限公司
开　　本	787×1092　1/16
印　　张	19　插页　8
版　　次	2019年5月第1版
印　　次	2019年5月第1次印刷
书　　号	ISBN 978-7-5321-7091-3/K.0385
定　　价	80.00元

版权所有 翻印必究

故事会 大众文化出版基地　上海故事会文化传媒有限公司 出品(00861) www.storychina.cn

上海故事会文化传媒有限公司所有图书可办理邮购,免收邮费(挂号除外)
汇款地址:上海市南绍兴路74号(200020)
收款人:上海故事会文化传媒有限公司出版发行部
联系电话:021-64338113
如发现本书有质量问题,请与印刷厂质量科联系　T:021-65376981